SOZIALE ARBEIT AKTUELL

Soziale Arbeit als Entwicklungszusammenarbeit

Herausgegeben von

Hans Günther Homfeldt

Soziale Arbeit Aktuell

Herausgegeben von Hans Günther Homfeldt, Roland Merten,
Wolfgang Schröer, Cornelia Schweppe

Titelbild:
Caroline Schmitt

Gedruckt auf umweltfreundlichem Papier (chlor- und säurefrei hergestellt).

Bibliografische Information der Deutschen Nationalbibliothek

Die Deutsche Nationalbibliothek verzeichnet diese Publikation in der Deutschen Nationalbibliografie; detaillierte bibliografische Daten sind im Internet über ›http://dnb.d-nb.de‹ abrufbar.

ISBN: 978-3-8340-0833-6
Schneider Verlag Hohengehren, D-73666 Baltmannsweiler
Homepage: www.paedagogik.de

Alle Rechte, insbesondere das Recht der Vervielfältigung sowie der Übersetzung, vorbehalten. Kein Teil des Werkes darf in irgendeiner Form (durch Fotokopie, Mikrofilm oder ein anderes Verfahren) ohne schriftliche Genehmigung des Verlages reproduziert werden.
© Schneider Verlag Hohengehren, Baltmannsweiler 2011.
 Printed in Germany. Druck: Digital Print Group, Nürnberg

Inhaltsverzeichnis

Zur Einführung

Hans Günther Homfeldt/ Caroline Schmitt

Transnationale Forschungsfelder und Schaltstellen
transnationaler Sozialer Arbeit 4

Transnationale soziale Unterstützung und Vernetzungsstrategien

Claudia Olivier

Partnerschaft trotz Machtgefälle? Rollenfunktion und
transnationale Vernetzungsstrategien von NGO´s in
der deutsch-kenianischen Entwicklungszusammenarbeit 28

Lia Steines

„Es geht um die Menschen, die du kennst und denen du begegnest".
Informelle und transnationale Unterstützungsnetzwerke von
Teilnehmern am Europäischen Freiwilligendienst (EVS) 46

Caroline Schmitt

"african unit"- Informelle soziale Unterstützungsnetzwerke
in einem Afrosalon 71

Social Development

Christian Schröder

„Mit vereinten Kräften voran" - Social development in einem
Kooperationsprojekt einer transnationalen NGO und einer lokalen NGO 90

Michael Meyer

Lösungstrategie "ethnische Ökonomie". Bildungsniveau und
Arbeitsmarktchancen türkeistämmiger Migranten 114

Antje Elß

Informations- und Kommunikationstechnologien (IKT) als
„Entwicklungshelfer"? Soziale Entwicklung und agency in
Entwicklungsländern durch Mobiltelefon und Internet 135

Eine Perspektive für Soziale Arbeit in Deutschland?

Christiane Bähr

Katastrophen- Management- eine Perspektive für die Soziale Arbeit in Deutschland? 159

Autoren und Autorinnen 185

1.
Zur Einführung

HANS GÜNTHER HOMFELDT / CAROLINE SCHMITT

Transnationale Forschung und Schaltstellen zu einer transnationalen Sozialen Arbeit als Entwicklungszusammenarbeit

Grenzüberschreitende Verflechtungen von Personen, Organisationen und Politiken stellen gesellschaftliche, wirtschaftliche und politische Muster dar, die mit der Verbreitung und Verbesserung von Technologien und Reisemöglichkeiten gesteigerte Aufmerksamkeit erfahren. Während makrostrukturelle Perspektiven vor allem wirtschaftliche Verflechtungen unter dem Schlagwort der Globalisierung mit Fokus auf finanzspezifische Fragen betrachten, beschäftigen sich Untersuchungen zu Transnationalität mit quer zu Nationalstaaten verlaufenden „Beziehungen zwischen Personen, Gruppen und Organisationen" (Schröer; Schweppe 2010, S. 91).

Sein Hauptaugenmerk legt der Transnationalismusansatz „auf soziale, kulturelle und ökonomische Praktiken von Individuen, welche ganz zentral für das Entstehen globaler Handlungszusammenhänge sind" (Mau 2007, S. 9). Durch seine „stärker subjekt- und handlungsorientierte Perspektive" (ebd., S. 37) verbinden sich globale Verflechtungsentwicklungen mit akteursspezifischen Alltagsrealitäten. Dabei verlieren jene globalen Dimensionen individueller Praktiken nicht ihre territorialen Bezugspunkte, d.h. Globalität und Lokalität werden durch ihre Verbindung zu global-local-links (vgl. ebd., S. 37).

So wird auf der einen Seite betont, dass Lokalität und mit ihr auch Nationalität weiterhin sichtbar bleiben, auf der anderen Seite aber gerade die Überschreitung von lokalen und nationalen Grenzen in zunehmender Weise an Bedeutung gewinnt. Transnationale Entwürfe negieren nicht die Relevanz von Nationalstaaten, sondern weisen auf jene Praktiken hin, die sich jenseits und damit über nationalstaatliche Grenzen hinaus als soziale Realitäten aufspannen und neue transnationale soziale Felder konstituieren (vgl. Glick Schiller; Levitt 2006, S. 9).

1. Gegenstandsfelder transnationaler Forschung

„Today Transnationalism seems to be everywhere" (Vertovec 2009, S. 1).

In der Diskussion um transnationale Formen von Vergesellschaftung lassen sich die drei Gegenstandsbereiche Migration, Arbeit und Zivilgesellschaft ausmachen, durch welche Transnationalität als Analyseparadigma für grenzüberschreitende Prozesse in dominanter Weise gefasst werden kann.

	Mikroebene (Akteur)	**Mesoebene (Netzwerke)**	**Makroebene (Gesellschaft)**
Migration	Transnationale Biographien von Migranten Transnationale ego-	Transnational Networking von transnationalen Migrantengemein-schaften	Transnationalisierung von Alltagswelten Transnationale Mig-

	zentrierte Netzwerke von Migranten	(Vereine, Verbände, Cybercommunities, ethnische Ökonomien) Entstehung transnationaler sozialer (Unterstützungs-) Räume Transnational Family Care	ration als Herausforderung für Migrationspolitiken und soziale Dienste
Arbeit	Transnationale Karrieren von expatriates Transnationale egozentrierte Netzwerke von expatriates Transnationale egozentrierte Netzwerke von Freiwilligen im Ausland	Transnational Networking von Profit-Organisationen (Businessnetzwerke) Expatriate communities Transnationale Freiwilligen-communities	Transnationalisierung von Arbeitszusammenhängen und Erwerbsverläufen
Zivilgesellschaft	Transnational organisiertes Engagement im Lokalen	Transnational Networking von TNGOs, Transnational Social Movements und transnational agierenden Stiftungen Transnational Networking von Sozialer Arbeit	Etablierung transnationaler Politikformen (Third Way)

Abb. 1: Gegenstandsfelder transnationaler Forschung

1.1 Transnationale Migration

„Transmigrants take actions, make decisions, and develop subjectivities and identities embedded in networks of relationships that connect them simultaneously to two or more nation-states" (Basch; Glick Schiller; Blanc 2008, S. 263).

Untersuchungen zu transnationaler Migration haben in den zurückliegenden zwanzig Jahren gesteigerte Aufmerksamkeit erfahren. Hierbei lag der Fokus vor allem auf der kritischen Reflexion der Annahmen assimilativer Integrationsvorstellungen (vgl. Rauer 2010, S. 61). Demnach wird die Auffassung unidirektionaler Migrationsprozesse als Bewegung von Migranten von einem Land zu einem anderen ergänzt durch die Vorstellung transnationaler Verflechtungen: Transnationale Migration zeichnet sich durch eine Dynamik von Lebenswelten aus und gestaltet sich in ihren sozialräumlichen Bezügen über nationalstaatliche Grenzen hinweg, so dass „neue soziale Wirklichkeiten [...] die vorherigen sozialen Verflechtungszusammenhänge der Auswanderungsregion wie der Ankunftsregion qualitativ transformieren und sich als neue Sozialräume zwischen und oberhalb dieser aufspannen" (Pries 1998, S. 63).

Mit dem Ansatz der transnationalen Migration wird daher das Konzept von Nationen-Behältern und damit auch der methodologische Nationalismus zu überwinden gesucht (vgl. Rauer 2010, S. 61). „Die Wände des nationalstaatlichen Containers werden porös und es kommt zu einer Rekonfiguration politischer, ökonomischer und sozialer Handlungsräume, welche die Vorstellung weitgehend voneinander isolierter gesellschaftlicher und politischer Einheiten in Frage stellt" (Mau 2007, S. 19).

Dieses Paradigma spiegelt sich auch in den Untersuchungen zu transnationalen Praktiken wider, indem diese in ihrer sozialräumlichen Weitläufigkeit analysiert werden, so etwa „Haushalte von Migrantenfamilien, die [...] über Ländergrenzen hinweg sehr intensive Beziehungen pflegen, z.B. durch regelmäßige Geldüberweisungen, durch tägliches oder wöchentliches Telefonieren. Durch Hin- und Herwechseln von Familienmitgliedern zwischen den Orten in verschiedenen Ländern" (Pries 2008, S. 13f.). Damit hängen Entwicklungen zusammen, die sich als typisch für die Postmoderne festhalten lassen und als Bedingungen migrantischer Mobilität zu werten sind: Erntehelfer, Haushaltshilfen und Pflegekräfte werden in östlichen sowie südlichen Ländern rekrutiert, um innerhalb registrierter und unregistrierter Arbeitsverhältnisse in „Ländern des Nordens" zu arbeiten. Polnische Pflegekräfte in Deutschland (vgl. Lutz 2007), die zwischen Deutschland und Polen pendeln, philippinische Haushaltshilfen in den USA und aus afrikanischen Ländern stammende Erntehelfer in Spanien sind jene Akteure, die als Transmigranten soziale und wirtschaftliche Hoffnungen mit ihrer transnationalen Lebensweise verbinden. Um einen saisonalen sowie regulären Arbeitskräftemangel insbesondere im Pflege- und Landwirtschaftsbereich zu kompensieren, wurden gesetzliche Bestimmungen zur Einreise in der Vergangenheit in eigennütziger Weise von westlichen Staaten gelockert. So hält Deutschland z.B. noch im Grundsatz „an dem 1973 durchgesetzten Anwerbeverbot ausländischer Arbeitskräfte [...] [fest], dieses Verbot wird aber im Hinblick auf neu entstehende Bedürfnisse nach Arbeitskräften flexibler gestaltet" (Becker 2010, S. 12). Durch dieses Vorgehen werden in Deutschland die Bedingungen für eine zirkulär-transnationale Migration geschaffen, da Arbeitskräfte saisonal einige Monate zur Arbeit im Land verweilen dürfen, dann aber eine Ausreise in die Herkunftsländer gesetzlich erzwungen wird. Ähnlich verhält es sich immer noch mit dem Umgang mit hochqualifizierten Migranten. Als hoch qualifiziert gilt in der Regel, wer einen tertiären Bildungsabschluss vorweisen kann. In Deutschland, aber auch in anderen westlichen Industrienationen wächst das Bestreben, den Anteil hoch qualifizierter Migranten zu erhöhen. Hierfür spielen verschiedene Gründe wie die Internationalisierung der Arbeitsmärkte und ein branchenspezifischer Fachkräftemangel eine Rolle. Gleichzeitig kann eine zunehmende Abwanderung von hoch qualifizierten Deutschen zumindest temporär –vor allem in die USA– konstatiert werden (vgl. Ette; Sauer 2010, S. 11f.). Ette und Sauer zeigen auf, dass eine Position als Hochqualifizierter jedoch keineswegs mit der Dauerhaftigkeit des Aufenthaltes in einem Land einhergeht, sondern insbesondere im wissenschaftlichen Bereich zu einer Unstetigkeit bzw. Transnationalisierung der Arbeitszusammenhänge führen kann (vgl. ebd., S. 118). Die Debatte um hochqualifizierte Migranten wird in aktuellen Untersuchungen unter dem Begriff des „brain drain" diskutiert und erfährt zunehmende Aufmerksamkeit.

Auf der mikroperspektivischen Betrachtungsebene eines lebensweltlichen transnationalen Alltags von Akteuren stellen sich bilanzierend Fragen nach Erleben und Konstruktion transnationaler Lebensweisen: Wie erfahren Akteure im transnationalen Raum ihre transnationale Lebensweise, welche Netzwerke, welches Verständnis von Identität und Zugehörigkeit bauen sie auf?

Hinsichtlich dieser Forschungsdesiderate sind in den letzten Jahren einige empirische Studien zu transnationalen sozialen Netzwerken von Transmigranten (vgl. Weißköppel 2005) sowie zu Transnational Family Care, d.h. zur Art und Qualität familiärer und verwandtschaftlicher sozialer Unterstützungsstrukturen über Ländergrenzen hinweg (vgl. Brückner 2007; Pries 1998) ebenso wie zu hybriden Identitätsentwicklungen (vgl. Eitzinger 2010) durchgeführt worden.

Im Ergebnis lässt sich insgesamt festhalten, dass in der Analyse transnationaler Phänomene tradierte Kategorisierungen von Zugehörigkeit, Nation und Identität zu überwinden gesucht werden. So hat Eitzinger in seiner Untersuchung zu portugiesischen Transmigranten, deren Lebensalltag sich zwischen Portugal und Deutschland aufspannt, eine Typologie von Identifikationsformen aus dem qualitativ erhobenen Material heraus erarbeitet: das kategoriale Ordnungssystem „Mischling, Europäer, Brückenmensch, Ausländer, Zwiespältige, Portugiese in mir" deutet darauf hin, dass Zuordnungen seitens der Migranten nicht eindimensional verlaufen müssen, sondern sich neben den klassischen Modellen Mischformen sowie Konflikte herauskristallisieren können und Identität keine feste, sondern eine auszuhandelnde Größe darstellt (vgl. Eitzinger 2010, S. 162ff.). Transnationale Identifikation stellt hierbei eine Möglichkeit „jenseits der Kategorien Nation oder ‚Postnation' dar" (ebd., S. 159) und basiert im „Gegensatz zu einer rein nationalen Identifikation […] auf dem Prinzip, dass aus verschiedenen nationalen Kontexten Symbole, kulturelle Praktiken und auch affektive Besetzungen übernommen […] und zu einer neuen Einheit geformt werden" (ebd., S. 156).

Jene auf der Mikroebene angesiedelten Fragen nach Identität und egozentrierten Netzwerken von Transmigranten werden durch Untersuchungen zur Konstruktion von Sozialität in transnationalen sozialen Räumen auf der Mesoebene ergänzt. Einige Studien belegen den Aufbau und die Aufrechterhaltung transnationaler Beziehungen migrantischer Gemeinschaften, das gemeinsame Ausleben identitätsstiftender Riten sowie die Schaffung transnationaler sozialer Räume zur kollektiven Bewältigung transnationaler Lebensweisen (vgl. Humboldt 2006; Glorius 2007). Hingewiesen sei auch auf von Transmigranten geschaffene Organisationen, die im politischen und sozialen Bereich tätig sind (vgl. Glick Schiller; Levitt 2006, S. 18). Zum anderen etablieren Transmigranten virtuelle Cyber-Plattformen zum gegenseitigen Austausch (vgl. Androutsopoulos 2005), aber auch öffentlich sichtbare Räume wie transnational tätige Vereine, Initiativen (vgl. Pries; Sezgin 2010) und ethnische Betriebe *(vgl. Meyer in diesem Band)*. Transmigranten schaffen sich innerhalb dieser Vergemeinschaftungsformen in ihrer besonderen Lage des Lebens zwischen mehreren Welten eigene soziale Unterstützungsstrukturen, um ihre transnationalen Lebensweisen bewältigen zu können und bauen diese ausgehend von lokal greifbaren Räumen auf *(vgl. Schmitt in diesem Band)*.

Auf der Makroebene führen transnationale Aktivitäten von Migranten zu einem Diskurs über Migrationspolitiken und Grenzziehungen. Die Zunahme insbesondere der irregulären Migration sorgt unter anderem im Grenzbereich Mexiko-USA sowie Spanien-Afrika für kontroverse Debatten auf nationalpolitischer Ebene.

Analysen zum Umgang sozialer Dienste mit Transmigranten stehen noch weitgehend aus, da soziale Dienste vor allem in Deutschland aufgrund ihrer Historie meist innerhalb ihrer wohlfahrtsstaatlichen Strukturen verankert sind und ihre Handlungslogiken entwickeln. Aus diesem Grund werden Transmigranten nicht in ihren Fähigkeiten zum Aufbau transnationaler Netzwerke erkannt und unterstützt. Ebenso wenig werden auf der anderen Seite spezifische Bedürfnisse, die sich aus der transnationalen Lebensweise ergeben, von sozialen Diensten wahrgenommen.

1.2 Transnationale Arbeitszusammenhänge

„Durch die Globalisierung der Funktionssysteme, sei es der Wissenschaft oder [...] der Wirtschaft werden Auslandsaufenthalte für die Funktionseliten [...] zunehmend konstitutiv" (Kreutzer; Roth 2006, S. 9).

Transnationale Karrieren von expatriates gewinnen im Zusammenhang mit der territorialen Entgrenzung von Arbeitszusammenhängen (vgl. Böhnisch; Lenz; Schröer 2009, S. 70ff.) immer mehr an Bedeutung. Der Begriff expatriate bezeichnet „Geschäftsleute, die von ihren Unternehmen ins Ausland gesandt werden. Neben den Mitarbeiterinnen transnationaler Unternehmen umfassen expatriates weiterhin Auslandsentsandte nationaler Regierungen, internationaler NGOs, Organisationen der internationalen Entwicklungs- und Katastrophenhilfe, humanitärer und religiöser Organisationen, aber auch relativ mittellose Globetrotter" (Kreutzer; Roth 2006, S. 8). Expatriates teilen die Erfahrung wechselnder Tätigkeiten in verschiedenen Ländern und damit die Konfrontation mit differenten gesellschaftspolitischen und kulturellen Systemen. Sie sind oftmals in expatriate communities integriert. „Im Gegensatz zu dauerhafter Migration reduziert der vorübergehende Aufenthalt die Bereitschaft und Gelegenheit der Auslandstätigen hinsichtlich der [...] Integration ins Gastland. Das Sozialleben findet primär innerhalb der Gemeinschaft der Auslandstätigen statt" (ebd. 2006, S. 10). Die Transnationalität der expatriates zeichnet sich somit „in der Regel durch die Integration in die berufliche Organisation und die eng damit verbundenen Netzwerke und daher bei häufigem Landwechsel durch eine Verbindung von funktionaler Organisation, privilegierter sozioökonomischer Positionierung und Segregation bzw. Separierung von der Gastgesellschaft" aus (Kreutzer 2006, S. 59). Als Gegenbeispiel zu einer rein separierten expatriate communitiy beschreibt Roth Mitarbeiter in der humanitären Hilfe, die die Netzwerke zu Einheimischen wie zu anderen expatriates gleichermaßen als bedeutsam betonen (Roth 2006, S. 107), aus welchen oftmals engere Freundschaftsbeziehungen hervorgehen.

Im Gegensatz zu verschiedenen Transmigrantengruppen weisen expatriates ein höheres Maß finanzieller Absicherung auf. Als die Profiteure einer transnationalen Welt nutzen sie Vorteile zur Erreichung persönlicher wie beruflicher Ziele und sind in ihren grenzüberschreitenden Aktivitäten aufgrund ihrer transnational ausgelegten Arbeitsverträge nicht durch Migrationspolitiken einzelner Länder blockiert. Expatriates können daher als die oberen, relativ problemfreien Nutznießer transnationaler Verflechtungen bezeichnet werden.

Dennoch scheinen insbesondere in Wirtschaftsunternehmen neben positiven Aspekten auch starke Belastungen für die Auslandstätigen aufzutreten: Während die Erweiterung des eigenen Erfahrungshorizontes in kultureller, persönlicher und sprachlicher Hinsicht als Bereicherung der transnationalen Lebensweise beschrieben wird (ebd., S. 107), werden Erfahrungen der eigenen Besserstellung gegenüber lokalen Arbeitskräften in finanziell schwächeren Ländern oftmals als belastend empfunden (ebd., S. 108). Darüber hinaus werden die Schwierigkeiten der Etablierung fester partnerschaftlicher Beziehungen betont (ebd., S. 109). Gleichzeitig zeichnen sich expatriate communities durch eine hohe Fluktuation aus, da ihre Mitglieder innerhalb ihrer Unternehmen ein hohes Maß an räumlicher Mobilität aufweisen, was ebenso zu instabilen und brüchigen sozialen Netzwerken führen kann. Aufgrund dieser besonderen Situation empfinden expatriates ihren Lebensalltag in manchen Fällen als abgeschieden und künstlich (vgl. Kreutzer; Roth, S. 10). Analog kann die Situation von Freiwilligen während ihrer Auslandsaufenthalte genannt werden, die sich aufgrund ihrer Ferne von Familie und Freunde spezifische communities aufbauen, innerhalb welcher sich transnationale Formen sozialer Unterstützung ausmachen lassen (*vgl. Steines in diesem Band*).

Mit der immer stärker werdenden Mobilität von Arbeitnehmern innerhalb transnational agierender Unternehmen und Stiftungen sowie von Freiwilligen weltweit werden Fragen nach der Gestaltung von expatriate-Gemeinschaften in zunehmender Weise relevant.

Zukünftige Untersuchungen zu den Biographien, Karrieren und alltäglichen Sozialitätskontexten von Akteuren innerhalb transnationaler Arbeitszusammenhänge stehen noch weitgehend aus: „Wie verlaufen die Biographien und Karrieren von […] [transnational] mobilen Menschen? Wie führen sie ihr Leben und stellen sie ihre eigene Identität dar? […] Inwiefern konstituieren diese inter- und transnational mobilen Menschen einen neuen transnationalen sozialen Raum, transnationale Gemeinschaften und Netzwerke, Berufsgruppen oder gar Klassen?" (Kreutzer; Roth 2006, S. 13).

1.3 Transnationale Politikformen

"These communities struggle with each other in their effort to establish their discourse and vision of societies" (Deacon 2007, S. 89).

Neben transnationaler Migration und der Transnationalisierung von Arbeitszusammenhängen stellen transnationale Politikformen einen bedeutsamen Gegenstandsbereich in der Beschäftigung mit Transnationalität dar. Transnationale Politikformen, die als „Third Way", d.h. als dritte Säule neben Markt und Staat bezeichnet werden, implizieren zivilgesellschaftliche Organisationen wie NGOs, soziale Bewegungen aber auch Stiftungen oder Organisationen der Vereinten Nationen, die in ihrer Verfasstheit die Idee von Nationalstaaten überschreiten.

„Der Dritte Weg sieht eine Reorganisation des Staates vor, die durch eine Erneuerung und Aktivierung zivilgesellschaftlichen Engagements, die Steigerung sozialer Partizipation, die Förderung sozialer Entrepreneure und eine Intensivierung von ‚Public Private Partnership" (Anheier; Freise 2004, S. 111) gefestigt werden soll. Von reinen Profit-Organisationen unterscheidet sich der Dritte Sektor in der Regel durch seine Bezugnahme auf einen bestimmten Wertekanon, der im Solidaritätsgedanken zum Ausdruck kommt (vgl. Priller; Zimmer 2003, S. 111). Berücksichtigt werden muss allerdings auch die Etablierung undemokratischer Strukturen, wie sie in transnationalen Terrornetzwerken sichtbar wird. Terroristische, transnational strukturierte Organisationen wie Al-Qaida profitieren ebenso von den gesteigerten Vernetzungsmöglichkeiten. Sie richten ihre Ziele jedoch entgegen demokratischen Prinzipien an religiösen Dogmen aus (vgl. Jordan 2008, S. 445).

Transnationale zivilgesellschaftliche Organisationen stellen keinesfalls ein neues Phänomen des späten 20. Jahrhunderts dar (vgl. Walk 2004, S. 163). Entsprechende Ausprägungen wurden bereits Anfang des 19. Jahrhunderts in der Anti-Sklaverei-Gesellschaft, in Internationalen Komitees des Roten Kreuzes sowie in der Frauenbewegung sichtbar (vgl. ebd., S. 163f.). Durch gesteigerte Technologie- und Reisemöglichkeiten erfuhren jene Organisationen Ende des 20. Jahrhunderts jedoch eine Art „Boom". Durch die zunehmenden Möglichkeiten in einer globalisierten Welt haben sich im Dritte-Sektor-Bereich „langfristiger[e] und verfestigter[e] institutionelle Arrangements [...] grenzüberschreitende[r] Wirklichkeiten herausgebildet" (Pries 2008, S. 16), die nationale und auch internationale Politiken übersteigen und als zivilgesellschaftliche Organisationen Ausdruck von Wirkmächten „from below" sind. Nichtregierungsorganisationen (NGO) gelten dabei als eine der bedeutendsten Akteure zivilgesellschaftlichen Engagements. „Sie bilden die aktive gesellschaftliche Basis eines pluralistischen transnationalen intermediären Sektors und stellen unverzichtbare Akteure für die Demokratisierung transnationaler Politik dar. Durch Netzwerkbildung und Institutionalisierungsprozesse beeinflussen NGOs politische Prozesse gleichzeitig auf lokaler, nationaler und internationaler Ebene" (Walk 2004, S. 163). Transnationale NGOs engagieren sich im Unterschied zu nationalen Politiken nicht in national und/oder regional festgesteckten Territorien, sondern über Grenzen hinweg, um Probleme möglichst global, d.h. für alle weltweit Betroffenen lösen zu können. „Wenn sie beispielsweise für universale Menschenrechte [...] eintreten, dann wollen NGOs diese Ziele nicht nur in einem Land oder einer Region durchsetzen, sondern streben in der Regel eine universelle Gültigkeit an" (Frantz 2006, S. 84).

Transnationale NGOs spielen in diesem Zusammenhang eine zentrale Rolle in der Armutsbekämpfung in „Ländern des Südens" und rücken transnationale Problemstellungen auf ihre Agenda. Hierbei spielt die Kooperation mit lokalen Partnerorganisationen eine zentrale Rolle *(vgl. Schröder und Olivier in diesem Band)*. Von jenem transnationalen Networking zivilgesellschaftlicher Organisationen kann Soziale Arbeit, die sich als globale Menschenrechtsprofession begreift, lernen und in ihrer Ausgestaltung transnationaler Kooperationen neue Netzwerke, z.B. zum transnationalen Katastrophen- Management initiieren *(vgl. Bähr in diesem Band)*.

Kritiker des Dritten Sektors weisen entgegen der These, Dritte-Sektor-Organisationen erhöhten die Partizipation von Menschen am politischen Leben und in Entscheidungsprozessen, auf eine fehlende demokratische Basis von TNGOs hin, die sich durch ihr starkes Anwachsen verstärken würde (vgl. Frantz 2006, S. 128).

Nichtsdestotrotz verbindet sich mit NGOs wie auch mit anderen zivilgesellschaftlichen Organisationen die Hoffnung nach mehr Beteiligung von Akteuren im Zuge der Bearbeitung globaler Probleme. Ihre Vernetzung über Ländergrenzen hinweg schafft die Ausgangslage, global zusammenhängende Problematiken ganzheitlich betrachten und angehen zu können, während Nationalstaaten oftmals bei ihren Eigeninteressen stehen bleiben und ihre globale Handlungsfähigkeit damit eindämmen. Für Professionelle der Sozialen Arbeit stellen TNGOs ein attraktives Handlungsfeld dar, um weltweite Armut und damit einhergehend einen „Mangel an Verwirklichungschancen" (Sen 1999) von Akteuren bekämpfen zu können. Analysen der Arbeitsweisen und Kooperationen jener TNGOs und/oder Sozialer Bewegungen stellen bis dato ein kaum aufgebrochenes Forschungsdesiderat dar.

2. Schaltstellen transnationaler Sozialer Arbeit und Soziale Arbeit als Entwicklungszusammenarbeit

„We cannot escape our increasing interdependence" (Nagy; Falk 2000, S. 49).

Welche Perspektiven ergeben sich für eine transnationale Soziale Arbeit, die sich darauf ausrichtet, transnationale Wirklichkeiten aufzugreifen und zu erfassen? (vgl. Wallimann 2010, S. 97). Eine transnationale Verortung Sozialer Arbeit eröffnet die Möglichkeit, Profession und Disziplin strukturell neu zu positionieren und nationalstaatliche Zuständigkeitszuschreibungen sowie starre Kategorisierungen von Kultur, Identität und Raum zu überwinden. Entsprechend konstatiert Kniffki (2010, S.112): „Die Frage nach der Anschlussfähigkeit der Sozialen Arbeit an nationalstaatliche Verfasstheiten ist [...] nicht mehr die adäquate Frage. Wir sind vielmehr dazu aufgerufen, die [sozialen] Wirkmächtigkeiten [...] unter dem globalen, d.h. transnationalen Blick zu betrachten".

2.1 „Agency": Ein Analyserahmen zur Überwindung starrer kategorialer Ordnungen

„Entgegen der konventionellen Zuordnungen ist ein Perspektivwechsel notwendig geworden" (Ugur 2010, S. 98).

Die Schaltstellen einer transnationalen Sozialen Arbeit verlaufen entlang der Überwindung tradierter Kategorien- und Containervorstellungen und finden sich damit in spezifischen Grenzüberschreitungen wieder. Ziel einer solchen über starre Kategorien hinausgehenden Sozialen Arbeit liegt im Ablegen einer vordefinierten Wahrnehmungsbrille, d.h. darin, einen grenz(en)überschreitenden, offenen Blick auf soziale Wirklichkeiten zu gewinnen, die sich jenseits konventioneller Kategorien entfalten können. Ein Festhalten an nationalstaatlichen, normativen Konzeptvorstellungen kann hingegen die Wahrnehmung und Analyse transnationaler Prozesse behindern (vgl. Basch; Glick Schiller; Blanc 2008, S. 264).

Insgesamt muss transnationale Soziale Arbeit dabei mitwirken, verfestigte Blickwinkel aufzubrechen, um die sich *trans*formierenden Wirklichkeiten verstehen zu können. Damit überwindet Soziale Arbeit wie auch transnational agierende Akteure und Organisationen Grenzen.

Nachfolgende Abbildung markiert verschiedene Entfaltungsrichtungen:

Wohlfahrtsstaatliche Zuständigkeitsverankerung	⟶	Globale Zuständigkeit
Defizitäre Akteursbetrachtung als „Case"	⟶	Struktur und Akteur in Interdependenz
Staatliche Definitionsmacht	⟶	Eigenständige Struktur
Containerraum	⟶	Transnationaler sozialer Netzwerkraum
Methodologischer Nationalismus	⟶	Methodologischer Pluralismus
An nationalstaatlichen Grenzen orientierte Identitäts- und Kulturbilder	⟶	Hybridisierungen
Westliche Konzeptdominanz	⟶	Lernen vom „Süden"

Abb. 2: Von starren Kategorien zur dynamischen Wirklichkeit

- **Überschreitung wohlfahrtsstaatlicher Zuständigkeit**

Um Transnationalität als Phänomen fassen zu können, muss eine transnationale Soziale Arbeit ihren Referenzrahmen über ihre wohlfahrtsstaatliche Verankerung hinaus erweitern und neben der Fokussierung auf Einzelfälle Dependenzen von Mikro-, Meso- und Makroebene aufarbeiten. In der Analyse individueller und struktureller Bedingungen ermöglicht agency als Analysemodell jene sozialen Prozesse sichtbar zu machen, die sich entlang einer sich transnationalisierenden sozialen Welt aufspannen. „In Agency-Theorien geht es [...] darum, soziale Prozesse [...] in gesellschaftlichen und politischen Kontexten zu verorten sowie danach zu fragen, wie Handlungsmächtigkeit gesellschaftlich gefördert und abgesichert werden kann" (Homfeldt; Schröer; Schweppe 2008, S. 11). Auf diese Weise werden die sozialstrukturellen Bedingungen von Handlungsmächtigkeit sichtbar gemacht (vgl. Grundmann 2010, S. 131). In der Sicht von Grundmann ergänzt der Agencyansatz in diesem Zusammenhang die Perspektive des Capabilityapproachs, der vor allem die Ressourcenausstattung von Akteuren in den Vordergrund rückt, um die kritisch-analytische Betrachtung einflusshabender struktureller Mächte (vgl. ebd., S. 132). Der Einfluss von Strukturen kann von einer rein auf den Einzelfall bezogenen Sozialen Arbeit, die den Akteur in seinen Defiziten zu analysieren versucht, nicht wahrgenommen werden. Dadurch ist eine derart gefasste Soziale Arbeit nur eingeschränkt handlungsfähig und kann Problemlagen nicht in ihrer Beeinflussung durch Strukturmächte verstehen. Eine Aufgabe transnationaler Sozialer Arbeit impliziert somit die Identifizierung und Analyse agency-hinderlicher Strukturen auf disziplinärer, wie die Schaffung agency-förderlicher Strukturen auf professioneller Ebene.

- **Überschreitung defizitärer Blicke auf den Fall**

Die perspektivische Erweiterung des Analyse- und Handlungsrahmens Sozialer Arbeit ist dann als ein politisches Statement aufzufassen, wenn die Abkehr von einer defizitbezogenen Betrachtung der Akteure mit einer Fokussierung auf akteursspezifische Ressourcen einhergeht. Das Menschenbild eines fähigen Akteurs (Agents) betont die Gestaltungsmacht der Menschen, zum anderen verweist es auf die politische Aufgabe, an der Implementierung befähigender, menschenwürdiger Strukturen mit zu wirken. Soziale Arbeit knüpft damit an ihre Tradition einer Menschenrechtsprofession an und positioniert sich selbst im Schnittfeld von Akteur- und Strukturarbeit. Durch diese erweiterte verantwortungsvolle Standortbestimmung wird es möglich, Soziale Arbeit über eine auf der Mikroebene verfestigte Zuständigkeit hinaus als Ebenen übergreifendes Fach zu festigen. Eine derart gefasste Soziale Arbeit steht mit ihrer Ermöglichungsperspektive vor der Herausforderung, „strukturelle Zwänge nicht aus den Augen zu verlieren und gleichzeitig konkrete Möglichkeits- und Gestaltungsräume aufzutun, die die Handlungsfreiheiten der Menschen zu erweitern vermögen" (Reutlinger 2008, S. 246).

- **Überschreitung nationalstaatlicher Definitionsmacht**

Durch das Lösen aus dem wohlfahrtsstaatlichen Korsett gewinnt Soziale Arbeit eine Distanz zum staatlichen System und kann dessen Strukturen kritisch reflektieren. Dadurch unterliegt sie weniger einer möglichen Manipulation des Staates und ist näher bei den Personen als Akteuren (vgl. Nölthing, 2009, S. 214).

Als Negativbeispiel einer politisch instrumentalisierten Sozialen Arbeit kann ihre Fassung in der DDR dienen, deren „traditioneller Fürsorgebegriff [...] in die Allzuständigkeit des Staates und der Politik" gehoben wurde (ebd., S. 214). Dadurch kam es zur Leugnung sozialer Probleme, die von den politisch Verantwortlichen durch sozialistische Strategien zu überwinden gesucht wurden. Verbände und Einrichtungen wurden verboten, die Kinder- und Jugendhilfe wurde mit Ausnahme der kirchlichen Träger direkt der Partei unterstellt „und einzig in organisierten Formen wie der „Freien Deutschen Jugend" (FDJ) oder den Pionieren möglich" (ebd., S. 214). Diese ideologische statt sozialpädagogisch-reflexive Struktur Sozialer Arbeit führte dazu, dass Problemlagen von Akteuren als unnormal und selbstverschuldet abgetan und ihnen keinerlei Hilfen mehr zur Verfügung gestellt wurden (vgl. ebd., S. 215).

Es lässt sich festhalten, dass Soziale Arbeit eines öffentlichen Ausdrucksraumes bedarf, der frei von staatlicher Einmischung die Möglichkeit des Austausches, der Kritik und der Strukturgestaltung zulässt. In ihrer Abkehr von politischer Beeinflussung eröffnet sich für Soziale Arbeit dann über Ländergrenzen hinweg die Chance der Etablierung einer globalen sozialen Wirkmacht, wie sie in Ansätzen bereits vor allem von den USA ausgehend vorhanden ist. Als Beispiel ist hier die International Federation of Social Workers (IFSW) zu nennen.

- **Überschreitung containerspezifischer Raumvorstellungen**

Eine weitere Problematik einer innerhalb wohlfahrtsstaatlicher Strukturen verankerten Sozialen Arbeit stellt der damit einhergehende enge nationalstaatliche Blick dar. Raum wird in diesem Zusammenhang oftmals mit Nationenbehältern, d.h. Containerräumen gleichgesetzt. Diese Raumvorstellung schließt an die kartesianische Denktradition an, in der „Raum als formaler Container, innerhalb dessen Menschen ihren Geschäften nachgehen, [...] [gezeichnet wird]. Raum und Zeit bleiben von diesen Geschäften grundsätzlich unbeeinflusst. Dem gegenüber steht die Vorstellung von *sozialen* Räumen" (Berker 2006, S. 142). Soziale Räume meinen Räume ohne Böden und Decken, die sich entlang sozialer Praktiken von Akteuren aufspannen. Akteure als Gestalter von Räumen können wiederum mit dem Agencykonzept als Analyserahmen gefasst werden. Untersuchungen, die Raum als statischen Container betrachten, laufen Gefahr, die raumgestalterischen Leistungen von Akteuren zu übersehen (vgl. Homfeldt; Reutlinger 2009b, S. 111ff.).

- **Überschreitung des methodologischen Nationalismus**

Durch die relationale Sozialraumvorstellung wird neben der Wahrnehmung der Gestaltungsmacht von Akteuren auch die Überschreitung des methodologischen Nationalismus möglich. Mit methodologischem Nationalismus sind jene Festsetzungen in der Sozialen Arbeit gemeint, die den Nationalstaat „zur unhintergehbaren Hintergrundvariable der Sozialen Arbeit [bestimmen]; der Nationalstaat und seine

Institutionen gehen als quasi-natürliche Grenze der empirischen Analyse und Theoriebildung ein" (Schröer; Schweppe 2010, S. 94). Hieran wird deutlich, dass der methodologische Nationalismus keine reflexiv-analytische Betrachtungsperspektive auf die soziale Welt darstellt, sondern im Gegenteil eine „implizite Annahme von der sozialen Wirklichkeit" (Köngeter 2009, S. 341) voraussetzt. Gemeinhin wird der methodologische Nationalismus daher im Versteckten sichtbar, eben dann, wenn Gesellschaft analog gesetzt wird mit einer nationalstaatlichen Gesellschaft (vgl. Schröer; Schweppe 2010, S. 94) und transnationale Gesellschaftsprozesse somit nicht gesehen werden, im Gegenzug aber territoriale Grenzen in ihrer Bedeutung überbetont werden (vgl. Köngeter 2009, S. 345). Der methodologische Nationalismus führt in seiner Verankerung in der Analyse sozialer Prozesse zu einer verkürzten und mitunter sogar verfälschten Wahrnehmung: In der Untersuchung transnationaler Migrationsprozesse „be- bzw. verhindert [er] zum einen das Erkennen und Verstehen dieser Prozesse, weil grenzüberschreitende Verläufe und die gleichzeitigen Verbindungen zwischen zwei oder mehreren Ländern kaum systematisch in den Blick geraten. Zudem läuft die Soziale Arbeit durch den methodologischen Nationalismus auch Gefahr, dass nationalstaatliche Orientierungen zur Normalitätsfolie werden" (Schröer; Schweppe 2010, S. 94). Demgegenüber würden transnationale Verbindungen von Transmigranten als unnatürlich angesehen, obwohl sie einen beachtlichen Teil migrantischer Lebenswelten ausmachen. „Transmigranten [...] sind in dieser Vorstellung [...] Personen, die [...] sich nicht in die Gleichsetzung von solidarischer Gemeinschaft und Nationalstaat, von Territorium und Citizenship (Bürgerschaft), von ethnischer Homogenität und Selbstbestimmung [fügen]" (Köngeter 2009, S. 343). Köngeter fordert aufgrund dieser Normsetzung neben einem „transnational turn", d.h. neben der Analyse transnationaler Prozesse auch ein Überdenken der Relationen von Profession, Disziplin und Staat. „Es stellt sich die Frage, ob durch die Transnationalisierung des Wissenschaftsfeldes der Sozialen Arbeit zum einen diejenigen sozialen Phänomene und Praktiken, die jenseits von Staat und Nation verlaufen, besser gefasst werden können und ob zum anderen der Bedeutungswandel des Nationalstaates dadurch sichtbar gemacht werden kann" (ebd., S. 356).

- **Überschreitung nationenorientierter Identitäts- und Kulturbilder**

Wenn Soziale Arbeit den methodologischen Nationalismus einer kritischen Analyse unterzieht, eröffnen sich neben der Überwindung containerräumlicher Konzepte auch Opportunitäten zur Überwindung starrer Identitäts- und Kulturbilder. Plurilokale Räume weisen die Konfrontation von Akteuren mit mehreren kulturellen und gesellschaftlichen Systemen auf und verdeutlichen, dass unilokale schematische Vorstellungen von Kultur hier zum Erliegen kommen können (vgl. Mau 2007, S. 63). Kultur- und Identitätsvorstellungen müssen nicht zwangsweise an einen Nationalstaat gekoppelt sein, stattdessen können Zuordnung und Verankerung von Individuen in mehreren nationalen, gesellschaftlichen und kulturellen Systemen stattfinden. „Diese Entwicklung ist eng mit allgemeinen Syndromen der Modernisierung wie Individualisierung und Optionssteigerung verbunden, welche Individuen zunehmend in die Lage versetzen, Beschränkungen von Herkunft und Ortsbindung zu überwinden. Damit ergeben sich vermehrt Handlungsmöglichkeiten in Richtung transnationaler Vernetzung" (ebd., S. 79). Durch die Wahrnehmung solcher transnationaler Vernetzungen können in der Anerkennung von Mehrfachverortungen von Migranten als Teil der Normalität assimilative Bilder von Migration überwunden werden. Vor diesem Hintergrund erscheinen gegenläufige Forderungen nach einer totalen Anpassung an jegliche Systeme der Aufnahmegesellschaften als Zumutung für Migranten, die Kulturen und Gesellschaften in Verbindung als Teil ihrer Selbst integrieren und damit Formen hybrider Ich-Identität manifestieren.

- **Überschreitung westlicher Konzept-Dominanz**

Zusammenfassend kann an dieser Stelle festgehalten werden, dass Soziale Arbeit in der Überwindung ihres starren kategorialen Denkens soziale Wirklichkeiten anerkennt. Sie richtet ihren Blick im Zuge der Wahrnehmung pluraler und plurilokaler Lebensformen vielmehr auf die Akteure mit ihren Bedürfnissen in ihren spezifischen Kontexten. Damit verbindet sich auch die Hoffnung einer gegenseitigen Anerkennung von Konzeptionen Sozialer Arbeit in den verschiedensten Ländern. Dies kann zu einer Neuordnung des Verhältnisses der Sozialen Arbeit des Nordens und des Südens führen. Während in der Vergangenheit davon ausgegangen wurde, dass die Implementierung westlicher Prinzipien Sozialer Arbeit in „Ländern des Südens" die einzig richtige Variable darstellt, befindet sich Soziale Arbeit nun in der Position, die Errungenschaften und Entwicklungen Sozialer Arbeit in „Ländern des Südens" wahrzunehmen und hiervon zu lernen. So ist in Südafrika bereits eine Form Sozialer Arbeit verankert, die nicht ausschließlich den Einzelfall, sondern das Individuum in seiner strukturellen Umgebung betrachtet und dadurch Probleme angeht, die strukturell verankert liegen (vgl. Gray; Fook 2004, S. 630). Rehklau und Lutz schlagen aufgrund dieser Entwicklungen vor, den Paradigmenwechsel von einer Einzelfallorientierung hin zu einer entwicklungsorientierten Sozialen Arbeit, die sich in der Umsetzung von social development in Südafrika zeigt, besonders in Deutschland zu studieren und als Vorbild zu betrachten (vgl. Rehklau; Lutz 2008a, S. 15). Soziale Arbeit des Südens hat sich den gesellschaftlichen Realitäten angepasst und begriffen, dass eine reine Fallorientierung kaum nachhaltige Entwicklungen hervorrufen kann. Wegen der weniger ausgebauten staatlichen Versorgungsstruktur hat sie sich zur Aufgabe gemacht, ganze Gemeinwesen zu befähigen und gleichzeitig an der Implementierung handlungsermächtigender Strukturen mitzuwirken. Diese Prozesse scheinen insbesondere angesichts der sich vollziehenden Transformationen und des Abbaus wohlfahrtsstaatlicher Sicherheiten auch in „Ländern des Nordens" von enormer Bedeutung zu sein (vgl. Rehkau; Lutz 2008b, S. 27ff.).

2.2 „Social development": Soziale Arbeit und soziale Entwicklung

„Social development transcends the residual and institutional approaches
which have dominated social welfare thinking in the past" (Midgley 1995, S. 1).

Social development gilt als einer der Eckpfeiler Grenzen überschreitender Sozialer Arbeit (vgl. Homfeldt; Reutlinger 2009a, S. 3) und soll ihr eine Entwicklungsperspektive jenseits wohlfahrtsstaatlicher Logik eröffnen (vgl. Rehkau; Lutz 2009; Novy 2007a; Gerstner; Kniffki; Reutlinger; Zychlinski 2007, S. 24; Cox; Pawar

2006). Die Konzeption von social development entstand in Südafrika, weshalb das Konzept gleichzeitig eine Markierung eines erstmaligen Lernens Sozialer Arbeit westlicher Industriestaaten von der des globalen Südens darstellt (vgl. Rehklau; Lutz 2009). Mit Hilfe eines Mehr-Ebenen-Konzepts von der lokalen bis zur inter- und transnationalen Praxis fördert social development das Erkennen Grenzen überschreitender Phänomene in der sozialarbeiterischen Profession (vgl. Homfeldt; Reutlinger 2009b, S. 121; Lyons; Manion; Carlsen 2006, S. 2; Hare 2004, S. 417). Dennoch bleibt unklar, was social development eigentlich bedeutet (vgl. Ray 2009, S. 148; Midgley 1995, S. 8). Zur Beantwortung dieser Frage geraten die Diskurse um *Entwicklung* und *Soziales* in den Blick.

Lange Zeit waren es die Bretton Woods Organisationen, der IWF und die Weltbank, die Entwicklung durch die Höhe des Pro-Kopf-Einkommens definierten und damit eine Differenzierung von Ländern in „entwickelt" und „unterentwickelt" etablierten. In Folge der Kritik in den 60er und 70er Jahren am neoliberalen Zeitgeist wurde letzlich die Messung von Entwicklung durch zusätzliche soziale Indikatoren ergänzt. Seit 1990 teilt der Human Development Report der UNDP Länder in Gruppen nach ihrem Entwicklungsstand von sehr hoch bis niedrig ein.

Ray gibt zu bedenken, social development sei durch die verschiedenen Indikatoren immer nur ausschnittweise darstellbar und würde deshalb stets nur durch jenes Bündel an Indikatoren bestimmt, welches zur Messung herangezogen würde. Mit seinem „Social Development Index" weist er darauf hin, dass wirtschaftlicher Aufschwung eines Landes keineswegs mit den sozialen Indikatoren korrelieren müsse (vgl. Ray 2009, S. 149). Jenes Ungleichgewicht zwischen wirtschaftlichem Aufschwung und gleichsam steigenden sozialen Ungleichheiten wird als „verzerrte Entwicklung" kritisiert (vgl. Midgley 1995, S. 5). Um dem entgegenzuwirken, seien, so Midgley, staatliche Maßnahmen, die wirtschaftliche sowie soziale Entwicklung ex aequo berücksichtigen und gleichsam ein well-being der gesamten Gesellschaft fördern würden, notwendig (vgl. ebd., S. 24). Als Best-Practice-Modell wird in diesem Zusammenhang meist die Grameen Bank des Nobelpreisträgers Muhammad Yunus angeführt, die Kredite an nach vorherrschenden Regeln nicht kreditwürdige Frauen vergibt und ihnen dazu verhilft, sich mit ihren Geschäftsideen aus der Armut zu befreien *(vgl. zu Informations- und Kommunikationstechnologien als „Entwicklungshelfer" Elß in diesem Band).*

Die Problematik des Diskurses an sich besteht in der Unterscheidung in entwickelte und unterentwickelte Länder, bei der stets ein modernisierungstheore-tisches Verständnis einer nachholenden Entwicklung zugrunde gelegt wird (vgl. Hauck 2007, 1). Unberücksichtigt bleiben im homogenisierenden Blick auf Nationalstaaten die Ungleichzeitigkeiten innerhalb von länderspezifischen Entwicklungen. Ausgeschlossen werden Alternativen zur Entwicklung in Richtung der Vorbilder der postmodernen Industriestaaten.

Um die Teilhabe Aller am Diskurs zu sichern, wird social development auf der lokalen Ebene jenseits wohlfahrtsstaatlicher Handlungslogik verortet. Der sozialraumorientierte Blick versucht, alle Akteure in den Diskurs einzubeziehen und arbeitet auch gegen etablierte Strukturen, in welchen sich Benachteiligungen (re-)produzieren *(vgl. dazu Schröder in diesem Band)*. Die Vertreter dieses Bottom-up-Ansatzes verweisen zumeist auf den brasilianischen Befreiungstheologen Paulo Freire (1972), der durch seine Alphabetisierungsmethode in ländlichen Regionen die Veränderlichkeit der Lebensumstände von dort lebenden unterdrückten Menschen reflektierte und so eine Bewegung „von unten" beförderte, dabei aber die Frage offen ließ, was Entwicklung genau bedeutet, was also social development ist (vgl. Novy 2007b, S. 46). Es geraten jedoch die Akteure und ihre Handlungsmächtigkeiten in den Blick, da sie nunmehr nicht mehr als Opfer determinierender Strukturen, sondern gleichsam als Gestalter ihres Lebens wahrgenommen werden.

Die Gefahr dieses Diskurses, darauf verweisen Kritiker, liege darin, die globalen Strukturen der Finanzmarktpolitik als Prämissen unhinterfragt in den Ansätzen zu adaptieren und somit doch letztendlich von Armut Betroffene für ihr Schicksal verantwortlich zu machen, deren Ursache jedoch an anderer Stelle, nämlich auf den globalen Finanzmärkten, gesehen werden kann (vgl. Novy 2007a; 2007b).

In den Diskursen um *Entwicklung* wie um das *Soziale* wird letztendlich der Wunsch, Antworten auf die globalen Herausforderungen einer sich immer stärker vernetzenden Welt zu finden, deutlich. Er steht in Verbindung mit der Perspektive, wie sich Soziale Arbeit künftig ausrichten soll, um wachsenden Grenzen überschreitenden Anforderungen gerecht zu werden. Konsens besteht darüber, eine transnationale Perspektive einzunehmen, eine stärkere Vernetzung staatlicher und nichtstaatlicher Organisationen Sozialer Arbeit über nationalstaatliche Ländergrenzen hinweg anzustreben. Dadurch ist intendiert, eine stärkere politische, anwaltschaftliche Einflussnahme auf der globalen Bühne zu erreichen. Social development gilt dabei als einer der Hoffnungsträger, der jenen Erwartungen gerecht werden soll.

2.3 *Soziale Arbeit als Entwicklungszusammenarbeit*

Soziale Arbeit, die das Analyseparadigma des Agencykonzepts mit den Eckpfeilern von social development verbindet, kann im Blick der Sozialen Arbeit als Entwicklungszusammenarbeit gefasst werden. Entwicklungszusammenarbeit bedeutet hier die analytische Betrachtung lokaler Prozesse in ihrer globalen Beeinflussung, die Betrachtung globaler Prozesse in ihrer Beeinflussung des Lokalen sowie die Betrachtung transnationaler Prozesse in ihren transnationalen Sozialräumen, die sich global wie lokal manifestieren. Soziale Arbeit als Entwicklungszusammenarbeit beschäftigt sich mit den im Zuge der Globalisierung von Welt entstehenden unterstützenden Netzwerkstrukturen auf Mikro-, Meso- und Makroebene. Sie betrachtet zum einen die Potentiale von Akteuren, gleichzeitig weist sie auf strukturelle Probleme, die die jeweiligen Netzwerkstrukturen beeinflussen, hin.

Dabei stehen weniger Sollvorstellungen von Entwicklung im Vordergrund (vgl. Kevenhörster; Boom van den 2009, S. 19), sondern die Analyse und Reflektion aktueller (transnationaler) Prozesse mit der Fokussierung auf Akteur und Struktur, um Potentiale und Hindernisse innerhalb dieses Wechselspiels identifizieren und entsprechend handlungsermächtigende Bedingungen schaffen zu können.

In Disziplin wie Profession kann Soziale Arbeit als Entwicklungszusammenarbeit das dialogische Prinzip, das Krause und Rätz-Heinisch (2009) als Paradigma Sozialer Arbeit herausgearbeitet haben, auf den Bereich der Transnationalität übertragen. Dialog meint dann auf der Mikroebene, Deutungsmuster und Lebenswirklichkeiten aus der Perspektive der Akteure begreifen zu lernen und deren Anliegen anerkennend zu reflektieren (vgl. Krause; Rätz-Heinisch 2009, S. 14). Ansatzpunkte zur interkulturellen Verständigung werden dabei sichtbar. Disziplinär zeigt sich ein dialogisches und auf Anerkennung des Anderen beruhendes Denken in der Wahl erzählgenerierender Methoden, die die Akteure selbst zu Wort kommen lassen (vgl. ebd., S. 13).

Auf der Mesoebene kann das dialogische Prinzip z.B. Anstösse geben, Kooperationen von TNGOs mit lokalen Partnerorganisationen nach dialogischen Prinzipien auszurichten und bestehende Machtgefälle so abzubauen. Dialog heißt hier Gleichberechtigung und Partizipation. Diese Prinzipien können insbesondere in Kooperationen von Organisationen „des Nordens" und „Südens" gehaltvoll sein, um Errungenschaften südlicher Länder sichtbar zu machen.

Der Dialog, d.h. die Auseinandersetzung und das gegenseitige Lernen auf der Makroebene spielt insbeondere in Kooperationen von Sozialer Arbeit mit Akteuren aus Politik und Wirtschaft eine bedeutsame Rolle. Das dialogische Prinzip kann dabei unterstützen, erweiterte Handlungsspielräume für die Soziale Arbeit auf gestaltender Ebene zu schaffen.

Durch das dialogische Prinzip können insgesamt neue und alte Netzwerkverbindungen in anerkennender Weise bestärkt und neue Verbindungen und damit Handlungsspielräume initiiert werden. Hierdurch können wiederum transnationale Entwicklungen angeregt, problematische transnationale Lebenslagen abgebaut und Unterstützungsprozesse generiert werden.

3. Neue Erkenntnisperspektiven durch eine transnationale Soziale Arbeit

„We mean a form of social work that transcends national boundaries and which gives social work a global face such that there are commonalities in theory and practice across widely divergent context" (Gray; Fook 2004, S. 628).

Eine unter dem Analyserahmen von agency und dem Konzept von social development transnational gefasste Soziale Arbeit als Entwicklungszusammenarbeit ist in ihrem grenzüberschreitenden Blick in der Lage, sich der Wirklichkeit offen zu nähern, ohne sie durch eine normativ geprägte Kategorienbrille wahrzunehmen.

Agency als Analyserahmen ist hierzu *erstens* als Paradigma die Voraussetzung zur Identifizierung, Analyse und Interpretation jeglicher transnationaler Phänomene und Prozesse, die nationale, gesellschaftliche, kulturelle und politische Grenzen überschreiten.

Zweitens kann transnationale Soziale Arbeit durch die Orientierung am social development-Ansatz strukturelle Probleme wie die Ungleichzeitigkeit von wirtschaftlicher und sozialer Entwicklung in den Blick nehmen und damit ein Gegengewicht zu finanzwirtschaftlicher Dominanz auf der Makroebene darstellen. Durch die Organisation Sozialer Arbeit innerhalb zivilgesellschaftlicher und globaler Organisationen kann so der Versuch der Etablierung Sozialer Arbeit als globaler Wirkmacht untermauert werden.

Hierbei bleibt zu betonen, dass Soziale Arbeit auf nationalstaatlicher Ebene durch die Etablierung einer transnationalen Sozialen Arbeit keineswegs überflüssig wird, sondern durch eine transnationale Soziale Arbeit ein Mehr an Wissen zur Verfügung gestellt bekommt. Nationale Prozesse, die mit inter- und transnationalen Phänomenen zusammenhängen, können dann eher in ihren globalen Verflechtungen betrachtet werden.

Zusammenfassend lässt sich festhalten, dass transnationale Soziale Arbeit als Entwicklungszusammenarbeit in ihrer Überwindung nationalstaatlicher Kategoriensysteme professionell an den Leitgedanken von Pionierinnen vernetzter Sozialer Arbeit wie Salomon, Addams und Younghusband anknüpft.

Transnationale Soziale Arbeit befähigt sich durch diese Grenzüberschreitung zur

> Wahrnehmung sozialer Prozesse jenseits nationalstaatlicher, gesellschaftlicher und kulturell konstruierter Grenzen,
>
> Wahrnehmung sozialer Prozesse neben wohlfahrtsstaatlichen Strukturmustern,
>
> Wahrnehmung transnationaler Sozialräume und Netzwerke,
>
> Wahrnehmung der agency von Akteuren,
>
> Wahrnehmung von sozialen Prozessen in „Ländern des Südens".

4. Zum Aufbau des Sammelbandes

Die Beiträge des folgenden Sammelbands setzen sich auf der Grundlage der Erkenntnislinien transnationaler Sozialer Arbeit mit jenen Gegenstandsbereichen auseinander. Bezogen auf das Konzept von transnationaler Sozialer Arbeit als Entwicklungszusammenarbeit thematisieren die qualitativ- empirischen Studien insbesondere Unterstützungsnetzwerke und soziale Entwicklung (social development) in unterschiedlichen räumlichen Kontexten. Eine spezifische Perspektive entwickelt der Beitrag von Christiane Bähr zum Katastrophen- Management.

Grundlage der Beiträge sind herausragende Diplomarbeiten im thematischen Schwerpunkt Internationale Soziale Arbeit im Diplomstudiengang Erziehungswissenschaft an der Universität Trier. Die den Beiträgen zugrunde liegenden Diplomarbeiten sind im Rahmen ihrer Möglichkeiten kleine Forschungsvorhaben in einem jeweils überschaubaren Umfang gewesen.

Die Studie von Claudia Olivier rückt Rollenfunktionen von Nord- und Süd-NGOs in der Entwicklungszusammenarbeit in den Vordergrund und diskutiert in diesem Kontext das Spannungsfeld von Partnerschaft und Machtgefälle. Es wird aufgezeigt, wie durch transnationales Networking von lokalen NGOs in Kenia Strategien entworfen werden, die den Machtdifferenzen außerhalb der konkreten Kooperationseinheit ein Gegengewicht setzen und die Süd- NGOs nicht nur unabhängiger, sondern auch handlungsfähiger machen können. Claudia Olivier verortet ihre Arbeit auf der Mesoebene sozialer Netzwerke.

Lia Steines fragt nach der Vernetzung von Freiwilligen, die ihren Freiwilligendienst im Rahmen eines europäischen Programms im Ausland absolvieren. Im Zentrum stehen die Unterstützungsnetzwerke, die sich Freiwillige fernab der Herkunftsländer in ihrer neuen Umgebung aufbauen. Die Arbeit von Lia Steines ist entsprechend auf der Mesoebene im Kontext von transnationalen Arbeitszusammenhängen zu verorten.

Die Studie von Caroline Schmitt beschäftigt sich mit einem Afrosalon als sozialer Raum und zeigt die in ihm aufgebauten informellen Unterstützungsnetzwerke als Ausdruck akteursspezifischer Handlungsmächtigkeit (agency) auf. Jene Unterstützungsstrukturen sind als Bewältigungsstrategie der transnationalen Lebensweisen der afrikanischen Akteure im Salon zu verstehen. Caroline Schmitt findet sich daher wieder in der mesostrukturellen Analyse von unterstützenden Migrationsnetzwerken, ausgehend von einem Afrosalon in Deutschland.

Christian Schröder beschäftigt sich mit der Analyse eines Kooperationsprojekts zwischen einer TNGO und einer lokalen NGO in El Salvador Hierbei geht es im Kern um die Förderung von social development entlang der Tätigkeiten von Bewohnern eines Kantons der Hauptstadt. Christian Schröder entwickelt aus seinen empirischen Daten heraus unterschiedliche Typen von Agency. Mit Hilfe dieser Differenzierung von Agency wird abschließend resümiert, welche Bedingungen für social development erfüllt werden müssten. In die Analyse werden aus Sicht der Akteursebene auch weitere Ebenen mit einbezogen, wie staatliche Institutionen oder TNGOs, die für die Entwicklung des Kantons eine Rolle spielen können.

Michael Meyer analysiert das ökonomische Engagement türkeistämmiger Selbständiger in Deutschland und widmet sich dem Umgang dieser Migrantengruppe mit ihren wirtschaftlichen Opportunitäten. Im Zusammenspiel mit strukturellen Chancen und Barrieren werden hier differente Erwerbsbiographien nachgezeichnet. Michael Meyer analysiert ethnische Betriebe in ihrem Kontext von Biographie und gesellschaftlichen Möglichkeiten auf einer mesostrukturellen Ebene.

Antje Elß geht der Frage nach, wie Informations- und Kommunikationstechnologien Wege zu einer nachhaltigen Entwicklung im Sinne von social development ebnen können. Dies stellt sie an den beiden Projekten Grameenphone und Brosdi dar. Der Beitrag von Antje Elß ist an den Schnittstellen von akteurszentrierter Analyse bis hin zu makrostrukturellen Fragen zu verorten.

Christiane Bähr widmet sich der Untersuchung eines Handlungsfeldes der Sozialen Arbeit, welchem noch wenig Aufmerksamkeit geschenkt wird. Es handelt sich um die Darstellung der Sozialen Arbeit als Profession im Bereich des Katastrophen-Managements. Sie fragt nach möglichen Arbeits- und Vernetzungsstrategien Sozialer Arbeit im Falle von Katastrophen und siedelt ihre Arbeit daher im Fenster einer mesostrukturellen Analyse der transnationalen Vernetzungsmöglichkeiten Sozialer Arbeit an.

Literatur

Androutsopoulos, J., 2005: Virtuelle Öffentlichkeiten von Migranten. In: Jahrbuch für Kulturpolitik. 5. Jg., S. 299-308

Anheier, H./Freise, M., 2004: Der Dritte Sektor im Diskurs des Dritten Weges. In: Beckert, J. et al. (Hrsg.): Transnationale Solidarität. Chancen und Grenzen. Frankfurt/Main, S. 109-125.

Basch, L./Glick Schiller, N./Blanc, C. S., 2008: „Transnational Projects: A New Perspective" and „Theoretical Premises". In: Khagram, S./Levitt, P. (Hrsg.): The Transnational Studies Reader. Intersections and Innovations. New York, S. 261-272

Becker, J., 2010: Erdbeerpflücker, Spargelstecher, Erntehelfer. Polnische Saisonarbeiter in Deutschland – temporäre Arbeitsmigration im neuen Europa. Wetzlar

Berker, Th., 2006: Alltag ohne Grenzen? In: Kreutzer, F./Roth, S. (Hrsg.): Transnationale Karrieren. Biographien, Lebensführung und Mobilität. Wiesbaden, S. 141-157

Böhnisch, L./Lenz, K./Schröer, W., 2009: Sozialisation und Bewältigung. Eine Einführung in die Sozialisationstheorie der zweiten Moderne. Weinheim/München

Brückner, M., 2007: Kulturen des Sorgens (Care) in Zeiten transnationaler Entwicklungsprozesse. In: Homfeldt, H.G./Schröer, W./Schweppe, C. (Hrsg.): Soziale Arbeit und Transnationalität. Weinheim/München, S. 167-184

Cox, D. R./Pawar, M. S., 2006: International social work. Issues, strategies, and programs. Thousand Oaks/Calif

Deacon, B., 2007: Global Social Policy & Governance. London/Thousand Oaks/New Delhi/Singapore

Eitzinger, I., 2010: Transnationale Identifikation am Beispiel der Portugiesen in München – Ergebnisse einer Fallstudie. In: Pinheiro, T. (Hrsg.): Portugiesische Migrationen. Geschichte, Repräsentation und Erinnerungskulturen. Wiesbaden, S. 151-173

Ette, A.; Sauer, L., 2010: Auswanderung aus Deutschland. Daten und Analysen zur Internationalen Migration deutscher Staatsbürger. Wiesbaden

Frantz, C., 2006: Nichtregierungsorganisationen (NGOs). Wiesbaden

Freire, P., 1972: Pädagogik der Unterdrückten. Stuttgart

Gerstner, W./Kniffki, J./Reutlinger, C./Zychlinski, J., 2007: Von der Problemorientierung zur sozialen Entwicklung. Plädoyer für eine Perspektivenveränderung. In: Gerstner, W./Kniffki, J./Reutlinger, C./Zychlinski, J. (Hrsg.): Deutschland als Entwicklungsland. Transnationale Perspektiven sozialräumlichen Arbeitens. Freiburg i. B., S. 14–29

Glick Schiller, N./Levitt, P., 2006: Haven't we heard this somewhere before? A Substantive View of Transnational Migration Studies by Way of a Reply to Waldinger and Fitzgerald. Wellesley

Glorius, B., 2007: Transnationale soziale Räume polnischer Migranten in Leipzig. In: Nowicka, M. (Hrsg.): Von Polen nach Deutschland und zurück. Die Arbeitsmigration und ihre Herausforderungen für Europa. Bielefeld, S. 135-159

Gray, M./Fook, J., 2004: The Quest for a Universal Social Work: Some Issues and Implications. In: International Social Work. 23. Jg., S. 625-644

Grundmann, M., 2010: Handlungsbefähigung – eine sozialisationstheoretische Perspektive. In: Otto, H.-U.; Ziegler, H. (Hrsg.): Capabilities - Handlungsbefähigung und Verwirklichungschancen in der Erziehungswissenschaft. Wiesbaden, S. 131-142

Hare, I., 2004: Defining Social Work for the 21st Century. The international federation of social workers revised definition of social work. In: International Social Work. 3. Jg., S. 407–424

Hauck, G., 2007: Die Scheuklappen des Entwicklungsdiskurses. Anmerkungen zu Theo Rauchs „Von Basic Needs to MDGs". In: Peripherie. Zeitschrift für Politik und Ökonomie in der Dritten Welt. 107. Jg., S. 246–250

Homfeldt; H.G./Reutlinger, C., 2009a: Soziale Arbeit und soziale Entwicklung – eine einleitende Skizze. In: Homfeldt, H.G./Reutlinger, C. (Hrsg.): Soziale Arbeit und Soziale Entwicklung. Baltmannsweiler, S. 2-10

Homfeldt, H.G./Reutlinger, C., 2009b: Sozialer Raum, soziale Entwicklung und transnationale Soziale Arbeit. In: Homfeldt, H. G./Reutlinger, C. (Hrsg.): Soziale Arbeit und Soziale Entwicklung. Baltmannsweiler, S. 102–125

Homfeldt, H.G./Schröer, W./Schweppe, C., 2008: Vom Adressaten zum Akteur – eine Einführung. In: Homfeldt, H.G./Schröer, W./Schweppe, C. (Hrsg.): Vom Adressaten zum Akteur. Soziale Arbeit und Agency. Opladen/Farmington Hills, S. 7-14

Humboldt, C., 2006: Afrikanische Diaspora in Deutschland: eine explorative Studie zur Entstehung und Gegenwart transnationaler afrikanischer Communities in Köln und Umgebung. Berlin

Jordan, B., 2008: Social work and world poverty. In: International Social Work. 51. Jg., S. 440-452

Kevenhörster, P./Boom van den, D., 2009: Entwicklungspolitik. Wiesbaden

Kniffki, J., 2010: Referenzrahmen transnationaler Sozialer Arbeit in Studium und Praxis. In: Geißler-Piltz, B./Räbiger, J. (Hrsg.): Soziale Arbeit grenzenlos. Opladen/Farmington Hills, S. 107-116

Köngeter, S., 2009: Der methodologische Nationalismus der Sozialen Arbeit in Deutschland. In: Zeitschrift für Sozialpädagogik. 7. Jg., S. 340-359

Krause, H. U./ Rätz-Heinisch, R., 2009: Einleitung. In: Krause, H. U./; Rätz-Heinisch, R. (Hrsg.): Soziale Arbeit im Dialog gestalten. Theoretische Grundlagen und methodische Zugänge einer dialogischen Sozialen Arbeit. Leverkusen, S. 7–19

Kreutzer, F./Roth, S., 2006: Einleitung zu Transnationale Karrieren: Biographien, Lebensführung und Mobilität. In: Kreutzer, F./Roth, S. (Hrsg.): Transnationale Karrieren. Biographien, Lebensführung und Mobilität. Wiesbaden, S. 7-31

Lutz, H., 2007: Vom Weltmarkt in den Privathaushalt: Die neuen Dienstmädchen im Zeitalter der Globalisierung. Opladen

Lyons, K./Manion, K./Carlsen, M., 2006: International perspectives on social work. Global conditions and local practice. Basingstoke/Hampshire

Midgley, J., 1995: Social development. The developmental perspective in social welfare. London

Mau, S., 2007: Transnationale Vergesellschaftung. Die Entgrenzung sozialer Lebenswelten. Frankfurt am Main

Nagy, G./Falk, D., 2000: Dilemmas in international and cross-cultural social work education. In: International Social Work. 43. Jg., S. 49-60

Nölthing, C., 2009: Soziale Arbeit und Soziale Bewegungen in der DDR. In: Wagner, L. (Hrsg.): Soziale Arbeit und Soziale Bewegungen, Wiesbaden, S. 207-230

Novy, A., 2007a: Entwicklung gestalten. Gesellschaftsveränderung in der Einen Welt. Frankfurt am Main

Novy, A., 2007b: Soziale Entwicklung in der Einen Welt. In: Gerstner, W./Kniffki, J./Reutlinger, C./Zychlinski, J. (Hrsg.): Deutschland als Entwicklungsland. Transnationale Perspektiven sozialräumlichen Arbeitens. Freiburg i. B., S. 30–40

Pries, L./Sezgin, Z., 2010: Jenseits von ‚Identität oder Integration. Grenzen überspannende Migrantenorganisationen. Wiesbaden

Pries, L., 2008: Die Transnationalisierung der sozialen Welt. Frankfurt am Main

Pries, L., 1998: Transnationale Soziale Räume. Theoretisch-empirische Skizze am Beispiel der Arbeitswanderung Mexiko-USA. In: Beck, U. (Hrsg.): Perspektiven der Weltgesellschaft. Frankfurt am Main , S. 55-86

Priller, E./Zimmer, A., 2003: Dritte-Sektor-Organisationen zwischen „Markt" und „Mission". In: Gosewinkel, D., Rucht, D., Daele van de, W. (Hrsg.): Zivilgesellschaft – national und transnational. WZB- Jahrbuch. Berlin, S. 105-127

Rauer, V., 2010: Additive oder exklusive Zugehörigkeiten: Migrantenverbände zwischen nationalen und transnationalen Positionierungen. In: Pries, L./Sezgin, Z.: Jenseits von Identität oder Integration. Grenzen überspannende Migrantenorganisationen. Wiesbaden, S. 61-85

Ray, A. K., 2009: Measurement of Social Development. In: Homfeldt, H. G./Reutlinger, C. (Hrsg.): Soziale Arbeit und Soziale Entwicklung. Baltmannsweiler, 148–164

Rehklau, C./Lutz, R., 2009: Sozialarbeit des Südens. Entwicklung und Befreiung. In: Homfeldt, H. G./Reutlinger, C. (Hrsg.): Soziale Arbeit und Soziale Entwicklung. Baltmannsweiler, 237–253

Rehklau, Ch./Lutz, R., 2008a: Andere Welten – andere Lösungen. Auf dem Weg zu einer Anthropologie des Helfens. In: Rehklau, Ch./Lutz, R. (Hrsg.): Sozialarbeit des Südens. Band 1 – Zugänge. Oldenburg, S. 9-18

Rehklau, Ch./Lutz, R., 2008b: Sozialarbeit des Südens. Chancen, Dialoge und Visionen. In: Rehklau, Ch./Lutz, R. (Hrsg.): Sozialarbeit des Südens. Band 1 – Zugänge. Oldenburg, S. 19-37

Reutlinger, C. 2008: Social development als Rahmentheorie transnationaler Sozialer Arbeit. In: Homfeldt, H. G./Schröer, W./Schweppe, C. (Hrsg.): Soziale Arbeit und Transnationalität. Weinheim/München

Roth, S., 2006: Humanitäre Hilfe – Zugänge und Verläufe. In: Kreutzer, F./Roth, S. (Hrsg.): Transnationale Karrieren. Biographien, Lebensführung und Mobilität. Wiesbaden, S. 100-119

Schneider, M./Homfeldt, H.G., 2008: Social development, developmental social work und agency – Perspektiven für die Soziale Arbeit? In: Homfeldt, H.G./ Schröer, W./Schweppe, C. (Hrsg.): Vom Adressaten zum Akteur. Soziale Arbeit und Agency. Opladen/Farmington Hills. S. 183-209

Schröer, W./Schweppe, C., 2010: Transmigration und Soziale Arbeit – ein öffnender Blick auf die Alltagswelten im Kontext von Migration. In: Migration und Soziale Arbeit. 32. Jg., S. 91-97

Sen, A., 1999: Capability and Well-Being. In: Nussbaum, M./Sen, A. (Hrsg.): The Quality of Life. Oxford, S. 30-53

Ugur, T., 2010: Die Geschichte der „Gastarbeiter" neu schreiben. In: Migration und Soziale Arbeit. 32. Jg., S. 98-102

Vertovec, S., 2009: Transnationalism. Abingdon/Oxon

Walk, H., 2004: Formen politischer Institutionalisierung: NGOs als Hoffnungsträger globaler Demokratie. In: Beckert, J./Eckert, J./Kohl, M. et. al (Hrsg.): Transnationale Solidarität. New York, S. 163-180

Wallimann, I., 2010: Transnationale Soziale Arbeit: Paradigma zur Renaissance der Sozialen Arbeit in der Praxis, Forschung und Ausbildung. In: Geißler-Piltz, B./Räbiger, J. (Hrsg.): Soziale Arbeit grenzenlos. Opladen/Farmington Hills, S. 95-106

Weißköppel, C., 2005: Transnationale Qualitäten in Netzwerken von Sudanesen in Deutschland. In: NORD-SÜD aktuell. Themenheft Transnationale Räume. 1. Jg., S. 34-44

2.

Transnationale soziale Unterstützung und Vernetzungsstrategien

CLAUDIA OLIVIER

Partnerschaft trotz Machtgefälle? Rollenfunktionen und transnationaleVernetzungsstrategien von NGO´s in der deutsch-kenianischen Entwicklungszusammenarbeit

Abstract

Transnationale Nord-Süd-Kooperationen im nicht-staatlichen NGO-Sektor stellen seit einigen Jahren alternative Ansätze in der deutschen Entwicklungszusammenarbeit dar. Die Konzepte sind geprägt durch die Grundprinzipien des Empowerments und der Partnerschaft. Auf Grund fortwährender eindeutiger Rollenzuschreibungen der Geber- und Nehmerseite sind Machtdifferenzen dennoch weiterhin Bestandteil der partnerschaftlichen Zusammenarbeit. Die beteiligten Akteure versuchen jedoch, durch eine transnationale Vernetzungsstrategie, die aus einem Süd-Süd Austausch und aus differenzierten Geber-Kooperationen besteht, einseitige Abhängigkeitsstrukturen aufzubrechen.

1. Einleitung

Aufgrund fehlender Erfolge im Kampf um die Verringerung der weltweiten Armut scheiterten im Rahmen der Highly Indebted Poor Country-Initiative in den 1990er Jahren die Strukturanpassungsprogramme der Weltbank und des IWF. Die aufgekommenen Zweifel an den traditionell verwendeten Armutsbekämpfungsstrategien der staatlichen Entwicklungszusammenarbeit verdeutlichen die Notwendigkeit, den Blick auf alternative Handlungsmodelle zu richten.

Seither werden Modelle herangezogen, die anstelle des *top-down*-Prinzips der Geberorganisationen auf *bottom-up*-Prozesse setzen und somit die Meso- und Mikroebene in Armutsbekämpfungsprozessen mit einbeziehen. Besonders die Arbeitsweise von unabhängigen, nichtstaatlichen und international agierenden Organisationen, INGOs (International Non Governmental Organisations) nehmen diese Ansätze auf, indem sie keine Hilfe durch standardisierte Armutsbekämpfungsstrategien (PRSP-Poverty Reduction Strategies) leisten, die von Geberseite entworfen und von eigenen Mitarbeitern[1] in Länderbüros umgesetzt werden, sondern sich durch kooperative und individuell abgestimmte Zusammenarbeit mit lokalen Organisationen vor Ort auszeichnen.

Da der Wirksamkeit von Strategien, die auf die Zusammenarbeit mit lokalen Nichtregierungsorganisationen (Non Governmental Organisations-NGOs) gründen, eine größere Breitenwirkung zugesprochen wird als jenen von staatlichen Gebern, ist

---

[1] Auf Grund besserer Leserlichkeit des Textes verzichtet die Autorin auf gegenderte Formen mit dem Hinweis, dass die männliche Sprachform stets die weibliche mit einschließt.

dieses Modell seither zu einem regelrechten Hoffungsschürer im Kontext von Entwicklungszusammenhang (EZ) herangereift.

Insbesondere aus diesem Grund und weil das Alternativ-Konzept, die eben genannte engere Zusammenarbeit mit lokalen Organisationen, zunehmend von immer mehr Geberorganisationen euphorisch übernommen wurde, erscheint es notwendig, einen genaueren Blick auf diese Art von Partnerschaften zu werfen und zu fragen, welche Mechanismen in Kooperationen von Nord-INGOs mit lokalen Süd-NGOs wirken und welche unterschiedlichen Rollenfunktionen und –bilder in der Zusammenarbeit existieren.

Diese Fragen nimmt der vorliegende Beitrag als Ausgangspunkt, um die Machtverhältnisse im Bereich der nicht-staatlichen Entwicklungszusammenarbeit zu beleuchten und um im Weiteren mögliche Handlungsstrategien anhand von Vernetzungsprozessen zur Steigerung der Agency der Süd-NGOs aufzuzeigen.

2. Nord-Süd-Kooperationen in der Entwicklungszusammenarbeit

Mittlerweile gründen viele internationale Geberorganisationen im Rahmen der bilateralen EZ ihre Arbeit auf Kooperationen mit lokalen NGOs. Der Wechsel der Hilfeleistungen von einer hierarchisch strukturierten Geber- und Nehmerperspektive hin zu einer partnerschaftlichen Zusammenarbeit und Kooperationsprozessen voll-zog sich durch die Umsetzung der Einsicht, dass die klassischen Modelle der Entwicklungshilfe den Adressaten der Hilfsmaßnahmen ihre Kompetenzen absprechen, sie in Abhängigkeiten versetzen und letzen Endes den Menschen, denen sie eigentlich zugutekommen sollen, Schaden zufügen.

Die Geberorganisationen möchten durch Projekt-Partnerschaften die Länder des Südens nicht mehr nur zu Empfängern von Entwicklungshilfe deklarieren, sondern ihnen eine höhere Eigenbeteiligung ermöglichen, um aus einem „Entwickeltwerden" ein "sich-Entwickeln" zu generieren (Kößler 2004, S.71; vgl. INCP 2002; SLE 2005). Diese Zielsetzung wird durch den Wandel von reinen Hilfeleistungen hin zu sozialen Unterstützungsprozessen deutlich, durch die die lokalen Ressourcen der Süd-Länder für eine nachhaltige Entwicklung nutzbar gemacht werden sollen (vgl. Ehlers 2008).

Die lokalen Organisationen sollen dabei eine Brücke zwischen den Geberorganisationen des Nordens und den Zivilgesellschaften des Südens bilden, die Maßnahmen somit besser in der Bevölkerung verankern und die Projekte auf die kulturellen Besonderheiten des Landes ausrichten (vgl. Sherraden/Ninacs 1998; McCall 2003).

Wie Nohlen & Nuscheler 1992 in ihrem Werk „Handbuch der Dritten Welt" bereits feststellten, müssen Entwicklungsprobleme länder- und regionenspezifisch betrachtet werden. Der Kontext und die Akteure einer Region sind nicht nur von einer großen Bedeutung für die Maßnahmen der Armutsbekämpfung, sondern zudem Voraussetzung für die Durchführung von Projekten (vgl. Nohlen/Nuscheler 1992). Durch das Einlösen des lang geforderten Kohärenzanspruches, dass Projekte kontextbezogen gestaltet werden sollen, besteht nach Nohlen und Nuscheler die Chance, dass die Frage, ob Entwicklungspolitik eher Partnerschaft oder Ausbeutung im Sinne einer Unterwerfung unter kurzsichtige Interessen bedeutet, mit ersterem beantwortet werden kann.

Der nichtstaatliche Sektor versucht, in transnationalen Projektpartnerschaften partizipative Ansätze zu betonen, neue gleichberechtigte Kooperationsformen zu schaffen sowie durch Selbstsorge und Selbstaktivierung den Aufbau von zivilgesellschaftlichen und eigenverantwortlichen Strukturen zu stärken (vgl. Homfeldt/Schröer/Schweppe 2006). Die Kooperationen sollen auf den Prinzipien der Partizipation, der Gleichberechtigung, des Empowerments, des Ownerships und der Eigenverantwortlichkeit aufbauen (vgl. Wolfensohn 1998; Peterson 2002; Agbahey 2004; Eberlei 2005).

Der reformierte Ansatz ist keine neuartige Entwicklung. Internationale Geberorganisationen versuchen bereits seit etlichen Jahren, eine höhere Eigenbeteiligung und somit die Involviertheit der Projektländerebene von Beginn eines Entwicklungshilfeprojekts an zu gewährleisten.

Etliche Projektevaluierungen später bleibt es jedoch noch immer fraglich, ob die Neuorientierung es geschafft hat, die Entwicklungszusammenarbeit einem prinzipiellen Wandel zu unterziehen oder ob die Projektkooperationsform nur zu einem weiteren plakativen Label verkommt, das Innovation verheißt, jedoch Altbekanntes reproduziert. Um zur Klärung dieses Zwiespalts beizutragen, werden im vorliegenden Beitrag anhand empirischen Datenmaterials etablierte Projektpartnerschaften genauer beleuchtet.

3. Aufbau und Methodik der Studie

Die vorliegenden Ausführungen beruhen auf empirischen Daten einer Untersuchung, die im Rahmen einer Diplomarbeit zwischen Oktober 2007 und April 2008 durchgeführt wurde und sich mit der Zusammenarbeit einer international agierenden deutschen Nichtregierungsorganisation (INGO) mit zwei lokalen Partnerorganisationen (NGOs) im ostafrikanischen Staat Kenia im Sektor der Entwicklungszusammenarbeit beschäftigt.

Die Studie wurde anhand von acht Experteninterviews mit Vertretern der einzelnen Organisationen durchgeführt. Die Auswahl der Experten erfolgte gemäß dem *theoretical sampling* nach Glaser und Strauss (vgl. Glaser/Strauss 1967). Dabei wurde das Ziel verfolgt, einen möglichst repräsentativen Ausschnitt der am Partnerschaftsprozess beteiligten Personen zu gewinnen, um differenzierte Aussagen über die Zusammenarbeit treffen zu können. Es wurden alle Personen befragt, die in einem regelmäßigen Austausch stehen und aktiv an den kommunikativen Prozessen beteiligt sind. Vier Experten wurden von der deutschen INGO und jeweils zwei Mitarbeiter von den beiden kenianischen NGOs ausgewählt. Ein interviewter Experte stellte bezüglich seiner organisationalen Stellung als Leiter der Kontakt- und Verbindungsstelle der deutschen INGO in Kenia, dem die Aufgabe der Betreuung der

Partnerorganisationen in Kenia zukommt, ein Zwischenglied im Kommunikationsprozess dar.

Zur Erhebung der Experteninterviews wurde das Instrument eines leitfadengestützten offenen Interviews verwendet. Ein Kurzfragebogen, der die demographischen Daten der Befragten erfasst, wurde als weiteres Erhebungsinstrument herangezogen.

Die Auswertung der Daten erfolgte anhand der qualitativen Inhaltsanalyse nach Mayring (2008), die durch eine theorie-, regelangeleitete und textvergleichende Analyse „das Repräsentative im ExpertInnenwissen" aus den einzelnen Interviews hervorbringen konnte (Meuser/Nagel 1991, S.451).

Der vorliegende Beitrag fokussiert innerhalb der Thematik des transnationalen Kooperations- und Partnerschaftsverhältnisses von NGOs im Bereich der EZ insbesondere auf die unterschiedlichen Rollenfunktionen und -bilder von Nord- und Süd-NGOs sowie auf Handlungsstrategien, die Statusunterschiede in der Zusammenarbeit zwar nicht modifizieren können, jedoch einen Versuch darstellen, den Disparitäten ein Gegengewicht zu setzen.

4. Der Schlüssel zur Partnerschaft: Dialog und Gemeinsamkeiten

Schlägt man die Bedeutung des Wortes Partnerschaft im Duden nach, stößt man auf die Erläuterung des *Teilhabers*, *Teilnehmers* oder *Mitspielers*. Ersichtlich wird aus diesen Erklärungen, dass es sich um gemeinsame Interessen und eine verbindende Einheit handelt.

Partnerschaft kann als eine spezielle Form der Beziehung, die auf einer dauerhaften Interaktion zwischen sozialen Einheiten gründet und sich an gemeinsamen Zielen und Aufgaben orientiert, verstanden werden. Des Weiteren wird eine grundsätzliche Gleichwertigkeit und Gleichberechtigung mit dem Partner-Begriff verbunden.

Projektpartnerschaften in der EZ, aufbauend auf diesen Grundsätzen, stellen demnach keine einmalige oder kurzfristige Zuwendung dar, sondern eine langfristige Zusammenarbeit. In Projektpartnerschaften unterstützen Geberorganisationen sogenannte *Partnerorganisationen* durch unterschiedliche Unterstützungsformen bei der konkreten Umsetzung von Projekten. Kooperationspartner sind Menschen, die vor Ort leben und eine Verankerung in der Zivilgesellschaft des Landes aufweisen.

4.1 Das Partnerschafts- und Antragsprinzip

„*Unser Prinzip war immer: wir arbeiten mit Partnern zusammen auf einer möglichst partnerschaftlichen Ebene*" (VertreterIn der deutschen INGO). Eine gleichgestellte Partnerschaft wird als Grundpfeiler der Zusammenarbeit von der deutschen INGO mit den kenianischen NGOs betrachtet. Basis und Voraussetzung des Funktionierens dieses Ansatzes, der als *Partnerschaftsprinzip* bezeichnet wird, ist, dass gleichberechtigte Arbeitsprozesse auf der Basis des Dialoges und des Austausches stattfinden.

Das bedeutet, dass nicht nur das Personal der Nord-INGO alle leitenden Aufgaben übernimmt, sondern auch einheimische Partner Verantwortung an Arbeitsprozessen übertragen bekommen. *„Das ist eine auf der Wertebene getroffene Entscheidung, die davon ausgeht, dass lokale Strategien entwickelt werden müssen, um wirklich sinnvoll Hilfe zu leisten, die auch im Sinne einer Akteursbemächtigung erfolgreich sind"* (VetreterIn der deutschen INGO). Anstatt einseitige Hilfe zu leisten, sollen soziale Unterstützungsprozesse die Partner *empowern* und eine Nachhaltigkeit gewährleisten.

Grundprinzip für die Projektbeantragung und die Auswahl der Partnerorganisationen ist dabei, auf diesem partnerschaftlichen Prinzip beruhend, das sogenannte *Antragsprinzip*. Darunter ist zu verstehen, dass die Idee der durchgeführten Projekte nicht von der deutschen Geber-INGO stammt, sondern die Projekte eigenverantwortlich von den örtlichen Projektpartnern geplant, beantragt und durchgeführt werden. *"Rafiki[2] gives us the freedom to choose the most appropriate strategies in response to the social context"* (VertreterIn einer kenianischen NGO).

Da die Partner die Anträge stellen sowie die Konzepte und Strategien, die sie in dem jeweiligen Projekt anwenden möchten, entwerfen, unterscheiden sich die einzelnen Projektkonzepte und Förderungsschwerpunkte der Geber-NGO in den von Armut betroffenen Ländern. *„Wir können gar nicht von Deutschland aus Konzepte für alle Länder entwickeln und wir glauben auch nicht daran, dass one solution fits all countries"* (VertreterIn der deutschen INGO). Auf Grund der Gestaltung der Strategien durch die Partner sind die Konzepte kontextbezogen und unterscheiden sich nicht nur nach Land und Region, sondern auch nach je agierender Organisation.

Bei Verfahrensbeginn stellen die Organisationen zunächst einen Projektvorschlag mit dem Antrag auf Finanzierung ihres Vorhabens. Der Projektantrag, der Probleme identifiziert, Projektideen und Lösungswege aufzeigt und einen detaillierten Kostenplan aufstellt, ist das Fundament der Planung. Die Geberorganisation in Deutschland reagiert somit auf Initiativen aus dem Süden und verfolgt bezüglich seiner Partnersuche keinen werbenden und eigenaktiven Ansatz. Wesentlich bei diesem Ansatz ist, dass die Entwicklungshilfeorganisation ihre Arbeit als Antwort auf Situationen in spezifischen Ländern versteht, erläutert ein Vertreter der deutschen INGO. Die Mitarbeiter der Geberorganisation prüfen die Projektanfragen auf Schwächen und Stärken und kommen mit den Partnern in einen intensiven Dialog. Über die Bewilligung entscheiden letzten Endes die Gremien der Geberorganisation. Kommt es zu einem Vertragsabschluss, berät und begleitet die jeweilige Arbeitsgruppe die Partner bei der Projektdurchführung. Die Genehmigung unterliegt einer zeitlichen Befristung von maximal drei Jahren, um in regelmäßigen Abständen eine Überprüfung der Projekte gewährleisten zu können. Danach wird bei Bedarf über eine Fortsetzung der Förderung kommuniziert.

---

[2] Pseudonym für die deutsche INGO

Anzumerken ist jedoch, dass nicht jedes Projekt, welches einen Antrag einreicht, gefördert wird, denn die Förderung unterliegt bestimmten Kriterien. Aspekte, die bei der Entscheidung eine Rolle spielen, beziehen sich neben dem Budgetrahmen der Geberorganisation auf die bereits existierenden Förderungsschwerpunkte in den Ländern die Projektstrategien sowie auf das Vorhandensein von gemeinsamen Ideen und Vorstellungen.

4.2 Gemeinsame Ziele

Die gemeinsame Zielsetzung der beiden Partnerseiten wird als eine der wichtigsten Grundvoraussetzungen für die Zusammenarbeit angesehen. Betont wurde in den Experteninterviews mit den Vertretern der deutschen und kenianischen Organisationen, dass jede Organisation bereits eigene Zielvorstellungen besitzt, bevor man in Austausch tritt. Die Erläuterung dieser Vorstellungen und der Abgleich, ob diese mit denen der anderen Seite korrespondieren, wird als erster wichtiger Schritt in der Anfangsphase des Kontaktaufbaus angesehen, bevor überhaupt eine Kooperationsstruktur aufgebaut werden kann. *„I think it is collaboration where you first are seeing if you are fitting to the other organisations objectives"* (VertreterIn einer kenianischen NGO).

Die Überprüfung der vorliegenden Idee und der Existenz einer strategischen Übereinstimmung ist dabei das Fundament eines gemeinsamen Arbeitsauftrages, der über die rein finanzielle Ebene hinausgeht. *„Uns treibt das gleiche Anliegen und wir arbeiten für dieses Anliegen hier in Deutschland und ihr arbeitet dort und wir können uns auf einer ganz anderen Ebene miteinander verständigen als nur: wir finanzieren Euch und ihr erfüllt unseren Auftrag"* (VertreterIn der deutschen INGO). Bestandteil der gemeinsamen Zielsetzung und der Erfüllung des Partnerschaftsprinzips ist somit neben inhaltlichen Motiven eine ernsthafte Motivation und das Engagement für eine gemeinsame Sache. *„Das heißt, es gibt einen Dialog darüber, was man sozusagen gemeinsam erreichen möchte"* (VertreterIn der deutschen INGO).

Denn damit die Kooperation zwischen verschiedenen NGO-Typen funktionieren kann, ist es notwendig, dass ein bestimmtes Maß an Kompatibilität der Problemdefinition, der Zielsetzung und der Organisationsstruktur gegeben ist (vgl. Jansen 1995). Es müssen demnach gleiche bzw. ähnliche Ansätze vorherrschen, die eine gemeinsame Plattform darstellen, damit eine gut funktionierende Partnerschaft möglich ist. *„Wenn die Zielvorstellungen nicht miteinander harmonieren, macht es schlichtweg keinen Sinn, eine Projektkooperation zu starten"* (VertreterIn der deutschen INGO).

4.3 Intensive Dialogprozesse

Der Dialog und Austausch bildet in der Partnerschaft das Hauptelement der Zusammenarbeit. Egal ob in der Anfangsphase, nach einer Projektevaluierung oder bei eventuell aufkommenden Schwierigkeiten, zu jedem Zeitpunkt hängt die Intensität der Kommunikation mit dem Fortschritt der Arbeit zusammen. Demnach bedarf es

Strukturen und unterschiedlicher Instrumente, um Dialogprozesse angemessen gestalten zu können. Projektbesuche der INGO-Mitarbeiter vor Ort stellen diesbezüglich neben Workshops und Seminaren nur eine Möglichkeit dar. *„Wir haben eine Vielzahl von Instrumenten bei der Kommunikation von hier, in Deutschland, nach dort, zu den Partnern. Wir haben in Kenia eine Verbindungsstelle vor Ort, wir können jederzeit externe und interne Berater hinzuziehen, wir können auch Entwicklungshelfer in die Projekte vorschlagen und wir können die Partner in Rahmen von Veranstaltungen zusammenbringen"* (VertreterIn der deutschen INGO).

Wesentliches Element in den Kommunikationsprozessen sind die sogenannten *Dialog- und Verbindungsstellen* in den Projektländern. Sie dienen als visuelles in Erscheinungtreten der INGO für die Süd Organisationen vor Ort, aber vor allem als ihr Ansprech- und Kommunikationspartner. Dadurch sollen Dialogprozesse auf alltäglicher Basis sichergestellt und eine intensivere Kontinuität im Austausch ermöglicht werden, die durch punktuell und im Abstand von zwei Jahren stattfindenden Projektbesuche nicht gewährleistet werden kann.

Durch eine funktionierende Dialogstruktur auf alltäglicher Ebene können nicht nur gemeinsame Arbeitsvorgänge entstehen, sondern zudem gegenseitige Lernprozesse angeregt werden. *„Im Austausch zwischen dem Rafiki-Personal und der Projektleitung vor Ort entstehen gemeinsame Dinge und ein gemeinsamer Lernprozess"* (VertreterIn der deutschen INGO).

5. Geber- und Nehmer-Rollen

„Die EZ versteht sich als Überbrückung, wenn nicht als Aufhebung eklatanter Differenzen. Insofern „übertrifft" sie beispielsweise einen Gütermarkt, wo im Tausch von Waren/Dienstleistungen gegen Geld einfach definierbare Ziele der beteiligten Organisationen einigermaßen präzise und zuverlässig erfüllt werden" (Wolf/Ehlers 2008, S.691).

5.1 Rollenfunktionen und -wahrnehmungen

Die Rolle, die die deutsche INGO in der Zusammenarbeit einnimmt, ist nach Aussagen der Vertreter aller drei Organisationen mannigfaltig.

Die deutsche INGO übernimmt als Geberorganisation in der EZ zunächst die primäre und offensichtliche Rolle des *Geldgebers*. "Rafiki basically are financiers" (VertreterIn einer kenianischen NGO). Der Effekt der Zusammenarbeit wird auf finanzieller Ebene verordnet und die Finanzierung als Grundvoraussetzung zur Durchführung der Projekte angesehen.

Da jedoch in den Projektkooperationen auch ein inhaltlicher Austausch umgesetzt wird, geht die Arbeitsweise über die rein finanzielle Ebene hinaus und es entstehen durch Informationsweitergabe, Beratung, Begleitung und Ideenaustausch weitere Unterstützungsfunktionen. *„Wir wollen von unserem Grundverständnis her eben auch Partner sein, dass wir nicht bloß sagen: wir finanzieren das, was ihr da* *macht, sondern es ist auch unser ureigenstes Anliegen und wir versuchen, soweit wir können, da auch einen Beitrag zu leisten. Das heißt Rafiki ist auch Akteur und nicht nur Finanzier"* (VertreterIn der deutschen INGO). Somit ist die INGO nicht nur reiner Geldgeber, sondern wird zum *Partner* und zudem zum *Berater*, wie etwa auf konzeptioneller Ebene in Bezug auf Methoden und Ansätze.

Neben den bereits genannten Rollen besteht die Funktion des *Stellvertreters* in der Lobby- und Advocacy-Arbeit in Deutschland und Europa. *„Akteur etwa im Sinne der Advocacy-Arbeit hier in Europa und in den UN-Gremien, wo Rafiki sich als Stimme der Partner aus dem Süden versteht"* (VertreterIn der deutschen INGO). Auf dieser politischen Ebene versucht die deutsche Organisation, im Sinne der Partner Einflussnahme auf die staatliche EZ und deren Armutsbekämpfungskonzepte auszuüben.

Trotz der vielfältigen Rollenfunktionen der Geberorganisation begünstigen neben der Rolle des *Finanziers* auch die der *anwaltschaftlichen Vertretung* eine Situation der Ungleichheit.

5.2 Was schafft den Unterschied?

Die Zusammenarbeit im entwicklungspolitischen Kontext zwischen der deutschen Geberorganisation und lokalen kenianischen Organisationen ist somit trotz anderer Faktoren stets durch die eindeutige Rollenfunktion der Geber- und Nehmerrolle durch ein Gefälle geprägt. *„Ich sehe dieses Machtgefälle...Das Gefälle entsteht immer durch den Geldfluss"* (VertreterIn der deutschen INGO). Durch die Struktur der Zusammenarbeit, die zum Kern hat, dass Güter von einer Seite zu einer anderen gereicht werden, entsteht eine Unausgeglichenheit. *"Because I think objectively in any kind of relationship where one party is in a position to provide resources for the other, the respective of what the giver thinks there is an imbalance objectively"* (VertreterIn einer kenianischen NGO). In diesem Verhältnis leistet eine Seite einer anderen Hilfe und Unterstützung und der anderen ist ein adäquates Revanchieren durch Gegenleistungen weder möglich noch Bestandteil des Deals.

Einhergehend mit den unterschiedlichen Zugangsmöglichkeiten zu finanziellen Ressourcen, ist gleichsam ein Ungleichgewicht beim Treffen von Entscheidungen verbunden. Es werden zudem andere Anforderungen und Erfordernisse an die Partnerseite gestellt. Dabei gehen die Direktiven eindeutig von der deutschen Seite aus. Sie hat die Entscheidungsgewalt über die Bewilligung eines Projektantrags, die Höhe der finanziellen Leistungen sowie die Dauer und gegebenenfalls die Verlängerung der Förderung.

Im Weiteren bestehen klare Voraussetzungen, die die Süd-NGOs erfüllen müssen und die anhand von Qualitätsmaßstäben überprüft werden. Dazu zählen Transparenz, partizipative Ansätze, die die Zielgruppen involvieren, Reflexions- und Lernfähigkeit sowie Zielorientiertheit. Die Maßstäbe sollen einer widmungsgerechten Mittelverwendung dienen und somit überprüfen, ob eine Organisation die Kompetenz und Struktur hat, das geplante Projekt tatsächlich richtig verwalten und umsetzen zu können. Sichergestellt werden diese Kriterien durch regelmäßige Berichtssysteme, wie etwa Projekt- und Jahresberichte, die das Finanzmanagement aufschlüsseln, durch Besuche der Projektbetreuer vor Ort in Kenia sowie durch regelmäßige Evaluierungen.

Neben diesen Anforderungen, die die Süd-NGOs von Beginn der Partnerschaft an erfüllen müssen, wird im Weiteren deren inhaltliche wie auch administrative Weiterqualifizierung im Laufe der Zusammenarbeit angestrebt. Bei dieser Zielsetzung, die als *Partnerentwicklung* bezeichnet wird, ist gleichsam die Geberorganisation zielgebend. *„Wir wollen die Partner inhaltlich weiterentwickeln, so dass sie sich sehr viel klarer darüber sind, warum sie diese Strategie anwenden"* (VertreterIn der deutschen INGO).

Hinsichtlich der Grundabsicht von Entwicklungshilfe, die darauf gründet, dass finanzielle Ressourcen von den Ländern des Nordens in die Länder des Südens fließen, entstehen neben einem finanziellen Ungleichgewicht gleichsam Entscheidungs- und Anforderungsdifferenzen, die ein *Machtgefälle* induzieren, das strukturell verankert ist. „Macht über andere hat eine Organisation dann, wenn sie über Ressourcen verfügt, auf die andere angewiesen sind und die diese nicht anderswo beschaffen können und diese anderen gleichzeitig keine gleichwertigen Ressourcen besitzen, auf welche die Organisation ihrerseits angewiesen ist" (Take 2001, S.241).

5.3 Perspektiven auf Machtdifferenzen

In der Zusammenarbeit werden bezüglich Machtunterschiede jedoch unterschiedliche Perspektiven eingenommen, die versuchen, das geschlossene Bild des *Gebens* und *Nehmens* aufzubrechen.

Einer dieser Ansätze sieht die Partnerschaft als gegenseitige Abhängigkeit, die existiert, denn jede Seite ist bei der Durchführung der Arbeit auf die andere Seite angewiesen. Somit wird der einseitige Blick auf die finanzielle Gebundenheit der Süd-NGOs bei der Projektdurchführung relativiert, denn auch die Nord-INGO ist von einer guten Arbeit der lokalen NGOs abhängig.

Damit diese Abhängigkeitsstrukturen trotzdem produktiv genutzt werden können und das Bild des *Höher-* und *Niedriggestellten* aufgebrochen werden kann, bedarf es zum anderen Vertrauen in die jeweilige Partnerseite und die Gewissheit, dass jede Seite ihrer Aufgabe nachkommt. Das Bild des Schachspiels verdeutlicht dieses Vertrauen und die Wechselseitigkeit. *"We've always had a mutual relationship like people playing a game of chess where you have all your pieces on the table and all of them are facing up"* (VertreterIn einer kenianischen NGO).

Ein weiterer Ansatz versucht nicht, wie die beiden vorherigen, das verfestigte Bild des *Gebers* und *Nehmers* aufzubrechen, sondern insbesondere an diesem festzuhalten und anzuknüpfen. Dies erfolgt, indem die Wahrnehmung geschärft wird, dass die Nord-INGO ebenfalls Empfänger und die Süd-NGOs gleichfalls Geber sind. Die Nord-INGO ist gewissermaßen die Organisation, die Gelder weiterleitet. Die Süd-INGOs wiederum benötigen dieses Geld nicht für sich selbst, sondern reichen es ebenfalls an die Zielgruppen weiter. *"Es gibt vom Bund und von den Spendern bis zur Zielgruppe zwei Zwischenstationen, das ist Rafiki und das sind die Partnerorganisationen"* (VertreterIn der deutschen INGO). Dieses Bild der Warenkette versucht, die Arbeit auf eine Augenhöhe zu heben und den Blick anstatt auf den reinen Gegenstand der Arbeit, das Geld, und die damit verbundenen Machtunterschiede, auf dessen Transportwege zu lenken.

Machtunterschiede in der Zusammenarbeit bleiben jedoch trotz der unterschiedlichen Perspektiven auf diese nach wie vor ein unabdingbarer Bestandteil. Bezüglich der Frage, ob dieser in der Kooperation durch bestimmte Verhaltensweisen und Prinzipien ausgeglichen werden kann, gibt es von deutscher und kenianischer Seite unterschiedliche Ansichten.

Die deutsche Organisation möchte durch die Dialogfunktion und das Partnerschaftsprinzip dem Machtunterschied in der Zusammenarbeit aktiv entgegenwirken. *"Das Partnerprinzip. Das ist ein Stückweit der Ausgleich..., um davon weg zu kommen"* (VertreterIn der deutschen INGO). Die kenianischen NGOs betonen hingegen, dass der Machtunterschied nicht ausgleichbar ist. *"Definitely there is a power imbalance and there is not much that Rafiki and we can be able to do about that. And I do not think that this is a situation that one would even want to spent time trying to repress"* (VertreterIn einer kenianischen NGO). Demnach ist das Bestreben um Ausgleich dieses Machtgefälles eine utopische Strategie. Vielmehr sollte lediglich sichergestellt werden, dass die Macht, die auf Geberseite vorhanden ist, nicht missbraucht wird.

5.4 Partnerschaft trotz Machtgefälle

Gerade weil die unterschiedlichen Machtverhältnisse nicht unthematisiert bleiben und keine unrealistischen Ansätze entworfen werden, die behaupten, diese komplett nivellieren zu können, nehmen die Akteure die Zusammenarbeit trotz der Machtdifferenzen als Partnerschaft wahr.

Von Bedeutung ist, dass das Wort Partnerschaft in diesem Kontext nicht als verschleiernder *Catch-all-Begriff* verwendet wird (vgl. Fowler 1998) noch zu einer rein formalen Gebervoraussetzung verkommt. „Participation thus becomes a means of serving donor requirements, rather than an act of citizenship" (Hickey 2002, S. 843). Um solche Prozesse verhindern zu können, muss das Prinzip der Partizipation auf seine Grundelemente und Charakteristika herunter gebrochen werden und in der Arbeit Anwendung finden.

Es gibt jedoch gleichsam Argumentationen, die den Grund für diese Teilhabe-Problematik auf einer strukturellen Ordnungsebene verordnen. Nach solchen Ansätzen haben NGOs allgemein die Veranlagung, nach Marktprinzipien und nicht auf zivilgesellschaftlicher Ebene zu handeln, auf dieser es möglich wäre, nach Grundsätzen wie Gegenseitigkeit und Verantwortlichkeit zu agieren (vgl. Uphoff 1995). Jedoch können NGOs durchaus einen Beitrag auf Mikro-Ebene leisten. „Mobilization of resources, self-help networks and broad-based community participation is critical to resolutions of widespread problems, a role that NGO networks can fill" (Donelson 2004, S. 341).

Die verschiedenen Formen von NGOs in ihrer Differenz bei der Klärung dieser Frage jedoch zu homogenisieren, scheint wenig gewinnbringend zu sein. Vielmehr sollte anstelle der bislang harmonisierenden Konzepte, die vor allem strukturell bedingte Kontextunterschiede und das Arbeitsverhältnis von lokalen NGOs mit INGOs verschleiernd darstellen, ein aufklärerischer Ansatz herangezogen werden, der die unterschiedlichen Machtverhältnisse und eine Partnerschaft nicht mehr als konträre Faktoren betrachtet, sondern als zwei parallel existierende Komponenten in der Zusammenarbeit anerkennt.

6. Transnationale Vernetzungsstrategien

Gerade wegen der Vereinbarkeit von Machtunterschieden und partnerschaftlichen Grundzügen, die es jedoch nicht vermögen, die bestehenden Differenzen abzuschwächen, wird auf einer höheren Ebene, anstatt der konkreten Interaktionsebene innerhalb einer Nord-Süd Kooperation, angesetzt. Verlässt man die Stufe der Zweier-Interaktion und wendet den Blick auf weitreichendere Verflechtungszusammenhänge, gewinnen andere Akteure des sozialen Umfeldes an Bedeutung.

Die kenianischen Organisationen stehen im Rahmen ihrer Arbeit mit etlichen anderen Organisationen in ganz unterschiedlichen Kontexten in Beziehung. Neben Kontakten zu einer Reihe lokaler kenianischer NGOs, die im gleichen Themenfeld arbeiten, bestehen transnationale Verbindungen zu Organisationen in anderen Ländern. Diese Verbindungen und Beziehungen können strategisch genutzt werden und sich je nach Struktur als Netzwerke auszugestalten. Grundlegend können Netzwerke als „spezifische Mengen von Verbindungen zwischen sozialen Akteuren" (Mitchell 1969, S.2) beschrieben werden. Akteure sind im Kontext von Kooperationsbeziehungen in der EZ Organisationen, die in unterschiedlichen Formen interagieren.

Ein heterogenes Netzwerk könnte, so die These, zwar nichts an dem strukturellen Machtgefälle innerhalb der Projektpartnerschaft zwischen Geber- und Nehmer-NGOs ausrichten, jedoch einen Gegenpol entwerfen, der die Süd-NGOs einerseits prinzipiell handlungsfähiger (Agency) und zum anderen unabhängiger von der spezifischen Nord-NGO machen kann; denn der Macht-Abhängigkeitstheorie von Rhodes zufolge (1996) streben Organisationen nach Autonomie.

Nachfolgend wird der Netzwerkbegriff als analytischer Ansatzpunkt verwendet, um die Netzwerk-Metapher, die in dem empirischen Datenmaterial der Experteninterviews oftmals auf Grund seiner „intuitiven Anziehungskraft" gebraucht wird, aufbrechen zu können (Keupp 1987). Dabei wird auf Kontakte zu anderen Organisationen fokussiert, die wiederum in zwei Typen unterteilt sind. Zunächst wird der Süd-Süd-Austausch und anschließend der transnationale Süd-Nord Austausch näher expliziert.

6.1 Süd-Süd-Austausch

Im Süd-Süd Austausch werden Kontakte zu anderen NGOs hergestellt, die zumeist im gleichen Themenfeld arbeiten und zu denen inhaltlich eine Parallele besteht. Der Austausch findet auf strategischer sowie konzeptioneller Ebene statt. Beim Süd-Süd Austausch handelt es sich um nicht formal organisierte Kooperationsformen. Dieser Bereich schließt Austauschprogramme, die Bildung von Zusammenschlüssen und Vernetzung zum Zwecke des Informationsaustauschs und von *Peer-to-Peer* Lernprozessen mit ein. Die Kontaktherstellung zu anderen südlichen Nehmer-NGOs wird oftmals auf sektorspezifischen Seminaren angeregt, auf denen gemeinsame inhaltliche Herausforderungen diskutiert werden. Die Beziehungen zu anderen Süd-Organisationen können sich lokal, regional oder national im gleichen Land oder grenzüberschreitend transnational in andere Länderkontexte aufspannen.

Beim Kontaktaufbau spielt die Geberorganisation mitunter eine zentrale Rolle. Sie bringt durch Partnerworkshops die Vertreter der Organisationen aus ganz unterschiedlichen Kontexten zusammen und vermittelt so Kontakte, die zum Austausch genutzt werden. In diesem Aufgabenfeld nimmt die Nord-INGO neben den zuvor beschriebenen Rollenfunktionen eine weitere Rolle ein, die des *Vermittlers*. „*Wir bringen…im Rahmen von Partnerworkshops oder ähnlichem die Partner zusammen, dass sie sich untereinander vernetzen und voneinander lernen*" (VertreterIn der deutschen Geber-NGO). Der Erfahrungsaustausch strebt an, dass Lernprozesse angeregt werden, die die Organisationen für ihre Arbeit nutzen können, um diese etwa effizienter gestalten zu können. Die Partner aus dem Süden lernen so nicht von der Geberorganisation, sondern durch den Austausch über gemachte Erfahrungen mit anderen Süd-NGOs, denn interorganisationale Lernprozesse im EZ-Kontext von Geber-Nehmer-Konstellationen sind oftmals ineffektiv und neue Erkenntnisse werden kaum in zukünftigen Handlungen angewendet (vgl. Wolf/Ehlers 2008). Das Konzept des *Partneraustausches* zeigt dabei eine größere Wirksamkeit, da auf diese Weise die Partner die Themen, mit denen sie sich beschäftigen, eigenständig erarbeiten. „*Der Dialog auf der Ebene zwischen Partnern hat nochmals eine ganz andere Qualität*" (VertreterIn der deutschen Geber-NGO). Dadurch wird mehr Interesse und Eigeninitiative geweckt, als wenn die Nord-NGO Themen für Workshops vorschlägt, die aus ihrer Sicht eventuell von Bedeutung sind, aber für die Partner vor Ort keine Priorität haben. „*Es ist immer wieder die Erfahrung, dass Partner ganz bereichert zurückkommen, wenn sie in der Nachbardiözese oder irgendwo anders Erfahrungen machen, sich mit den Leuten, die die Arbeit vor Ort machen, auseinandersetzen können. Anders als wenn man jetzt von hier aus irgendwelche Konzepte vorgeben würde*" (VertreterIn der deutschen Geber-NGO).

Die Geberorganisation erfüllt somit oftmals eine *Vermittlungs-* und *Vernetzungsfunktion* und agiert als sogenannter *Broker* (siehe Abb. 1). Als Broker werden im Bereich der sozialwissenschaftlichen Netzwerkanalyse (SNA) die zen-tralen Akteure bezeichnet, die eine Position als Vermittler zwischen anderen Ak-teuren einnehmen. Sie bilden Brücken zwischen den verschiedenen Sub-Gruppen und Clustern des Netzwerkes, die ohne sie nicht miteinander verbunden wären. Die Vermittlungs- und

Vernetzungsfunktion der INGO spielen für die Partnerorganisa-tionen in ihrer Arbeit eine entscheidende Rolle und ermöglichen die Ausweitung der lokalen wie auch transnationalen Süd-Süd Vernetzung zu anderen NGOs.

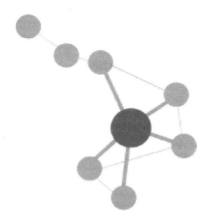

Nord-INGO
Süd-NGOs

Abb. 1: Nord-INGO als *Broker* in der transnationalen Süd-Süd Vernetzung

Die Geberorganisation versucht bewusst, einen geringen Einfluss auf die Prozesse der lokalen Partner zu nehmen. Primär sind sie bei der Kontaktherstellung behilflich, versuchen aber nicht, Netzwerke aktiv aufzubauen. Das Interesse und die Motivation zur Netzwerkbildung, dessen Initiierung sowie die Moderation der Aktivitäten im Netzwerk sind daher *bottom-up* Prozesse, die durch die Süd-NGOs gestaltet werden.

6.2 Transnationale Süd-Nord Kontakte

Neben dem Süd-Süd Austausch zu NGOs ist der Kontakt zu anderen nördlichen Geberorganisationen ein weiteres zentrales Element der Vernetzungsstrategie. Dabei wird der Aufbau einer differenzierten Finanzierungsstruktur durch unterschiedliche Geberorganisationen aktiv als strategische Taktik verfolgt. Ausdifferenzierte Geberkontakte werden auch aus Sicht der Nord-INGO als Instrument bewertet, damit die Partner-NGOs „*nicht nur von Rafiki abhängig sind*" (VertreterIn der deutschen Geber-NGO). Die kenianischen Organisationen reichen zumeist Förderungsanträge bei mehreren nördlichen Geberorganisationen ein und streben die Strategie an, die Arbeit durch Kooperationen mit unterschiedlichen Nord-INGOs auszugestalten, um die finanzielle Abhängigkeit vom Gebersektor (vgl. Hulme/Edwards 1997) nicht auf einen Akteur zentrieren zu müssen (siehe Abb. 2).

In der Regel ist dies ein Prozess, der sich von dem Zeitpunkt der Gründung der Organisation im Verlauf der Zeit weiter entwickelt. Zu Beginn einer Kooperation ist die finanzielle Förderung fast immer auf eine Organisation konzentriert. Im Prozess und je nach Aktivität, mit der Kompetenzen im administrativen Bereich verbunden sind, die wiederum Voraussetzungen für das Einreichen von weiteren Anträgen bei unterschiedlichen Gebern sind, kann sich dieses Bild jedoch ausdifferenzieren und sich die Hauptfinanzierungsquelle verlagern. *„Ich habe es aber gerade mit Kusaidia[3] erlebt,... die haben inzwischen ihre Geberkoordination diversifiziert. Und sie haben mir in einem Treffen...gesagt, dass auch wenn Rafiki nicht mehr der Hauptfinancier ist, ihnen die Beziehung zu Rafiki sehr wichtig ist"* (VertreterIn der deutschen Geber-NGO).

Abb. 2: Diffundierte Geberstruktur in der transnationalen Süd-Nord Vernetzung

Die Aufspaltung der Finanzierung auf unterschiedliche Geber bewirkt schließlich nicht nur eine homogene Verteilung der Ressourcenquelle, sondern durch Kontakte zu unterschiedlichen Gebern, die nicht bzw. nur lose miteinander verlinkt sind, ist es möglich, das Netzwerk ausgewogener zu gestalten.

7. Transnationale Vernetzung als Strategie zur Steigerung der Agency

Transnationale Vernetzungsstrategien in Form von Süd-Süd Austausch sowie in Form einer ausdifferenzierteren Förderungsstruktur durch den Aufbau von weiteren Süd-Nord Kontakten, stellen Möglichkeiten dar, um lokale Süd-NGOs in ihrer Position zu stärken und sie somit sowohl handlungsfähiger als auch unabhängiger gegenüber einzelnen Geber-INGOs in der Entwicklungszusammenarbeit zu machen.

---

[3] Pseudonym für eine der beiden kenianischen NGOs

„Die offensichtliche Strukturierung von sozialen Netzwerken entsteht durch die Gelegenheit zum Kontakt" (Fuhse 2008, S.81). Je mehr Möglichkeiten zum Kontakt bestehen, desto höher ist die Wahrscheinlichkeit, dass sich das Netzwerk vergrößert (siehe Abb.3).

Je grösser und ausdifferenzierter wiederum das Netzwerk, umso mehr Sozialkapital wird angereichert. Soziales Kapital beschreibt, angelehnt an das Verständnis von Pierre Bourdieu, die aktuellen und potenziellen Ressourcen, die durch soziale Beziehungen verfügbar sind (vgl. Bourdieu 1986). Eine transnationale Vernetzung kann demnach als eine Sozialkapital steigernde Strategie angesehen werden. „Der Vorteil der Vernetzung liegt…vor allem in der Informationsbeschaffung und den Ausbau von Kontakten" (Walk/Brunnengräber 2000, S.121); denn soziale Netzwerke können soziale Res-sourcen, wie etwa Informationen, Zugehörigkeiten und Anerkennungen bereitstellen (vgl. Lairaiter 1993).

• Nord-INGO
• Süd-NGOs

Abb. 3:Heterogenes Netzwerk von Süd-Nord NGO-Kooperationen

Eine transnationale Vernetzungsstrategie eröffnet lokalen Süd-Organisationen somit einen Zugang zu Ressourcen sowie Handlungsoptionen und befähigt sie dazu, ihre Agency zu stärken. Es entsteht ein Potenzial, ihre Position gegenüber großen Geberorganisationen verbessern zu können und dem in den Partnerschaftskooperationen bestehenden Machtgefälle einerseits durch das angereicherte Sozialkapital ein Gegengewicht entgegenzusetzen und andererseits durch eine schrittweise Loslösung von ursprünglich zentralen und mächtigen Geber-Akteuren unabhängiger zu werden.

Durch Anreicherung der Beziehungsmuster zu Kontakten in anderen Nationenkontexten wird zudem nicht nur das soziale Netzwerk ausdifferenziert, sondern durch das Agieren in transnationalen Kontexten werden aus lokalen NGOs TNGOs (transnationale Nichtregierungsorganisationen). Es zeigt sich, „dass die Transnationalisierung der Organisationsform eine wichtige Handlungsoption darstellt" (Walk/Brunnengräber 2000, S.120). Zwar verfügen die lokalen Süd-Organisationen über keine transnationale Organisationsform mit Sitz in verschiedenen Länderkontexten. Die Transnationalisierung der Organisationen entsteht jedoch durch die Vernetzungstaktik und das Agieren in unterschiedlichen Nationenkontexten. Durch Anreicherung der Beziehungsmuster zu Kontakten in andere Länder werden somit nicht nur das soziale Netzwerk ausdifferenziert und Abhängigkeitsstrukturen aufgebrochen, sondern aus dem grenzübergreifenden Agieren resultiert schlussendlich, dass aus lokalen NGOs zu TNGOs (transnationale Nichtregierungsorganisationen) entstehen.

Literatur

Agbahey, S., 2004: Partizipation der Zivilgesellschaft in Poverty Reduction Strategy - Prozessen (PRSP) in Westafrika: Erfahrungen aus Benin, Côte d'Ivoire, Ghana und Togo. In: Deutsche Kommission Justitia et Pax (Hrsg.): Roter Faden Partizipation. Erklärungen und Untersuchungen zur Partizipationsorientierung der Poverty Reduction Strategy Prozesse und des Cotonou-Abkommens der AKP- und EU-Länder. Schriftenreihe „Gerechtigkeit und Frieden" No 105, S. 27-47

Bourdieu, P., 1986: Three forms of capital. In: Richardson, J.G. (Hrsg.): Handbook of theory and research for sociology of education. New York, S. 241-258

Donelson, A., 2004: The role of NGOs and NGO networks in meeting the needs of US colonias. In: Community Development Journal. Vol. 39 No 4, S. 332-343

Eberlei, W., 2005: Armutsbekämpfung ohne Empowerment der Armen? Gesellschaftliche Partizipation von Strategien der Armutsbekämpfung (PRS) bleibt hinter Notwendigkeiten und Möglichkeiten zurück. VENRO (Hrsg). Bonn/Berlin

Ehlers, K.E., 2008: Transnationale Organisationen und soziale Unterstützung. In: Homfeldt, H.G., Schröer, W./ Schweppe, C.: Soziale Arbeit und Transnationalität. Herausforderungen eines spannungsreichen Bezugs. Weinheim/München, S. 155-165

Ehlers, K.E./Wolff, S., 2008: Grenzen interorganisationalen Lernens. In: Zeitschrift für Pädagogik Vol 54 No 5, S. 691-706

Fowler, A., 1998: Authentic NGDO Partnerships in the New Policy Agenda for International Aid: Dead End or Light Ahead? Development and Change Vol 29 No 1, S. 137-159

Fuhse, J., 2008: Netzwerke und soziale Ungleichheit. In: Stegbauer, Ch. (Hrsg.): Netzwerkanalyse und Netzwerktheorie. Ein neues Paradigma in den Sozialwissenschaften. Wiesbaden, S. 79-90

Glaser, B.G./Strauss, A.L., 1967: The Discovery of Grounded Theory: Strategies for Qualitative Research. New York

Hickey, S., 2002: Transnational NGDOs and Participatory forms of Rights-based development: Converging with the local politics of citizenship in Cameroon. Journal of International Development Vol 14 No 6, S. 841-857

Hollstein, B., 2006: Qualitative Methoden und Netzwerkanalyse. In: Hollstein, B./Straus, F. (Hrsg.): Qualitative Netzwerkanalyse. Wiesbaden, S. 11-35

Homfeldt, H.G./Schröer, W./Schweppe, C., 2006: Transnationalität, Soziale Unterstützung, agency. Nordhausen

Hulme, D./Edwards, M. (Hrsg.) 1997: NGOs, States and Donors. Too Close for Comfort? Hampshire

International Network on Cultural Policy (INCP) 2002: Cultural Diversity in Developing Countries. The Challenges Of Globalization. Executive Summary. Annual Ministerial Meetings

Jansen, D., 1995: Interorganisationsforschung und Politiknetzwerke. In: Jansen, D./Schubert, K. (Hrsg.): Netzwerke und Politikproduktion. Konzepte, Methoden, Perspektiven. Marburg, S. 95-110

Keupp, H., 1987: Soziale Netzwerke - Eine Metapher des gesellschaftlichen Umgangs? In: Keupp, H./Röhrle, B. (Hrsg.): Soziale Netzwerke. Frankfurt/M., S. 11-54

Kößler, R., 2004: Zwischen Ziel, Norm und Prozess. Gesellschaftstheoretische und politische Probleme des Begriffs „Entwicklung". In: Gerlach, O., Kalmring, S., Kumitz, D. & Nowak, A. (Hrsg.): Peripherie und globalisierter Kapitalismus. Zur Kritik der Entwicklungstheorie. Frankfurt/M., S. 51-76

Laireiter, A. (Hrsg.) 1993: Soziales Netzwerk und soziale Unterstützung. Konzepte, Methoden und Befunde. Bern u.a.

Mayring, P., 2008: Qualitative Inhaltsanalyse. Grundlagen und Techniken. Weinheim/Basel

McCall, T., 2003: Institutional Design for Community Economic Development Models: Issues of Opportunity and Capacity. In: Community Development Journal Vol 38 No 2, S. 96-108

Meuser, M./Nagel, U., 1991: ExpertInneninterviews - vielfach erprobt, wenig bedacht. Ein Beitrag zur qualitativen Methodendiskussion. In: Garz, D. & Kraimer, K. (Hrsg.): Qualitativ-empirische Sozialforschung. Konzepte, Methoden, Analysen. Opladen, S. 441-471

Mitchell, J.C., 1969: The concept and use of social networks. In: Mitchell, J.C. (Hrsg.): Social networks in urban situations. Analyses of personal relationships in central African towns. Manchester, S. 1-50

Nohlen, D./Nuscheler, F., 1992: Handbuch der Dritten Welt, Bonn

Petersen, K., 2002: Partizipation. In: Schröer, W., Struck, N/ Wolff, M. (Hrsg.): Handbuch Kinder -und Jugendhilfe. Weinheim/München, S. 909-924

Rhodes, R.A.W., 1996: the New Governance. Governing without Government. Political Studies Vol 44 No 4, S. 652-667

Sherraden, M./Ninacs, W., 1998: Community Economic Development and Social Work. New York

Seminar für Ländliche Entwicklung (SLE) 2005: Kooperation mit Ankerländern - Regionalisierung der Entwicklungszusammenarbeit? Dokumentation der Veranstaltung vom 14. März 2005. Berlin

Strauss, A.L., 1987: Qualitative Analysis for Social Scientists. Cambridge

Take, J, 2001: Allianzbildungen zwischen Staat, Zivilgesellschaft und internationalen Organisationen. In: Brunnengräber, A., / Walk, H. (Hrsg.): NGOs als Legitimationsressource. Opladen, S. 239-257

Uphoff, N., 1995: Why NGOs are not a third sector. In: Edwards, M./Hulme, D. (Hrsg.): NGOs, Performance and Accountability. Beyond the Magic Bullet, London, S S. 17-30

Walk, H./Brunnengräber, A., 2000: NGOs und ihre Netze. In: Walk, H./Brunnengräber, A: Die Globalisierungswächter. NGOs und ihre transnationalen Netze im Konfliktfeld Klima. Münster, S. 96-121

Wolfensohn, J., 1998: Die andere Krise. Ansprache zur Jahreskonferenz von Weltbank und IWF. Washington D.C.

LIA STEINES

„Es geht um die Menschen, die du kennst und denen du begegnest"–
Informelle transnationale Unterstützungsnetzwerke von Teilnehmern
am Europäischen Freiwilligendienst (EVS)

Abstract

Mit dem Europäischen Freiwilligendienst (EVS) und dem damit verbundenen Übergang in einen fremden Lebenskontext verändern und erweitern sich die sozialen Netzwerke der Freiwilligen. In meiner Untersuchung zeige ich, wie die interviewten EVS-Teilnehmer kreativ und aktiv während ihres Freiwilligendienstes transnationale Unterstützungsnetzwerke etablierten, um durch sie in ihrer neuen Lebenswelt handlungsmächtig zu werden. Die Arbeit an einer qualitativen Netzwerkkarte verdeutlicht, dass vier Netzwerkbereiche konstitutiv für sie waren: Mitbewohner in der EVS-Wohngemeinschaft (WG), deutsche bzw. ausländische Freiwillige und Freunde im Gastland, Einheimische sowie Familie und Freunde in Deutschland. Während sich die jungen Erwachsenen zur Bewältigung konkreter Herausforderungen an ihre neu etablierten sozialen Kontakte im Gastland wandten, gaben ihnen ihre bestehenden Beziehungen nach Deutschland fortwährenden emotionalen Rückhalt.

1. Zum Forschungsstand

Internationale Freiwilligendienste befinden sich im Aufschwung. Stark ansteigende Teilnehmerzahlen und eine zunehmende Ausdifferenzierung in ihren Programmen belegen diese Tendenz (Schröer; Stringham 2004, S. 7; vgl. Die Bundesregierung, 2008; vgl. http://www.kulturweit.de/programm/wer_wir_sind.html, zuletzt aufgerufen am 23.07.2010). Trotz Vielgestaltigkeit und unterschiedlicher Schwerpunkte eint diese grenzüberschreitenden Dienste die ihnen inhärente Lernorientierung und pädagogische Begleitung durch Mentoren in Form von Seminaren, die Gegenstand zahlreicher empirischer Studien geworden sind (vgl. Becker et. al. 2000; vgl. Mutz; Korfmacher 2003; vgl. Brandes 2000; vgl. Stengel-Deroide 2000; vgl. auch Jugend für Europa 2009, S. 57ff). Im Mittelpunkt der überwiegend qualitativen Untersuchungen stehen die *Lern- und Bildungsprozesse* der Freiwilligen und die im Zuge des Auslandsaufenthalts *erworbenen und erweiterten Kompetenzen* (vgl. JUGEND für Europa 2004; ECOTEC/ECORYS 2007; Jütting 2003; Becker et. al. 2000). Einen weiteren Fokus bilden die Herausforderungen, mit denen sich die jungen Erwachsenen während ihres Freiwilligendienstes auseinanderzusetzen haben und mit einhergehenden typischen Abbruchgründen (vgl. Mutz, Korfmacher 2003). Andere Forscher widmen sich vermehrt den *pädagogischen Rahmenbedingungen* und beleuchten die begleitenden Seminare und die Betreuung der Freiwilligen durch Mentoren im Gastland (vgl. Mundorf 2000; Rahrbach, Wüstendörfer, Arnold 1998; Europäische Kommission 2004).

Obgleich Studien der Europäischen Kommission (2004) und von Rahrbach, Wüstendörfer und Arnold (1998) auf den Stellenwert *informeller Netzwerke* unter den Programmteilnehmern aufmerksam machen, bilden sie *keinen Untersuchungsschwerpunkt*. In dem Wunsch nach weniger Programm während der Schulungen und mehr Zeit und Raum zum Kennenlernen anderer Freiwilliger deutet sich gleichwohl der Stellenwert sozialer Kontakte zu anderen Teilnehmern an (vgl. Rahrbach, Wüstendörfer, Arnold 1998, S. 276). Auch Jütting (2003) betrachtet im Zuge der Herausbildung eines europäischen Bewusstseins bei den jungen Erwachsenen ihre informellen sozialen Netzwerkbeziehungen, ohne hierbei jedoch auf die Bedeutung von Gastlandangehörigen einzugehen (Jütting 2003, S. 108). In praxisorientierten Leitfäden, wie dem „Training Kit" (T-Kit), finden sich dagegen Hinweise darauf, dass soziale Netzwerke unter den Freiwilligen und Kontakte zu Einheimischen bedeutsam für die Eingewöhnung und die Integration ins Ausland sind. Dennoch handelt es sich hierbei lediglich um Praxisempfehlungen, nicht aber um empirische Untersuchungen (vgl. Council of Europe and European Commission 2002).

Anhand der verschiedenen Studien wird sichtbar, dass soziale Netzwerke und soziale Unterstützung während des Freiwilligendienstes einen eher marginalen Stellenwert einnehmen. Dessen ungeachtet scheinen sie bedeutsam für die Freiwilligen zu sein, weil Praxisleitfäden ausdrücklich hierauf rekurrieren und auch die Aussagen der Teilnehmer den hohen Stellenwert sozialer Netzwerke erahnen lassen.

Soziale Netzwerke und soziale Unterstützung spielen eine weitaus größere Rolle in den überwiegend quantitativen *Studien zu berufs- und studienbedingten Auslandsaufenthalten*. Während die Mehrzahl dieser Untersuchungen aus den USA (z.B. Black 1988; Gregersen, Black 1990; Black, Gregersen 1991; Searle, Ward 1990; Ward, Okura, Kennedy, Kojima 1998; Bochner, Hutnik, Furnham 1985) und den asiatischen Ländern stammen (z.B. Furukawa, Sarason, Sarason 1998; Wang, Kanungo 2004; Wang, Nayir 2006; Jou, Fukada 1995), gibt es in Deutschland noch immer relativ wenige Untersuchungen (z.B. Spieß, Stroppa 2008), die den engen Zusammenhang zwischen sozialer Unterstützung und v.a. psychischer Gesundheit im Zusammenhang mit einem Auslandsaufenthalt in den Blick nehmen. Allerdings arbeiten diese Untersuchungen hauptsächlich mit standardisierten Fragebögen, die mit einer Einschränkung der Blickrichtung einhergehen. Insbesondere untersuchen die Forscher *formale und quantifizierbare Charakteristika des Netzwerks*, wie z.B. die Dichte oder die Kontakthäufigkeit (z.B. Black, Gregersen 1991). Wang und Kanungo sowie Wang und Nayir leiten die Annahme, dass die Netzwerkcharakteristika einen signifikanten Einfluss auf das psychologische Wohlbefinden von Expatriates, d.h. Auslandsentsandten, haben (Wang, Kanungo 2004, S. 775; Wang, Nayir 2006, S. 449). Die Forschungsergebnisse erhärten ihre leitende Hypothese, indem sie eine enge Korrelation zwischen der Größe des Netzwerks – bestimmt durch die Anzahl verschiedener, dem Netzwerk zugehöriger Personen – und dem psychologischen Wohlbefinden feststellen (Wang, Kanungo 2004, S. 788; Wang 2002, S. 326). Laut Wang nehmen mit der Größe des sozialen Netzwerks zugleich die *Quellen sozialer Unterstützung* zu, die helfen, Unsicherheiten in der neuen Umgebung zu reduzieren (Wang 2002, S. 326). Die Quellen sozialer Unterstützung und v. a. die kulturelle Diversität des Netzwerks, die die Forscher als Ausmaß sozialer Heterogenität bestimmen, werden jedoch kontrovers diskutiert (vgl. Searle, Ward 1990, S. 458; Ward 1996, S. 136; vgl. auch Ward, Bochner, Furnham 2001, S. 85ff.). Ein Diskursstrang postuliert, dass *homogene Netzwerkbeziehungen*, das heißt unter Netzwerkpartnern mit ähnlichen Merkmalen, enge Bindungen begünstigen (Wang 2002, S. 327; Adelman 1988, S. 191). Demgegenüber gehen andere Forscher wie z.B. Wang und Kanungo (2004) davon aus, dass Netzwerke mit einer hohen *Diversität* unterschiedliche Quellen sozialer Unterstützung für das Individuum bereitstellen und sich demnach positiv auf das emotionale Befinden auswirken (vgl. auch Black, Gregersen 1991, S. 510; Black 1988, S. 289). Aufgrund der Datenbasis machen Wang und Kanungo auf die *Komposition des sozialen Netzwerks* aus sowohl Einheimischen als auch anderen Expatriates aufmerksam (Wang, Kanungo 2004, S. 787). Zu einem vergleichbaren Ergebnis kommt auch Ward, die diese beiden Personengruppen mit je unterschiedlichen Unterstützungsleistungen in Verbindung bringt (Ward 1996, S. 136f.). Während v.a. Kontakte zu Angehörigen der gleichen Nationalität die psychische Anpassung ans Ausland fördern, beeinflusst die Qualität und Quantität von Kontakten zu Einheimischen die soziokulturelle Anpassung (Ward 1996, S. 136f.).

Die Prämisse, dass die *geographische Distanz des Gastlandes* nahezu zu einem Abbruch der Kontakte zum Heimatland führe, ist in den genannten Studien meist leitend (vgl. z.B. Bochner, Furnham 1986, S. 198; vgl. Wang 2002, S. 326; vgl. Wang, Kanungo 2004; Furnham, Alibhai 1985; Jou, Fukada 1995). *Das lokale Netzwerk der im Ausland Lebenden bildet den zentralen Ausgangspunkt dieser Studien, die somit in unzureichendem Maße ihre transnationalen Beziehungen beleuchten.*

2. Mein eigener Forschungsansatz

Entgegengesetzt dazu habe ich in meiner explorativen Untersuchung ein *qualitatives netzwerkanalytisches Vorgehen* verwendet, um mich adäquat und mit größerer Offenheit den Deutungsmustern und Handlungsperspektiven der interviewten EVS-Teilnehmer als Akteure zu nähern (vgl. Hollstein 2006, S. 21). Insgesamt führte ich *drei qualitative, leitfadengestützte Interviews* mit folgenden Freiwilligen:

Mit *Emilia*, die zum Zeitpunkt des Interviews *20 Jahre alt* war. Sie hat ihren *6-monatigen Freiwilligendienst in einem griechischen Bergdorf* absolviert. Als einzige Teilnehmerin war sie gefordert, sich eigentätig ein Projekt in ihrem Gastland zu suchen.

Mit *Jana*, die ebenfalls *20 Jahre alt* war. Sie verbrachte ihren *10-monatigen EVS in einem tschechischen Jungendinformationszentrum in einer ländlichen Region*.

Mein männlicher Interviewpartner –*Manuel* – war zum Interviewzeitpunkt *19 Jahre alt* und arbeitete während seines *12-monatigen EVS in einer Kindertagesstätte in der luxemburgischen Hauptstadt*.

Auf der Grundlage dieser unterschiedlichen geographischen Räume und ihrer entsprechenden Sozialräume gab es Differenzen im Erleben der sozialen Kontakte mit Einheimischen.

Das Verfahren lehnte ich an die von Straus entwickelte *Netzwerkkarte EGONET-QF* an, die explizit für die Verwendung in qualitativen Interviews entwickelt wurde (vgl. Straus 2002, S. 214f.). Die Karte besteht aus 7 konzentrischen Kreisen – ähnlich einer Zielscheibe – wobei die Mitte das „Ich", d.h. die jeweilige Interviewperson, repräsentiert. Das Verhältnis zum „Ich" wird durch die Entfernung von der Mitte deutlich, so dass eine zunehmende emotionale Distanz durch eine weitere Entfernung vom Mittelpunkt ausgedrückt werden kann. Insofern war es möglich, die während des Interviews platzierten Netzwerkpartner je nach Wichtigkeit auf der Karte anzuordnen und zu bewerten.

Zusätzlich ist die Karte in *alltagsweltliche Segmente* eingeteilt worden. Zur Fixierung der Netzwerkkontakte wurden Stecknadeln mit farbigen Köpfen verwendet, die eine Kennzeichnung unterschiedlicher Nationalitäten ermöglichten und zugleich eine einfache Korrektur der Positionen erlaubten. Sukzessiv war die Netzwerkkarte in das Interview eingebettet und sie gestaltete sich gemäß der Forderung nach Gegenstandsorientierung qualitativer Forschung individuell sehr unterschiedlich (vgl. Flick 1998, S. 106; Witzel 1985, S. 232). Die vielgestaltigen transnationalen Beziehungen, die die Freiwilligen während ihres Auslandsaufenthalts unterhielten, konnten mithilfe dieses Verfahrens sehr gut visualisiert werden.

Die *Auswertung der Interviews* orientierte sich an der *induktiven Kategorienbildung* im Rahmen der qualitativen Inhaltsanalyse nach Mayring (2007). Indem Kategorien aus dem Material abgeleitet werden ohne es durch vorab festgelegte theoretische Konzepte zu beschneiden, erlaubt diese Methode eine möglichst textnahe, d.h. akteurszentrierte Sicht (Mayring 2007, S. 75f.).

Mein Beitrag knüpft an ein Defizit in der Forschungslage zu internationalen Freiwilligendiensten an und beleuchtet die sozialen Netzwerke von Teilnehmern am EVS während ihres Auslandsaufenthaltes. Seit seiner Einführung im Jahr 1996 als Pilotaktion der Europäischen Kommission bis hin zu seiner Integration in das Aktionsprogramm JUGEND IN AKTION (2007-2013), hat sich der EVS zu einem wichtigen Programm entwickelt, das grenzüberschreitende Freiwilligendienste in Deutschland fördert. Während Studien zum EVS vorwiegend die Lern- und Bildungserfahrungen der Freiwilligen ergründen, nimmt diese Studie einen anderen Ausgangspunkt und widmet sich folgender Frage:

Inwiefern tragen informelle transnationale Unterstützungsnetzwerke von Teilnehmern am EVS zur Stärkung ihrer Handlungsmächtigkeit während ihres Auslandsaufenthalts bei?

3. Der EVS als Herausforderung für die Handlungsmächtigkeit der Freiwilligen

Die Äußerungen meiner Interviewpartner weisen insgesamt auf die *Dynamik und Veränderlichkeit sozialer Beziehungen* im Verlauf der Zeit und in gewandelten sozialen Kontexten hin.

Die Freiwilligen waren während ihres EVS als aktiv Handelnde gefordert, sich mit ihrer sozialen Welt auseinanderzusetzen und ihre sozialen Bindungen immer wieder neu herzustellen, aktiv auszuhandeln und neu zu sichern (vgl. Homfeldt, Schröer, Schweppe 2006, S. 18f.). Dies betraf sowohl ihre neu geknüpften sozialen Kontakte in ihrem Aufnahmeland als auch ihre bewährten Netzwerkbeziehungen in Deutschland. Die Ergebnisdarstellung knüpft an die Relevanzsetzung der Netzwerkbereiche durch meine drei Interviewpersonen an und gestaltet sich wie folgt: *1. Mitbewohner in der EVS-WG, 2. andere EVSler und deutsche Freunde im Ausland, 3. Einheimische und 4. soziale Beziehungen nach Deutschland.* Im abschließenden Kapitel werden die Ergebnisse der einzelnen Unterkapitel synthetisiert, um Perspektiven für eine transnationale pädagogische Forschung aufzuzeigen.

3.1 Mitbewohner in der EVS-WG – Puffer gegen Isolation und Einsamkeit

Die sozialen Kontakte zu anderen EVS-Teilnehmern und zu deutschen Freunden im Gastland nahmen einen sehr großen Stellenwert für meine Interviewpartner ein, die während ihres EVS allesamt in einer Wohngemeinschaft (WG) mit anderen Teilnehmern unterschiedlicher Nationalitäten lebten. Einen Großteil ihrer Freizeit verbrachten sie folglich auch mit ihren Mitbewohnern. Diese *gesellige Unterstützung* nahm vielfältige Formen an und reichte von gemeinsamen Ausflügen in die nähere Umgebung bis hin zu alltäglichen Arbeiten und abendlichem Ausgehen. Neben diesen alltäglichen und mit dem Zusammenleben verbundenen Tätigkeiten äußerten die Gesprächspartner auch gemeinsam touristische Plätze oder Museen besucht zu haben. Solche gemeinsamen Freizeitaktivitäten und Erkundungen regten demzufolge zugleich eine *Auseinandersetzung mit der jeweiligen Gastlandkultur an und erweiterten ihre gemeinsamen Handlungspotentiale*.

Die Bedeutung in einer EVS-WG zu wohnen zeigte sich für meine Interviewpersonen v.a. in dem Gefühl des *Nicht-Alleinseins*. Dies kam besonders in ländlichen Projektregionen zum tragen, weil die Freiwilligen dort ziemlich unflexibel und nicht spontan mobil im Gastland sein konnten aufgrund des spärlich ausgebauten Verkehrsnetzes. Diese äußeren Umstände fördern nicht gerade das Knüpfen von sozialen Kontakten. Deshalb wirkte sich das Zusammenleben mit anderen EVSlern wohltuend und als eine Art *Puffer gegen Einsamkeit und Isolation* aus. Belastungen, die in dem gemeinsamen WG-Leben gründeten und meine Interviewpartner ansprachen, werden in diesem Beitrag nicht weiter vertieft, weil ich mich an dieser Stelle ausschließlich auf die Unterstützungspotentiale der Freiwilligen konzentriere.

Wesentlich war für die interviewten Freiwilligen der *Austausch über Probleme und Alltägliches* und v.a. der Meinungsaustausch über das EVS-Projekt. Da die Mitbewohner mit den gleichen Herausforderungen vor Ort konfrontiert waren, konnten sie adäquate Unterstützung leisten. Ein gemeinsamer Austausch fand aber nicht nur bei Krisen statt, sondern auch um den Alltag gemeinsam zu gestalten und zu bewältigen. Nestmann stützt dies und macht darauf aufmerksam, dass „social support [...] nicht auf *Problem*bereiche und *Krisen*situationen beschränkt betrachtet werden [darf], sondern [...] ein Teil immerwährenden sozialen Austauschs zwischen Individuen und ihren Unterstützungsbezügen, die zur Aufrechterhaltung von Wohlbefinden und Gesundheit dienen" (Nestmann 1988, S. 234, Hervorhebung im Original).

Zugleich vermittelte die Einbindung in eine EVS-WG meinen Interviewpartnern das *Gefühl des Zusammenhalts*, das die *Gegenseitigkeit sozialer Unterstützung* unter den Bewohnern in jeder Situation implizierte. Denn die Freiwilligen waren nicht nur für angenehme und gesellige Unternehmungen füreinander da, sondern konnten sich genauso im Falle schwieriger Situationen, wie bei einem Krankheitsfall, aufeinander verlassen. Und dies zeigte wiederum den starken Zusammenhalt, den es innerhalb dieser Freiwilligengruppe gab. Adelman macht darauf aufmerksam, dass die instrumentelle Unterstützung während des Auslandsaufenthalts nicht unterschätzt werden darf, da hier vor allem die „interpersonal messages which accompany this help" z.B. ein Gefühl sozialer Integration vermitteln können (Adelman 1988, S. 188).

3.2 *Andere EVS-Teilnehmer unterschiedlicher Nationalitäten und deutsche Freunde im Gastland – Gemeinsame Erfahrungen als Grundstein für Vertrautheit und Verbundenheit*

Neben dem intensiven Kontakt zu den WG-Mitbewohnern, der unvermeidbar blieb, *bemühten sich* meine Interviewpartner zugleich *aktiv um neue Netzwerkkontakte*, v.a. zu anderen im Gastland lebenden EVS-Teilnehmern. Solche Kontakte knüpften sie zum einen über die den Auslandsaufenthalt rahmenden obligatorischen *Begleitseminare*, die den Freiwilligen die Möglichkeit bieten einander kennen zu lernen, Netzwerke aufzubauen, sich zu treffen und in Kontakt zu bleiben (Europäische Kommission 2004, S. 11). Zum anderen etablierten und erweiterten sie ihre sozialen Netzwerke vor Ort über *vielfältige indirekte Strategien, die sich je nach geographischem Kontext und dem entsprechenden Aufnahmeland sehr unterschiedlich gestalteten*. Durch das *kleine Land Luxemburg* war es Manuel beispielsweise möglich, während der begleitenden Seminare alle Freiwilligen seines Gastlandes auf einmal kennen zu lernen. Demgegenüber nutzte v.a. Emilia *Reisen* als Mittel, um ihren ländlichen Aktionsradius zu erweitern und anderen Teilnehmern in Griechenland, die z.T. im ganzen Land verstreut waren, zu begegnen. Emilia kannte oftmals die Freiwilligen, zu denen sie reiste, vorher nicht, so dass *andere EVSler als „Brückenköpfe"*, d.h. als Vermittler fungierten, was sie als *„irgendjemanden kennt jemanden"*[4] umschrieb. Im Zusammenhang mit den Reisen gab sie darüber hinaus als ein-

---

[4] Die Transkription der Interviews erfolgte in Anlehnung an Bohnsack (2008) unter Berücksichtigung der von der Deutschen Gesellschaft für Erziehungswissenschaft (DGfE) geforder-

ziger Gesprächspartner an, einen *E-Mail-Verteiler* genutzt zu haben, der während des Einführungstrainings eingerichtet wurde. Mit dieser Maßnahme waren alle Freiwilligen Griechenlands miteinander vernetzt und konnten E-Mails an alle EVSler vor Ort senden, was zur Gestaltung von Ausflügen und natürlich zum Kennenlernen anderer Teilnehmer nützlich war. Abermals erweiterte sie hierdurch aktiv ihre Erkundungsmöglichkeiten im Gastland auf eine spielerische Weise.

Aufgrund seiner *städtischen Umgebung* war es Manuel möglich in *lokalen Gruppen*, die er entweder selbst aufbaute oder denen er im Verlauf seines EVS beitrat, aktiv zu werden. So genannte „Brückenköpfe", die in diesem Fall andere Freiwillige waren, dienten ihm interessanterweise wiederum als Vermittler zu Netzwerkbereichen, in denen andere EVSler engagiert waren.

Entgegengesetzt hierzu verneinte es Jana mit aller Deutlichkeit, Kontaktmaßnahmen ergriffen zu haben, um andere Teilnehmer kennen zu lernen. Sie bemühte sich – trotz ihrer ländlichen Projektregion – keineswegs um soziale Kontakte zu anderen EVSlern:

„*Eigentlich nicht. Nee. Also äh, ich hab jetzt so ein paar zufällig durch meine Arbeit so kennen gelernt. Aber es war eigentlich nicht so, dass ich gesucht hab'. Nee.*"

Dieser scheinbar eher marginale Stellenwert anderer EVSler wird allerdings vor dem Hintergrund in dem ihr tschechisches EVS-Projekt angesiedelt war, verständlich. Ihre Aufnahmeorganisation führte zahlreiche internationale Projekte durch, die ihr Gelegenheit gaben, ständig Kontakt zu jungen Freiwilligen aus verschiedenen Kulturen zu haben. Folglich war sie nicht ausschließlich mit Gastlandangehörigen zusammen, so dass der soziale Kontakt zu Freiwilligen „*vielleicht nicht so ins Gewicht gefallen [ist] wie bei anderen, die halt sonst nur mit Tschechen zu tun haben*". Ihre Äußerung deutet schon darauf hin, dass es bedeutsam für sie war, den Kontakt nicht nur auf die einheimische Bevölkerung zu reduzieren.

Ratschläge, die andere Freiwillige erteilten, schienen *aufgrund ähnlicher Erfahrungen* durch den gemeinsamen Aufenthalt im Gastland angemessener zu sein als beispielsweise Empfehlungen aus Deutschland. Während sich Emilias soziale Kontakte aus Deutschland eher abschätzig zu Problemen in ihrem Gastland äußerten, versuchten andere *EVSler verstehend, nachvollziehend und auch subtiler* darauf zu reagieren. Sehr anschaulich führte sie folgende Differenzierung an, die zugleich auch den Stellenwert der Ratschläge anderer EVS-Teilnehmer für sie verdeutlicht:

„*Es [ist] auch gerade etwas anderes, wenn da jemand ist, der genau das gleiche gerade durchmacht in dem Sinne. Also, der ähnliche Erfahrungen gerade macht, der irgendwie auch mal sagen kann, so: Hey, ich weiß wie unpünktlich die Griechen*

---

ten Anonymisierung aller Personen- und Ortsnamen, um Rückschlüsse auf die interviewte Person auszuschließen (Bohnsack 2008; Deutsche Gesellschaft für Erziehungswissenschaft 1997, S. 862).

sind und ich weiß auch, dass sie trotzdem liebenswert sind. So und nicht dann gerade auf das ganze Volk schimpft."

Dies stimmt übrigens auch mit Wang überein, die im Austausch positiver oder negativer Erfahrungen mit „Peers" eine Möglichkeit sieht, *Frustrationen* in der neuen Situation *abzumildern* (Wang 2002, S. 328). Auch Spieß und Stroppa machen darauf aufmerksam, dass das soziale Netzwerk im Heimatland keine konkrete Hilfestellung zur Bewältigung von Herausforderungen vor Ort leisten kann (Spieß, Stroppa 2008, S. 111).

Zum Teil erlebten die Freiwilligen die *Anfangszeit* im Ausland als *chaotisch* und wenig strukturiert. Um mit dieser Herausforderung kreativ umgehen zu können *lernte* Emilia, die in keinem spezifischen EVS-Projekt arbeitete, beispielsweise *aus den Erfahrungen der anderen EVSler und nutzte somit vorhandene und ihr zugängliche Potenziale und Ressourcen vor Ort*. Der gegenseitige Austausch gab ihr eine Rückmeldung in Bezug auf die Angemessenheit ihrer Reaktionen, da sie sich unmittelbar mit den anderen Freiwilligen in derselben Situation vergleichen konnte. Als hilfreich beschrieb sie in diesem Zusammenhang die unterschiedlichen Möglichkeiten und Perspektiven, die ihr die anderen Teilnehmer durch ihren Umgang mit verschiedenen Situationen aufzeigten. Der Austausch über die unterschiedlichen Erfahrungen der EVSler mit den Gastlandangehörigen gab ihr überdies wichtige Impulse und Lernanreize, um das Beste aus ihrer unstrukturierten Situation zu machen.

Nach Adelman ist eine solche Rückmeldefunktion durch andere, die sich ebenfalls im Ausland befinden, essentiell zum Abbau von Unsicherheiten und trägt zu einer realistischen Einschätzung der neuen Situation bei (Adelman 1988, S. 186). Mit dem Austausch über gemeinsame Erfahrungen und Reaktionen kann ein Wandel in der Wahrnehmung der Situation von „selfdefeat to self-management" einhergehen (ebd., S. 188). Dies deutete sich auch bei Emilia an, die sich darum bemühte, aus den Erfahrungen der anderen Teilnehmer zu lernen.

Während für Emilia und Jana sowohl männliche als auch weibliche Netzwerkkontakte emotional bedeutsam waren, so verband Manuel diesen hilfreichen Gedankenaustausch vor allem mit männlichen Personen und differenzierte demzufolge nach Geschlecht. Zwar weisen Studien auf den überproportional hohen Anteil weiblicher Teilnehmer im EVS hin, doch nehmen sie dabei nicht die Bedeutung und Konsequenzen, die dies für die unterrepräsentierten männlichen Freiwilligen birgt, in den Blick (vgl. z.B. ECOTEC/ECORYS 2007, S. 111). Immer wieder *unterstrich Manuel die Wichtigkeit des Austauschs mit männlichen Personen*, vor allem im Zusammenhang mit maskulinen Themen wie Fußball. In regelmäßigen Abständen traf er sich zum reinen Austausch über Fußballrelevantes mit einem anderen Freiwilligen und einem Luxemburger.

Alleine schon die *Gewissheit, andere Freiwillige im Gastland zu haben*, schien bereits wohltuend für das emotionale Befinden meiner Interviewpartner zu sein. Insbesondere äußerte sich hierzu Manuel und verband dies stets mit dem kleinen Land Luxemburg. Die Größe des Landes begünstigte und förderte sowohl das Knüpfen als auch die Aufrechterhaltung sozialer Kontakte zu anderen EVS-Teilnehmern, so dass er sich niemals alleine fühlte.

Adelman verweist auf die stützende Funktion von *„similar others"* bei der Integration in das Gastland, indem sie *„a sense of psychological comfort that one is not alone"* vermitteln (Adelman 1988, S. 191). Manuel assoziierte mit der Bedeutung anderer EVSler, d.h. *„similar others"* nach Adelman, sehr stark *Gemeinsamkeiten im Denken und Fühlen*. Die gemeinsame Erfahrung, fremd in einem anderen Land zu sein, schafft Verbundenheit unter den Freiwilligen. Hiermit ging eine *verbesserte Kontrolle und auch Handlungsmächtigkeit* in der fremden Situation einher, da sich die anderen ausländischen EVSler *„austauschen, bei Problemen helfen oder auch mal aufbauen [können], wenn was nicht so gut läuft"*. Die Gemeinschaft gab Rückhalt und schaffte Vertrautheit in der neuen Umgebung, was sicherlich auch der Tatsache, dass die Freiwilligen sehr viel gemeinsam hatten, geschuldet war. Aus geteilten Erfahrungen und gegenseitiger emotionaler Unterstützung erwuchsen besondere freundschaftliche Beziehungen, die Zuspruch und positive Gefühle vermittelten.

Emilia knüpfte als einziger Gesprächspartner *Freundschaften zu Deutschen*, die nicht als Freiwillige im Gastland tätig waren und verband dies v.a mit einem im gleichen Ort lebenden Deutsch-Griechen. Neben der gleichen Nationalität und dem Wohnen in demselben Dorf verbanden sie noch weitere Gemeinsamkeiten miteinander. Obgleich *„Axel"* kein EVSler war, war er dennoch in einer vergleichbaren Situation im Gastland. Ähnlich wie Emilia war er selbst noch relativ neu im Dorf und befand sich dadurch selbst noch ein wenig am Rande der Dorfgemeinschaft. Deshalb relativierte sie auch seine Bedeutung beim Kennenlernen der Dorfbewohner, die sie eher mit *„Mara"* assoziierte. Auf ihren Stellenwert wird an anderer Stelle noch näher eingegangen. Nichtsdestotrotz stellte *„Axel"* den Kontakt zu einer Gruppe von Deutsch-Griechen her, der nicht ganz unwesentlich während Emilias EVS war. Denn sie akzentuierte das *Zusammengehörigkeitsgefühl* mit dieser *„eingeschweißten Gruppe"* und wandte sich besonders bei *Streitigkeiten mit ihrem Mitbewohner* an ihre deutschen Freunde außerhalb der EVS-WG. Während sie bei Problemen im Zusammenhang mit ihrem EVS-Projekt, wie der unstrukturierten Situation vor Ort, v.a. die Kontakte zu anderen Freiwilligen zu Rate zog, wandte sie sich in einer solch konkreten Situation an ihre engsten Freunde im Gastland. Ihre Äußerung, sich bei *„Streit"* nicht an *„die Freiwilligen im Allgemeinen"* gewandt zu haben, sondern *„eher"* auf den Rat ihrer *„guten Freunde, die [sie] da gefunden hatte"* vertraut zu haben, zeigt die von ihr vorgenommene Differenzierung. Wang untermauert ihre Aussage und betont, dass insbesondere *enge Beziehungen in Notfällen eine Quelle der Unterstützung* darstellen, wohingegen *sowohl enge als auch schwache Beziehungen zur Bewältigung alltäglicher Belange wichtig seien* (Wang 2001, S. 99f.). Die Wichtigkeit ihrer Freundschaften zeigte sich für Emilia in schwierigen Situationen darin, dass sie *„darüber reden konnte. Und dass es [ihr] danach auch besser ging"*. Interessanterweise verknüpfte sie diese Unterstützungsleistung in schwierigen Situationen primär mit ihren neu etablierten Freundschaften vor Ort, die ihr zur Bewältigung von Problemen unmittelbar zur Verfügung standen:

"Also, dass sie dann auch konstruktiv geholfen haben teilweise und gesagt haben hier: Ich red` mal da mit dem. Oder du musst mal das und das sagen oder vielleicht solltest du es mal so und so versuchen."

So entlasteten sie ihre Freunde bei Problemen, indem sie ihr eine *Hilfestellung bei der Deutung von Situationen* anboten und konkrete Ratschläge erteilten. Über die rein verbale Unterstützungsleistung hinaus konnte sie aber auch jederzeit ihre Freunde aufsuchen. Hieraus lässt sich der besondere Stellenwert sozialer Kontakte auch außerhalb der EVS-WG, z.B. bei Streitigkeiten mit dem Mitbewohner, ableiten.

Adelman stimmt hiermit überein und verweist auf die *Bedeutsamkeit sozialer Unterstützung außerhalb belastender Situationen*, die Zugang zu anderen Ressourcen ermöglicht und das Gleichgewicht innerhalb der sozialen Einheit wieder herstellen kann (Adelman 1988, S. 192).

3.3 Einheimische als emotionale Stütze und als Bindeglieder und Brückenköpfe zur Gastlandkultur

Während Studien zu Auslandsaufenthalten oftmals die Annahme leitet, dass die gleiche Nationalität enge Beziehungen begünstigt, legen die Ergebnisse meiner Untersuchung eine differenziertere Betrachtung der sozialen Netzwerke der Freiwilligen nahe (vgl. z.B. Furnham, Alibhai 1985, S. 720; Manev, Stevenson 2001, S. 296). Zwar machten alle drei Interviewpersonen Erfahrungen mit den *Grenzen der Zugehörigkeit zu Gastlandangehörigen*, doch es entstanden – zumindest bei Emilia und Manuel – auch über ihr Aufnahmeprojekt hinausgehende *enge und vertraute Beziehungen zu Einheimischen*. Diese vereinzelten engen Netzwerkkontakte hatten jedoch einen tragenden Stellenwert für die Teilnehmer, indem ihnen solche Beziehungen v.a. in ländlichen Projektregionen *Anerkennung und Rückhalt* vermittelten. Dennoch gab es *z.T. große Differenzen im Erleben der sozialen Kontakte zu Einheimischen, die je nach Gastland und dem entsprechenden sozialräumlichen Kontext sehr stark variierten.*

Alle drei Interviews deuten darauf hin, dass sich die *Kontaktaufnahme zu den Einheimischen nicht ganz unproblematisch* gestaltete. Emilia und Jana, die beide in ländlichen Regionen tätig waren, benannten vergleichbare Probleme. Sie führten die Kontaktschwierigkeiten zu den Dorfbewohnern insbesondere auf zwei zentrale Punkte zurück: Einerseits auf das negative Bild, das die Einheimischen von den Freiwilligen hatten, andererseits auf ihr mangelndes Interesse an den EVSlern.

Sprachliche Barrieren, auf die Manuel anfangs v.a. in einem luxemburgischen Handballverein gestoßen ist, erschwerten ihm Interaktionen mit Einheimischen. Dort wurde *„nur französisch gesprochen"* und er beherrschte zu Beginn seines EVS noch nicht die Sprache. Doch solche sprachlichen Hindernisse tangierten nur einzelne Bereiche während seines EVS, aufgrund der Grenznähe Luxemburgs zu Deutschland und des üblichen Gebrauchs der deutschen Sprache.

Die Ergebnisse meiner Studie legen insgesamt nahe, *soziale Netzwerke* nicht als gegeben zu betrachten, sondern deren *dynamische und prozesshafte Genese* stärker zu berücksichtigen. Dies kann anhand Emilias ländlichem Projektkontext sehr gut veranschaulicht werden: Während „*Axel*" dazu beitrug, Kontakte zu den Kindern des Dorfes zu knüpfen, haben diese wiederum maßgeblich das Kennenlernen der übrigen Dorfbewohner erleichtert. Der Aufbau sozialer Beziehungen vor Ort ist „*stückchenweise*" nach und nach entstanden. Grundlegend hierbei war die Herausbildung eines vertrauensvollen Verhältnisses zu den Kindern, das ihr überhaupt erst den Zugang zu der übrigen Dorfgemeinde ermöglichte. Anders als in Manuels städtischer EVS-Umgebung hatten die sozialen Kontakte zu den Gastlandangehörigen einen existentielleren Stellenwert für Emilia. Sie betonte:

„*Und es war wirklich ein wirklich kleines Dorf. Also jeder wusste also man weiß wirklich über alles Bescheid. Und gerade deshalb war mir der Kontakt auch so wichtig und das sie mich akzeptieren.*"

Demnach beeinflusste die Größe ihres Dorfes entscheidend ihre Wahrnehmung der sozialen Kontakte zu den Einheimischen.

Neben dieser allgemeinen Bedeutung Einheimischer für die Integration in das jeweilige Gastland, unterhielten die Freiwilligen auch emotional stützende Beziehungen zu Gastlandangehörigen, wenngleich dies nur wenige waren. Dementsprechend *förderte „Mara", als eine im Dorf anerkannte Frau*, maßgeblich Emilias *Einbindung in das Gastland*, weil sie unmittelbar dazu beitrug, Barrieren, die andere Dorfbewohner gegenüber der Freiwilligen hatten, abzubauen. Nach Adelman leisten Akzeptanz und Selbstsicherheit einen entscheidenden Beitrag zur Integration in die Gastlandkultur, weil hiermit eine „enhanced control" der neuen Situation einhergeht (Adelman 1988, S. 189). Für Emilia war es wohltuend zu hören: „*Komm, du machst das alles gut!*", was neben einer Rückmeldung über die Angemessenheit ihres Verhaltens im Gastland zugleich auch die Vermittlung *von Geborgenheit und Zuspruch* implizierte. Durch den erfahrenen Rückhalt konnte sie Verunsicherungen abbauen, ihre neue Situation realistischer einschätzen und zugleich ihre Handlungsmöglichkeiten, d.h. die Projektarbeit mit den einheimischen Kindern durch das ihr entgegengebrachte Vertrauen, weiter ausbauen.

Während das zuvor beschriebene Beispiel in einem ländlichen Projektkontext angesiedelt ist, beziehen sich die nachfolgenden Ausführungen auf Manuels städtische soziale Kontakte, mit denen er eine gemeinsame Sprache teilte. Studien belegen, dass der Spracherwerb bzw. das Beherrschen der Landessprache entscheidend ist, um sich in dem neuen Land zurechtzufinden und soziale Kontakte vor Ort zu knüpfen (vgl. Mutz; Korfmacher 2003, S. 32; vgl. Becker et. al. 2000).

Manuel verband die emotionale Unterstützung durch Einheimische mit seinen beiden luxemburgischen Freundinnen. Zwar relativierte er die Bedeutung dieser Beziehung, indem er – anders als bei den Freiwilligen - nicht in ständigem Kontakt zu ihnen stand, doch war ihre Hilfe für ihn unerlässlich als alle Freiwilligen zur Weihnachtszeit nach Hause fuhren. Aufgrund der *räumlichen Nähe konnte er bei Bedarf auf diese Netzwerkressource zurückgreifen*, die ihn in dieser Situation *vor Heimweh und Einsamkeit schützte*, indem sie den Stress, den er durch das Alleinsein empfand, abpufferten. Diese einheimischen Netzwerkkontakte wirkten also als Puffer und verhinderten eine Minderung seines Wohlbefindens, was Fontaine zugleich mit einer verbesserten Integration in das Gastland verbindet (Fontaine 1986, S. 365; vgl. Röhrle 1994, S. 75).

Nur selten unterhielten die Freiwilligen solch enge Beziehungen zu Einheimischen, so dass *weniger intensive Bekanntschaften z.T. als Brückenköpfe zu anderen Netzwerkbereichen fungierten*. Nach Granovetter (1973) übernehmen solche *„weak ties"* eine Brückenfunktion, indem sie weitläufige Verbindungen zu anderen Netzwerkteilen ermöglichen und *„a unique source of information about the culture and referrals to community services"* bilden (Adelman 1988, S. 194). Sehr deutlich zeigte sich dies bei Manuel, der von seinen schwachen, kollegialen Beziehungen profitierte, weil sie ihm Verbindungen zu einem *luxemburgischen Handballverein* ermöglichten. Wenngleich er den Kontakt zu den Mannschaftsmitgliedern allgemein als eher oberflächlich charakterisierte, so konnte er doch v.a. auf zwei Ansprechpartner zurückgreifen, die durch ihre *instrumentelle Unterstützung in Form von Dolmetschen* seine Einbindung in den Verein förderten. Diese sozialen Kontakte bewirkten eine *Normalisierung dieses Lebensbereiches*, weil sie seine reibungslose Teilnahme am Sport ermöglichten.

Aber auch im Zusammenhang mit dem *EVS-Projekt* waren die sozialen Kontakte zu einheimischen Kollegen nicht ganz unwesentlich. Manuels Interview veranschaulicht die Bedeutung der informationell geleisteten Unterstützung durch seine Arbeitskollegen im EVS-Projekt, die zu einem verbesserten Verständnis sozialer Interaktionen in der Gastlandkultur führten:

„Um das zu verstehen, wie sie arbeiten, was sie für Methoden haben. Natürlich sind da spezielle Kinder, wie man mit denen umgeht. Was sie für Krankheiten haben usw. Da sind natürlich die Kollegen wichtig gewesen, um in das Projekt hineinzufinden. Auch wenn man jetzt mal Projekte oder Veranstaltungen organisiert hat, musste man sich immer absprechen und natürlich auch das Vertrauen haben."

Diese Hilfeleistung, die auf gegenseitigem Vertrauen beruhte, *erweiterte seine Handlungsmächtigkeit beim Umgang mit Einheimischen*, da er hierdurch ihre Interaktionen angemessener interpretieren und einschätzen konnte.

3.4 *Transnationale Beziehungen - Emotionale Nähe trotz geographischer Distanz*

Durch die Einbettung einer egozentrierten Netzwerkkarte in den Interviewverlauf konnten die vielgestaltigen lokalen und transnationalen Beziehungen der Freiwilligen sichtbar gemacht werden. Obwohl die Netzwerkkarten für sich betrachtet – aufgrund der relativ kleinen Segmente - einen eher untergeordneten Stellenwert der *Netzwerkkontakte nach Deutschland* vermuten lassen, ging aus den Interviews dennoch die v.a. *emotional stützende Funktion* dieser Beziehungen hervor. Während sich Studien zu Auslandsaufenthalten lediglich auf die sozialen Netzwerke im Gastland konzentrieren und von der Prämisse des Kontaktabbruchs zum Heimatland aufgrund der geographischen Distanz ausgehen, geben die Befunde meiner Studie Hinweise darauf, diese Annahme kritisch zu betrachten (vgl. z.B. Bochner, Furnham 1986, S. 198; vgl. Wang 2002, S. 326; vgl. Wang, Kanungo 2004). Insbesondere verbanden die EVSler emotionale Unterstützungsleistungen mit ihren beständigen Freundschaften und ihrer Familie in Deutschland. *Die Freiwilligen führten also trotz geographischer Distanz, ihre festen, stabilen Netzwerkbeziehungen weiter fort.*

Dies lässt sich sehr gut an Emilia veranschaulichen: Obwohl sie freundschaftliche Beziehungen in der Gastlandkultur – auch zu Deutschen - aufbaute, machte sie dennoch auf ein *unterschiedliches Vertrauensverhältnis* aufmerksam. Intime Angelegenheiten, die nicht zwangsläufig an das kulturelle lokale Wissen gebunden waren, erzählte sie *„nicht unbedingt jemandem [...], den man noch nicht ganz so lange kennt"*. Sondern hierfür war es ihr wichtig, *„auch die Meinung von jemandem [zu] hören [...], der einen schon zehn Jahre kennt oder so. Oder eben auch andersrum".* Diese langjährigen Freundschaften kennzeichnete ein enges und auf Reziprozität beruhendes Vertrauensverhältnis.

Zusätzlich verknüpfte Jana mit ihren deutschen Freunden das Signalisieren von Interesse und das aktive Zuhören:

„Ja ich denke einfach dadurch, dass sie da waren. Dass sie mir zugehört haben und dass sie ja auch signalisiert haben, dass auch wenn wir jetzt unterschiedliche Sachen machen und an unterschiedlichen Orten sind, dass sie immer noch genauso für mich da sind und sich immer noch genauso für mich interessieren und für das, was ich mach'."

Da sie trotz verschiedener Tätigkeiten und einer geographischen Distanz *jederzeit auf diese wohltuenden Netzwerkkontakte zurückgreifen konnte,* deutet sich der *Haupteffekt sozialer Unterstützung* an (vgl. Jungbauer- Gans 2002, S. 67).

Im Gegensatz zu Emilia und Jana betrachtete Manuel wesentlich kritischer seine bestehenden Freundschaften nach Deutschland. Er bezog die emotional stützende Funktion nicht auf seinen gesamten deutschen Freundeskreis, sondern er verband sie lediglich mit seinem besten Freund. Ganz entschieden zeigte er die Bedeutungsunterschiede auf:

„Noch eine etwas kleinere Gruppe, muss ich ehrlich sagen, ähm, waren natürlich meine Freunde. Was für mich ganz klar war, weil ich das schon wusste irgendwie. Ähm, wenn ich dann weggehe für ein Jahr, dass man einfach vergessen wird und wenn man dann nicht mehr selber da in Kontakt trete- oder, äh, aktiv ist, dass eigentlich am Ende keiner mehr irgendwie (.) Lust hat, die ganze Zeit mit einem zu telefonieren oder zu reden. Und ich hab' einen wirklich guten Freund. Der macht aber auch einen Freiwilligendienst in der Türkei und wir haben einmal in der Woche haben wir dann über Skype telefoniert. Aber sonst, waren Freunde eher, Freunde, die in ( ) sind, eher ein bisschen, äh, die Nebensache. Also die waren nicht wichtig."

In aller Deutlichkeit brachte er mit dieser Äußerung die randständige Rolle seiner Freunde während seines EVS zum Ausdruck, die ihn „*vergessen*" und auch wenig „*Lust*" und Interesse an der Aufrechterhaltung des sozialen Kontakts zu haben schienen. Zugleich machte er auf den enormen zeitlichen und finanziellen Aufwand aufmerksam, der mit dem Kontakthalten über eine größere geographische Distanz verbunden war. Auch Petermann stimmt mit seiner Aussage überein und bringt die Entfernung mit der Kostspieligkeit einer sozialen Beziehung in Zusammenhang. Um den Aufwand dieses sozialen Kontakts möglichst gering zu halten, führt dies nach Petermann eher zu einer Konzentration auf die sozialen Beziehungen vor Ort (Petermann 2005, S. 189).

Dies galt jedoch nicht für Manuels Familie im Heimatland. Während er die sozialen Kontakte zu seinen Freunden eher durch Unbeständigkeit charakterisierte, gab ihm seine Familie das Gefühl, beständig und dauerhaft für ihn da zu sein:

„*Freunde können immer wieder gehen, aber Familie bleibt immer da.*"

Zum einen deutet seine Äußerung darauf hin, dass die Familie bzw. die Verwandtschaft zu den wichtigsten und *konstantesten Quellen sozialer Unterstüt-zung* gehören, obwohl er nicht in ständigem Kontakt zu diesem Netzwerk stand (vgl. Diewald 1991, S. 107; vgl. Gabriel-Ramm 1996). Zum anderen weist dies auf den schwindenden Freundeskreis im Zusammenhang mit Auslandsaufenthalten hin, was mit dem Befund von Spieß und Stroppa korrespondiert. Oftmals können Freunde im Heimatland die besondere Situation des Entsandten nicht nachvollziehen (Spieß, Stroppa 2008, S. 111). Dies traf jedoch nicht auf seinen besten Freund zu, der sich durch seinen Freiwilligendienst in der Türkei in einer vergleichbaren Situation wie er befand.

Interessanterweise charakterisierten Jana und Emilia nahezu in den gleichen Worten die *Unterstützung durch die Familie als bedingungslos*. Jana verbalisierte die absolute und uneingeschränkte Unterstützung durch ihre Familie wie folgt:

„*Und die unterstützt einen, egal was ist.*"

Die Gewissheit der emotionalen Unterstützung durch ihre Familien kann exemplarisch an Jana verdeutlicht werden, weil ihre Eltern ihr „*immer signalisier-t[en], wenn [sie] irgendwas brauche, dann sind sie halt da und versuchen das so einzurichten.*"

Ausnahmslos war es für sie wichtig, trotz der Entfernung, nicht von ihrem vorhandenen Netzwerk ausgeschlossen zu werden. Dieses *Nicht-Ausgeschlossen-Sein* zeigte sich z.B. in der Bedeutung gegenseitiger Besuche. Auch wenn die Entfernung erschwerend hinzukam und Emilia zu bedenken gab, „*nicht so den Bezug in dem Augenblick [gehabt] zu [haben]*", weil Deutschland für sie „*sehr sehr weit weg*" war, war es für sie „*trotzdem dann noch mal schön zu hören: So, ich bin jetzt auf dem Stand. Und das und das ist passiert.*" Also war es ihr ein Anliegen über das Wohlergehen ihrer Netzwerkkontakte in Deutschland informiert zu sein. Hiermit stimmte auch Manuel überein. Zusätzlich äußerte Emilia, dass ihr der Kontakt zu ihren Eltern besonders wichtig gewesen sei, wenn etwas in Deutschland oder ihrem

Gastland passierte. Exemplarisch illustrierte sie dies anhand des Todes ihres Patenonkels in Deutschland. Daraufhin hat sie sich ganz ausdrücklich „*nach außen gewendet*" und „*viel mehr Kontakt nach Deutschland aufgenommen*", da diese Netzwerkmitglieder ihn „*kannten*" und sie „*den Draht dahin*" brauchte.

Demgegenüber wandte sie sich an ihre deutschen Freunde im Gastland, um beispielsweise Schwierigkeiten mit ihrem Mitbewohner, Chris, zu lösen, da dieses Netzwerk hierzu angemessener Bezug nehmen konnte. Emilia kontrastierte die Hilfe ihrer Eltern mit der Unterstützung ihrer Freunde im Gastland, die sie jedoch v.a. auf „Vroni", die ihre beste Freundin während ihres EVS war, und „Axel" bezog. Zwar räumte sie dem Austausch mit ihren Eltern ein, dass er „*hilfreich*" sei, doch zugleich wies sie darauf hin, den Rat ihrer Freunde zu bevorzugen, da er in dieser Situation angemessener war. Folgende Gründe führte sie dafür an:

„*Vroni und Axel kannten Chris einfach noch mal. Das ist dann eben doch noch mal etwas anderes. Deswegen bewegt man sich eben doch noch mal in seinem eigenen Netz in Griechenland. Weil die Leute die einfach kennen und sie können dann eher dazu Bezug nehmen. Und können dann eher sagen: Ich kann' s verstehen oder ihr passt auch gar nicht zusammen.*"

Im Übrigen stimmt dieser Befund mit Leatham und Duck überein, die darauf aufmerksam machen, dass der Austausch mit Freunden zu einer veränderten Sichtweise des Problems und zu einer besseren Bewältigung beitragen kann (Leatham; Duck 1990, S. 12).

Während der Kontakt nach Deutschland emotional bedeutsam für die Gesprächspartner war, lässt sich aus den Äußerungen meiner Interviewpartner dennoch schlussfolgern, dass ihr *Netzwerk im Heimatland nur eingeschränkt hilfreich für sie im Aufnahmeland war*. Ganz deutlich brachte Emilia das auf den Punkt, indem sie äußerte, dass es sie „*nicht in dem Sinne aufgefangen [hat], wie eben das Netzwerk in Griechenland [es] dann gemacht hat*". Zu Beginn ihres Auslandsaufenthalts vermied sie gar den Kontakt nach Deutschland und fuhr auch nicht an Weihnachten „*nach Hause*". Rückblickend schätzte sie ihre Entscheidung als „*sehr wichtig*" ein, da sie zum einen „*nur sechs Monate weg war*" und zum anderen „*das Gefühl [hatte], sie würden mich dann halt mittendrin sehr rausreißen, wenn ich dann noch mal in Deutschland bin*". Hierin zeigt sich, dass sie sich in dieser kurzen Zeitspanne primär an ihrem Gastland orientierte und sich eindeutig um eine Integration in ihre neue Umgebung bemühte. Zugleich empfand sie hierbei einen zu intensiven Kontakt nach Deutschland eher hinderlich als förderlich für die Einbindung in die Gastlandkultur. Manuel untermauerte in aller Deutlichkeit die randständige Position seines Netzwerks in Deutschland während seines EVS. Er betonte fortwährend, wenig Kontakt nach Deutschland zu haben und schätzte dies auch als „*nicht so wichtig*" ein. Während seines Auslandsaufenthalts suchte er „*eher den Kontakt zu Freiwilligen*" als zu seiner Familie. Dies führte er im Wesentlichen auf drei Gründe zurück: zum einen ging er von der Beständigkeit und Stabilität der Beziehung zu seinen Familienmitgliedern aus, so dass er sich primär auf sein soziales Leben im Gastland konzentrierte. Zum anderen knüpfte er seine sozialen Kontakte ebenso durchaus

aus utilitären Gründen, um sie „*auch für das spätere Leben*", d.h. für seine berufliche Zukunft, nutzen zu können. International geknüpfte Netzwerke durch den EVS tragen nach Studien zu verbesserten Möglichkeiten auf dem globalen Ar-beitsmarkt für die Freiwilligen bei und wirken sich positiv auf ihre Arbeitsmarktfä-higkeit aus (Sherraden; Lough; McBride 2008, S. 12; ECOTEC/ECO-RYS 2007, S. 21f.). Und schließlich gab er - übrigens mit Emilia vergleichbar – an, dass ihm seine „*Familie [...] vor Ort nicht viel gebracht [hätte], um irgendwas hier zu regeln*". Auch Jana, jedoch auf ihre Freunde in Deutschland bezogen, stützte diese Aussage. Um Trost zu spenden, wenn dies nötig war, schien ihr soziales Netzwerk in Deutschland aufgrund der Entfernung wenig hilfreich zu sein:

„*Aber es ist halt einfach was anderes, wenn die halt 300 Kilometer oder 3000 Kilometer weiter weg sind. Also das ist gerade, wenn du jemanden brauchst, dann weil du gerade jetzt weinst, dann können die halt nicht mal eben kommen.*"

Auch während einer Erkrankung wandte sich die Teilnehmerin primär an ihre Arbeitskolleginnen vor Ort. Dies spiegelt abermals die *Bedeutung der geographischen Nähe der sozialen Kontakte in akuten Situationen mit sofortigem Handlungsbedarf* wider. Hier konnten die Netzwerkkontakte aus Deutschland aufgrund der Distanz zum Gastland wenig ausrichten. Gleichwohl gab Manuel an, dass seine Familie emotional stützend für ihn war, weil er sich an sie gewandt hätte, wenn „*es [ihm] schlechter ergangen*" wäre. Doch weil er keine gravierenden Probleme während seines EVS hatte, hat er den Rat „*auch nicht so oft in Anspruch genommen*". Seine Äußerung steht auch stellvertretend für die anderen beiden Freiwilligen, die genauso auf die uneingeschränkte Unterstützung ihrer Eltern während ihres EVS zurückgreifen und vertrauen konnten.

Entgegen Studien, die davon ausgehen, dass die Kontakte zum Heimatland während eines Auslandsaufenthalts nahezu abbrechen, schien die Familie trotz der Entfernung dennoch nicht ihre emotional stützende Funktion für die Freiwilligen einzubüßen (vgl. z.B. Bochner, Furnham 1986, S. 198; vgl. Wang 2002, S. 326). Gabriel-Ramm weist auf eine Kontroverse hin. Zum einen leiste das soziale Netzwerk zu Hause kaum Unterstützung, zum anderen sei es, wenn es als Unterstützungsquelle benannt wird, überaus emotional bedeutsam und stützend (Gabriel-Ramm 1996, S. 425). Dieses Ergebnis stimmt mit den oben beschriebenen Äußerungen meiner Interviewpartner überein.

Nachfolgende Graphik visualisiert nochmals schematisch die unterschiedlichen Quellen sozialer Unterstützung der untersuchten Freiwilligen während ihres EVS. Die Länge der Pfeile drückt aus, ob die Beziehung eine starke oder schwache Bedeutung für den Freiwilligen hatte. Eine weitere Entfernung vom „Freiwilligen" in der Mitte bringt somit eine zunehmende emotionale Distanz zum Ausdruck. Ebenso verdeutlicht dieses Schaubild, inwiefern die sozialen Beziehungen auf Reziprozität beruhten.

4. Internationale Freiwilligendienste - Perspektiven zu einer transnationalen pädagogischen Forschung

Anfängliche Schwierigkeiten assoziierten meine Gesprächspartner vor allem mit den *fehlenden sozialen Kontakten* im Ausland, die sich erst schrittweise neu etablierten und somit auf die Dynamik sozialer Netzwerke hindeuten. Insgesamt waren meine Interviewpartner gefordert, sich mit ihrer neuen sozialen Umgebung aktiv auseinanderzusetzen (vgl. Homfeldt, Schröer, Schweppe 2006, S. 18f.). Demgegenüber sehen Studien zu Auslandsentsendungen soziale Netzwerke als gegeben an und vernachlässigen die Entstehung und Entwicklung sozialer Beziehungen, die sich in aller Deutlichkeit in der vorliegenden Studie abzeichnete (vgl. Wang, Kanungo 2004).

Die Analyse der Interviews legt *unterschiedliche Funktionen der einzelnen Netzwerkmitglieder* während des Auslandsaufenthalts nahe. Indem Dritte Wissen und Informationen vermitteln, sind Beziehungen zu ihnen hilfreich, um praktische Herausforderungen zu bewältigen. Sowohl für Gastlandangehörige als auch für Landsleute und andere Ausländer galt dies gleichermaßen, wobei sie als Bedingung das entsprechende Wissen verfügbar und zugänglich machen mussten.

Im Unterschied zu Einheimischen *verbrachten die Freiwilligen* ihre *Freizeit v.a. mit Gleichgesinnten*, d.h. mit Landsleuten oder mit Ausländern, die sich in einer ver-

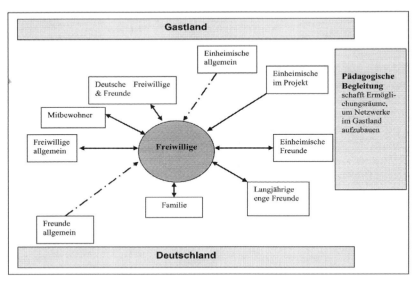

Abb. 1: Informelle, transnationale Unterstützungsnetzwerke der Freiwilligen während ihres EVS

gleichbaren Situation befanden. Gemeinsame Unternehmungen verbanden sie mit der Erkundung ihres Gastlandes, indem sie insbesondere reisten und kulturelle Veranstaltungen und Orte besuchten, was ihre *Handlungsmächtigkeit erweiterte*. Alle drei Interviews veranschaulichten dies, wobei Manuels luxemburgische Freunde, durch die Bereitstellung ihres Autos, seine Erkundungsmöglichkeiten enorm ausweiteten. Auch Studienergebnisse von Furnham und Alibhai (1985) sowie Bochner (1977) untermauern diesen Befund, indem sie an Austauschstudenten die Präferenz der gleichen Nationalität für gemeinsame Aktivitäten nachweisen konnten (Furnham, Alibhai 1985, S. 720; vgl. auch Manev, Stevenson 2001).

Die Bedeutung von *Gastlandangehörigen* zur Orientierung in der neuen Umgebung zeigte sich für die Freiwilligen besonders im Zusammenhang mit ihrer *Projektarbeit*. Zum einen lösten die sozialen Kontakte zu Einheimischen zwar Irritationen und befremdliche Gefühle aus, was bei allen Interviewpartnern anklang und Emilia sogar als „*Kulturschock*" bezeichnete. Zum anderen gewährten sie den EVS-lern die Möglichkeit, soziale Gepflogenheiten der Gastlandkultur nachzuvollziehen und vermittelten dabei das benötigte sozial relevante Wissen. Dies veranschaulichte besonders Manuels Interview. *Die informationell geleistete Unterstützung durch seine Arbeitskollegen im EVS-Projekt führte zu einem verbesserten Verständnis sozialer Interaktionen in der Gastlandkultur.* Diese Hilfeleistung, die auf gegenseitigem Vertrauen beruhte, erweiterte sein Handlungspotential beim Umgang mit Einheimischen, da er hierdurch ihre Interaktionen angemessener interpretieren und einschätzen konnte.

Aber auch *andere Freiwillige spielten eine entscheidende Rolle im Zusammenhang mit dem EVS-Projekt*. Während Einheimische den Umgang mit Gastlandangehörigen nachvollziehbar machten, stellten EVSler aufgrund geteilter Erfahrungen ein *Ventil für Frustrationen* mit dem Aufnahmeprojekt dar, was sich v.a. bei Emilia zeigte. Zudem konnten sie adäquat und nachvollziehend situationsangemessene Ratschläge erteilen, die zur Bewältigung projektbezogener Schwierigkeiten beitrugen. Dies zeigte sich bei allen Interviewpartnern gleichermaßen, wobei Jana den Austausch primär mit den EVS-Begleitseminaren verband. Ein interessanter Befund dieser Studie, der sowohl in Untersuchungen zu internationalen Freiwilligendiensten als auch in Studien zu Auslandsentsendungen bislang vernachlässigt wurde, sind *geschlechtsspezifische Unterschiede in der Gestaltung sozialer Netzwerke*. Insbesondere hatten männliche Personen eine übergeordnete und auch emotional bedeutsame Rolle während Manuels EVS. Untersuchungen weisen zwar auf die Geschlechterverteilung im EVS hin, die bei über 80% weiblichen und lediglich ca. 15% männlichen Teilnehmern liegt, doch lassen sie die damit verknüpften Konsequenzen für die deutlich unterrepräsentierten männlichen Teilnehmer außer Acht (vgl. z.B. ECOTEC/ECORYS 2007, S. 111; Becker et. al. 2000, S. 9). Im Interviewverlauf zeigte sich in aller Deutlichkeit die permanente Suche des männlichen Gesprächspartners, Kontakte zu anderen männlichen Teilnehmern aufzunehmen, um sich mit ihnen v.a. über männerspezifische Themen auszutauschen. Dieses Desiderat in der Forschungslage sollte in zukünftigen Untersuchungen stärker in den Blick genommen werden, da für meinen männlichen Gesprächspartner der gleichgeschlechtliche Kontakt besonders wichtig während seines EVS war.

Darüber hinaus wirkten sich die *sozialen Kontakte zu Einheimischen normalisierend auf bestimmte Lebensbereiche* aus, was sich abermals v.a. an Manu-els Interview sehr deutlich aufzeigen lässt. Obwohl er seine Zugehörigkeit zu einem luxemburgischen Handballverein über die Bedeutung seiner sozialen Kontakte zu einzelnen Mannschaftsmitgliedern stellte, machten ihm die Übersetzungen seiner Vereinskollegen dennoch eine reibungslose Teilhabe am Spiel möglich. Folglich *bauten* sie durch ihre Hilfe *Zugangsbarrieren zum einheimischen Sportverein ab.*

Obwohl meine Interviewpartner nur relativ kleine Segmente für ihre bestehenden Netzwerkbeziehungen nach Deutschland vorsahen, schmälert dies jedoch keinesfalls ihre große Bedeutung während ihres EVS. Indem die *familiären Netzwerkmitglieder jederzeit Unterstützung und Hilfe* für die jungen Erwachsenen *erwartbar machten*, trugen sie maßgeblich zu ihrem Wohlbefinden bei. Hierin deutet sich der *Haupteffekt sozialer Unterstützung* an. Die beruhigende Gewissheit auf Unterstützung zurückgreifen zu können, wenn nötig, hat bereits einen positiven Einfluss auf das Wohlbefinden, losgelöst von belastenden Ereignissen (vgl. Jungbauer-Gans 2002, S. 67). *Dennoch schätzten die Freiwilligen diese transnationale Unterstützung zur Bewältigung konkreter Herausforderungen im Gastland ambivalent ein.* Dies äußerten alle Gesprächspartner und bezogen die unzureichende Hilfe insbesondere auf Interaktionen mit anderen, die Lösung von Schwierigkeiten und das Spenden von Trost aufgrund der Entfernung und der fehlenden Erreichbarkeit der Netzwerkkontakte in Deutschland. Gleichwohl wirkten diese transnationalen Beziehungen außerhalb des Gastlandes emotional stabilisierend.

Neben dieser emotionalen Facette waren die *Netzwerkkontakte nach Deutschland* auch *zur Bewältigung praktischer Herausforderungen* nicht ganz unwesentlich. Manuel nutzte z.B. die tatkräftige Unterstützung seiner Mutter bei der Beantwortung von Bewerbungsschreiben. So fußte diese *Hilfeleistung* einerseits auf engen, bereits bestehenden familiären Beziehungen und andererseits war sie *nicht an das kulturelle Wissen der Gastlandkultur gebunden.* Die Mutter beriet und organisierte quasi aus der Ferne den weiteren beruflichen Werdegang des Teilnehmers losgelöst von seinem Aufenthaltsort und dem damit verbundenen kulturspezifischen Wissen.

Demgegenüber nehmen Studien zu Auslandsaufenthalten – wie dem Forschungsstand zu entnehmen ist – bislang lediglich soziale Netzwerke im Gastland in den Blick und gehen von der Prämisse des Kontaktabbruchs zum Heimatland aus (vgl. z.B. Bochner, Furnham 1986, S. 198; vgl. Wang 2002, S. 326; vgl. Wang, Kanungo 2004). Die Befunde dieser Studie geben jedoch Hinweise darauf, dass transnationale Beziehungen der Freiwilligen v.a. emotional bedeutsam für sie waren und folglich in künftigen Untersuchungen nicht außer Acht gelassen werden dürfen.

Die Ergebnisse der vorliegenden Untersuchung untermauern die Befunde Wards (1996), dass Unterstützungsleistungen sowohl von Gastlandangehörigen als auch von Angehörigen der eigenen Nationalität das psychologische „*adjustment*" verbessern. Wang und Kanungos (2004) Studie konnte die Bedeutung der Komposition des sozialen Netzwerks aus sowohl Einheimischen als auch Landsleuten und anderen Ausländern für das emotionale Befinden nachweisen (Wang, Kanungo 2004, S. 787). Dieser Befund erhärtet sich auch in der vorliegenden Arbeit, die insbesondere auf

zeigen konnte, dass die *Zusammensetzung des Netzwerks aus beiden Quellen sozialer Unterstützung positive Effekte zeigte*. Denn mit den *verschiedenen Netzwerkmitgliedern gingen auch unterschiedliche Unterstützungsleistungen für die Freiwilligen* einher. *Insgesamt betrieben die interviewten Feiwilligen aktives transnationales Networking, um in ihrer neuen sozialen Lebenswelt handlungsmächtig zu werden.*

Eine pädagogische Begleitung, die eine solche Netzwerkperspektive stärker forciert und berücksichtigt, könnte an vorhandene Potentiale der EVSler adäquat anknüpfen und zugleich eine Pädagogisierung und Überbetreuung der Freiwilligen verhindern. Dies darf allerdings nicht als Plädoyer gegen jegliche pädagogische Betreuung missverstanden werden, da sie nach wie vor wichtige Hilfestellung gibt. Die durchgeführte Analyse soll vielmehr eine Sensibilisierung der pädagogischen Praxis für die diversen, meist informellen, Netzwerkbeziehungen und die damit einhergehenden Unterstützungsleistungen für die Freiwilligen anregen.

Literatur

Adelman, M. B., 1988: Cross Cultural Adjustment. A theoretical Perspective on Social Support. In: International Journal of International Relations. Vol. 12, S. 183-204

Association of Voluntary Service Organizations, 2004: Research Report. Youth Civic Service in Europe. Washington: Center for Social Development Global Service Institute

Black, J. S., 1988: Work Role Transitions: A Study of American Expatriate Managers in Japan. In: Journal of International Business Studies, Vol. 19 (2), S. 277-294

Black, J. S./ Gregersen, H. B. ,1991: Antecedents to Cross-Cultural Adjustment for Expatriates in Pacific Rim Assignments. In: Human Relations, Vol. 44 (5), S. 497-515

Bochner, S./ McLeod, B. M./ Lin, A., 1977: Friendship Patterns of Overseas Students: A Functional Model. In: International Journal of Psychology, Vol. 12 (4), S. 277–294

Bochner, S./ Hutnik, N./ Furnham, A., 1985: The friendship patterns of overseas and host students in an Oxford student residence. In: The Journal of Social Psychology. Vol. 125 (6), S. 689-694

Bochner, S./ Furnham, A., 1986: Culture shock: Psychological responses to unfamiliar environments. London, New York

Bohnsack, R., ⁷2008: Rekonstruktive Sozialforschung. Einführung in qualitative Methoden. Opladen & Farmington Hills

Brandes, H., 2000: Kompetenzerwerb im „Europäischen Freiwilligendienst" – Ein Evaluationsbericht. In: Sieveking, K. (Hrsg.): Europäischer Freiwilligendienst für Jugendliche: Statusfragen und rechtspolitische Probleme. Neuwied, Kriftel

Deutsche Gesellschaft für Erziehungswissenschaft, 1997: Standards erziehungswissenschaftlicher Forschung. In: Friebertshäuser, B./ Prengel, A. (Hrsg.): Handbuch qualitative Forschungsmethoden in der Erziehungswissenschaft. Weinheim, München, S. 857-863

Diewald, M., 1991: Soziale Beziehungen Verlust oder Liberalisierung? Soziale Unterstützung in informellen Netzwerken. Berlin

Duck, S./ Silver, R. C. (Hrsg.), 1990: Personal Relationships and Social Support. London, Newbury Park. New Delhi

Flick, U., ³1998: Qualitative Forschung. Theorie, Methoden, Anwendung in Psychologie und Sozialwissenschaften. Reinbek bei Hamburg

Fontaine, G., 1986: Training section. Roles of social support systems in overseas relocation: Implications for intercultural training. In: International Journal of Intercultural Relations, Vol. 10 (3), S. 361-378

Friebertshäuser, B./ Prengel, A. (Hrsg.), 1997: Handbuch qualitative Forschungsmethoden in der Erziehungswissenschaft. Weinheim, München

Furnham, A./ Alibhai, N., 1985: The friendship networks of foreign students: A replication and extension of the functional model. In: International Journal of Psychology. Vol. 20 (6), S. 709-722

Furukawa, T./ Sarason, I. G./ Sarason, B. R., 1998: Social Support and Adjustment to a Novel Social Environment. In: International Journal of Social Psychiatry, Vol. 44 (1), S. 56-70

Gabriel-Ramm, E., 1996: Soziale Unterstützung und interkulturelles Lernen. In: Thomas, A. (Hrsg.): Psychologie interkulturellen Handelns. Göttingen, Bern, Toronto, Seattle, S. 421-430

Gregersen, H. B./ Black, J. S., 1990: A multifaceted approach to expatriate retention in international assignments. In: Group & Organization Management, Vol. 15 (4), S. 461-485

Hollstein, B., 2006: Qualitative Methoden und Netzwerkanalyse – ein Widerspruch? In: Hollstein, B./ Straus, F. (Hrsg.): Qualitative Netzwerkanalyse. Konzepte, Methoden, Anwendungen. Wiesbaden, S. 11-37

Hollstein, B./ Straus, F. (Hrsg.), 2006: Qualitative Netzwerkanalyse. Konzepte, Methoden, Anwendungen. Wiesbaden

Homfeldt, H. G./ Schröer, W./ Schweppe, C., 2006: Transnationalität, soziale Unterstützung, agency – Interkulturelle Bibliothek. Bd. 28. Nordhausen

Jou, Y. H./ Fukada, H., 1995: Effects of Social Support on Adjustment of Chinese Students in Japan. In: The Journal of Social Psychology, Vol. 135 (3), S. 305-311

Jüttemann, Gerd (Hrsg.), 1985: Qualitative Forschung in der Psychologie. Grundfragen, Verfahrensweisen, Anwendungsfelder. Weinheim

Jütting, H., 2003: Freiwilliges Engagement von Jugendlichen. Eine empirische Fallstudie über AbsolventInnen des European Voluntary Service. Münster

Jungbauer-Gans, M., 2002: Ungleichheit, soziale Beziehungen und Gesundheit. Wiesbaden

Landis, D./ Bhagat, R. S. (Hrsg.), ^{2}1996: Handbook of intercultural training. Thousand Oaks

Leatham, G./ Duck, S., 1990: Conversations with friends and the dynamics of social support. In: Duck, S./ Silver, R. C. (Hrsg.): Personal Relationships and Social Support. London, Newbury Park, New Delhi, S. 1-29

Manev, I. M./ Stevenson, W. B., 2001: Nationality, Cultural Distance, and Expatriate Status: Effects on the Managerial Network in a Multinational Enterprise. In: Journal of International Business Studies, Vol. 32 (2), S. 285-303

Mayring, P., ^{9}2007: Qualitative Inhaltsanalyse. Grundlagen und Techniken. Weinheim, Basel

Mundorf, M., 2000: Christliche Freiwilligendienste im Ausland. Lernprozesse und Auswirkungen auf die Lebensentwürfe junger Menschen. Eine qualitative Studie. Münster

Nestmann, F., 1988: Die alltäglichen Helfer. Theorien sozialer Unterstützung und eine Untersuchung alltäglicher Helfer aus 4 Dienstleistungsberufen. Berlin, New York

Otto, U./ Bauer, P. (Hrsg.), 2005: Mit Netzwerken professionell zusammenarbeiten. Bd. 1: Soziale Netzwerke in Lebenslauf- und Lebenslagenperspektive. Tübingen

Petermann, S., 2005: Persönliche Netzwerke: Spezialisierte Unterstützungsbeziehungen oder hilft jeder jedem? In: Otto, U./ Bauer, P. (Hrsg.): Mit Netzwerken professionell zusammenarbeiten. Bd. 1: Soziale Netzwerke in Lebenslauf- und Lebenslagenperspektive. Tübingen, S. 181-208

Rahrbach, A./ Wüstendörfer, W./ Arnold, T., 1998: Untersuchung zum freiwilligen sozialen Jahr. Stuttgart, (Schriftenreihe des Bundesministeriums für Familie, Senioren, Frauen und Jugend, 157)

Röhrle, B., 1994: Soziale Netzwerke und soziale Unterstützung. Weinheim

Schröer, R./ Stringham, J., 2004: Introduction: In: Youth Civic Service in Europe. Association of Voluntary Service Organizations. Research Report. Pisa, S. 7-12.

Searle, W./ Ward, C., 1990: The prediction of psychological and sociocultural adjustment during cross-cultural transitions. In: International Journal of Intercultural Relations. Vol. 14 (4), S. 449-464

Sieveking, K. (Hrsg.), 2000: Europäischer Freiwilligendienst für Jugendliche: Statusfragen und rechtspolitische Probleme. Neuwied, Kriftel

Spieß, E./ Stroppa, C. (2008): Role of social support and the importance of interpersonal networks to minimize risks of foreign assignment. In: Dietsche, C./ Holtbrügge, D./ Kühlmann, T./ Puck, F. F./ Rehner, J./ Schauwecker, P./ Scheuring, G./ Spieß, E./ Stroppa, C. (Hrsg.), Transnational networks – an effective tool for risk reduction? Small and medium-sized companies on the global market place. Fortrans, Arbeitspapier 1. München, S. 103-121

Stengel-Deroide, N., 2000: Wie organisieren die Entsende- und Aufnahmeprojekte den Bildungsaspekt des EFD? In: Sieveking, K. (Hrsg.): Europäischer Freiwilligendienst für Jugendliche: Statusfragen und rechtspolitische Probleme. Neuwied, Kriftel

Straus, F., 2002: Netzwerkanalysen. Gemeindepsychologische Perspektiven für Forschung und Praxis. Wiesbaden

Thomas, A. (Hrsg.), 1996: Psychologie interkulturellen Handelns. Göttingen, Bern, Toronto, Seattle

Wang, X., 2002: Expatriate Adjustment from a Social Network Perspective. Theoretical Examination and a Conceptual Model. In: International Journal of Cross Cultural Management. Vol. 2 (3), S. 321-337

Wang, X./ Kanungo, R. N., 2004: Nationality, social network and psychological well-being: expatriates in China. In: International Journal of Human Resource Management. Vol. 15 (4), S. 775-793

Wang, X./ Nayir, D. Z., 2006: How and when is social networking important? Comparing European expatriate adjustment in China and Turkey. In: Journal of International Management. Vol. 12 (4), S. 449-472

Ward, C., ^{2}1996: Acculturation. In: Landis, D./ Bhagat, R. S. (Hrsg.): Handbook of intercultural training. Thousand Oaks, S. 124-147

Ward, C./ Bochner, S./ Furnham, A., ^{2}2001: The psychology of culture shock. Hove, UK

Ward, C./ Okura, Y./ Kennedy, A./ Kojima, T., 1998: The U-Curve on trial: a longitudinal study of psychological and sociocultural adjustment during Cross-Cultural transition. In: International Journal of Intercultural Relations. Vol. 22 (3), S. 277-291

Witzel, A., 1985: Das problemzentrierte Interview. In: Jüttemann, G. (Hrsg.): Qualitative Forschung in der Psychologie. Grundfragen, Verfahrensweisen, Anwendungsfelder. Weinheim, S. 227-255

Internetquellen

Becker, R./ Brandes, H./ Bunjes, U./ Wüstendörfer, W., 2000: Lern- und Bildungsprozesse im Europäischen Freiwilligendienst. Spezial Band 1. Bonn: JUGEND für Europa Deutsche Agentur für das EU Aktionsprogramm JUGEND: Online verfügbar unter:
http://www.jugendfuereuropa.de/unsereinformationsangebote/publikationen/.
(zuletzt aufgerufen am 24.01.2010)

Council of Europe and European Commission, 2002: T-Kit on International Voluntary Service. Strasbourg: Council of Europe. Online verfügbar unter:
http://www.jugendfuereuropa.de/unsereinformationsangebote/publikationen/tkit/
(zuletzt aufgerufen am 24.01.10)

Die Bundesregierung, 2008: Schwerpunkt "weltwärts" - der Freiwilligendienst. In: Magazin zur Entwicklungspolitik. Nr.: 066 07/2008, Berlin: Presse- und Infomtionsamt der Bundesregierung. Online verfügbar unter:
http://www.bundesregierung.de/Content/DE/Magazine/MagazinEntwicklungspolitik/066/PDF/magazin-66-pdf,property=publicationFile.pdf. (zuletzt aufgerufen am 23.07.2010)

ECOTEC/ECORYS, 2007: Final External Evaluation of the YOUTH Community Action Programme 2000-2006. Rotterdam. Online verfügbar unter:
http://ec.europa.eu/dgs/education_culture/evalreports/youth/2007/prog/report_en.pdf. (zuletzt aufgerufen am 24.01.10)

ECOTEC/ECORYS, 2007: Final External Evaluation of the YOUTH Community Action Programme 2000-2006. Annexes. Rotterdam. Online verfügbar unter:
http://ec.europa.eu/dgs/education_culture/evalreports/youth/2007/prog/annex_en.pdf. (zuletzt aufgerufen am 24.01.10)

Europäische Kommission, 2004: Aktionsprogramm JUGEND. Aktion 2 – Europäischer Freiwilligendienst. Training für EFD-Freiwillige Leitlinien und Qualitätsstandards. Online verfügbar unter: *http://www.jugend-in-aktion.de/downloads/4-20-275/VolTrain_guide_de.pdf.* (zuletzt aufgerufen am 24.01.10)

JUGEND für Europa (Hrsg.), 2004: impact JUGEND. Bericht und Empfehlungen der Bundesrepublik Deutschland an die EU-Kommission. - Ergebnisse der Zwischenevaluierung des EU-Aktionsprogramms JUGEND in Deutschland. - Gestaltung eines europäischen Jugendprogramms nach 2006. special Band 4. Online verfügbar unter: *http://www.jugendfuereuropa.de/downloads/4-20-186/zwischenend.pdf.* (zuletzt aufgerufen am 24.01.10)

JUGEND für Europa, 2009: JUGEND IN AKTION Programm-Handbuch. Gültig seit 01. Januar 2009. Bonn. Online verfügbar unter:

http://www.jugendfuereuropa.de/downloads/4-20-1234/Handbuch09DE_neu.pdf. (zuletzt aufgerufen am 24.01.10)

Kulturweit: Wer wir sind: online verfügbar unter: *http://kulturweit.de/programm/wer_wir_sind.html,* (zuletzt aufgerufen am 23.07.2010)

Mutz, G./ Korfmacher, S., 2003: Grenzerfahrungen. Abbrecherinnen und Abbrecher im Europäischen Freiwilligendienst. Eine Studie. Spezial Band 3, Bonn. Online verfügbar unter: *http://www.jugendfuereuropa.de/downloads/4-20-103/grenzpubl.pdf.* (zuletzt aufgerufen am 24.01.10)

Sherraden, M. S./ Lough, B. J./ McBride, A. M., 2008: Impacts of international volunteering and service: Individual and institutional predictors (CSD Working Paper 08-06). St. Louis, MO: Washington University: Center for Social Development. Online verfügbar unter: *http://www.forumids.org/resources/papers/Center-for-Social-Development-Impacts-of-International-Volunteering-Service-2008.pdf.*, (zuletzt aufgerufen am 18.01.10)

Wang, X., 2001: Expatriate social support network, psychological well-being, and performance: a theoretical examination and an empirical test. Unpublished doctoral dissertation. McGill University. Online verfügbar unter: *http://digitool.library.mcgill.ca/R/?func=dbin-jump-full&object_id=37912&local_base=GEN01-MCG02.* (zuletzt aufgerufen am 25.12.09)

CAROLINE SCHMITT

„african unit"– Informelle soziale Unterstützungsnetzwerke in einem Afrosalon

Abstract

Im folgenden Beitrag wird die Bedeutung eines Afrosalons als sozialer Raum für die informellen sozialen Netzwerke afrikanischer Besucher analysiert. Das Material wurde mittels teilnehmender Beobachtung erhoben und nach einer Kombination aus induktiver Kategorienbildung und Grounded Theory ausgewertet. Als zentrale Erkenntnis kann festgehalten werden, dass afrikanische Frauen und Männer einen sozialen Gemeinschaftsraum entlang des Afrosalons aufbauen. Mit der Schaffung dieses neuen Raumes bringen sie ihre Handlungsmächtigkeit (Agency) zum Ausdruck, in dem sie ihre negativen Erfahrungen mit der Residenzgesellschaft ebenso wie die physische Trennung von ihren Familien in den Herkunftsländern gemeinsam durch den Aufbau unterstützender Netzwerke im Alltag bewältigen.

1. Feldforschung in einem Afrosalon

Der Afrosalon schaffe „african unit", erklärte mir Nana, ein Salonbesucher, zu Beginn meiner Feldforschung.
Nach sechs Monaten intensiver teilnehmender Beobachtung inner- und außerhalb eines Afrosalons in einer deutschen Stadt, hatte ich verstanden, was Nana damit meint (Protokollauszug).

Ethnische Betriebe werden im aktuellen Fachdiskurs nur unzulänglich und zumeist implizit als soziale Räume in ihrer Bedeutung für die in ihnen agierenden Akteure betrachtet. Zumeist werden in Untersuchungen die ökonomische Integration der Betreibenden in die Mehrheitsgesellschaft sowie die Bedeutung ethnischer Betriebe für die Entwicklung von Stadtteilen in den Vordergrund gerückt. Die Frage nach der Ausgestaltung sozialer Räume entlang ethnischer Betriebe in ihren Auswirkungen auf die Handlungsmächtigkeit der Akteure stellt ein Forschungsdesiderat dar, das im folgenden Beitrag aufgebrochen wird.
Soziale Räume werden in diesem Kontext in der Überwindung eines räumlichen Containerdenkens als „Bedingung und Resultat sozialer Prozesse" (Löw 2008, S. 33) verstanden. Der Begriff des „Sozialen" betont, „dass Raum immer das Ergebnis menschlichen Handelns darstellt" (Kessl; Reutlinger 2007, S. 23) und „die [bloße] Bezeichnung Raum ergänzungsbedürftig ist" (ebd., S. 23).

Eine Annäherung an den sozialen Raum im Afrosalon ereignete sich durch eine erste Kontaktaufnahme mit der Besitzerin. Es schloss sich eine teilnehmende Beobachtung an, die sich in die im Salon vorhandene Gesprächskultur einfügte. Zur Erhebung gehörten neben der Protokollierung des Geschehens und zahlreicher informeller Gespräche (vgl. Spradley 1980) die Sammlung alltagsgegenständlichen Materials und die fotografische Dokumentation des gegenständlichen Raumes. Zudem wurden mit zwei afrikanischen Frauen formelle Kurzinterviews, orientiert am Verfahren der narrativen Landkarte nach Behnken, Lutz und Zinnecker (1997) geführt, in deren Verlauf die Interviewten je ein Netzwerkbild nach Straus (2002) zur Visualisierung ihrer egozentrierten Netzwerke anfertigten.

Die Protokollierung der Beobachtungs- und Gesprächssequenzen erfolgte in Anlehnung an Girtler in einem Feldtagebuch, zu dessen Bestandteilen neben den Protokollen Zwischenreflexionen zum Verlauf der Untersuchung und Reflexionen des eigenen emotionalen Zustands gehörten (vgl. Girtler 2001, S. 133).

Die Feldprotokolle und Interviewtranskripte wurden nach der induktiven Kategorienbildung nach Mayring (2008), in Verbindung mit dem iterativ-zyklischen Prozessmodell der Grounded Theory nach Strauss und Corbin (1998) ausgewertet.

2. Vom Betrieb zum sozialen Raum

Und dann kann man auch mit Maria ein bisschen über alles reden. Sie kommt auch aus P. [Name des Herkunftslandes] und sie ist ziemlich lange hier und wenn du eine Frage hast, vielleicht kann sie auch dabei helfen oder sagen wo du hingehen kannst. (Interviewte afrikanische Frau)

Der Afrosalon der Besitzerin Maria wird von zwei unterschiedlichen Akteursgruppen mit jeweils differenten Erwartungshaltungen aufgesucht. Maria kategorisiert diese beiden Gruppen in deutsche und afrikanische Gäste. Während bei deutschen Gästen der zweckgebundene Aufenthalt im Salon dominiert, der sich in Nachfragen nach speziellen Frisierdienstleistungen oder dem Kauf von Perücken und Accessoires zeigt, suchen afrikanische Frauen und Männer den Salon neben dem Wunsch nach Aufrechterhaltung spezifischen afrikanischen Hairstylings und dem Einkauf spezieller Produkte aus sozialen Beweggründen auf. Der Salon fungiert besonders für Neuankömmlinge in der Stadt als wichtiger sozialer Raum, um Verbindungen zu anderen Afrikanern zu initiieren. Die Opportunität eines solchen Networkings wird durch die einfache Zugänglichkeit der Lokalität zwecks eines Einkaufsbesuches begünstigt.

Die unter Afrikanern in der Stadt bekannte Besitzerin kann neu Ankommenden aufgrund ihres langjährigen Aufenthalts in Deutschland vielfältige Hilfestellungen geben und neben Orten zum Ausgehen ebenso weitere Personen benennen, die bei auftretenden Problemen hilfreich sein können. Sie übernimmt die Rolle einer Vermittlerin und ist gleichzeitig selbst Problemlöserin.

3. Gemeinschaftsformierung

Ja, die Maria hab ich so zufällig getroffen; ich wollte meine Haare machen lassen und dann hab ich einen Afrosalon gesucht. Dann bin ich bei Maria gegangen; so haben wir uns kennen gelernt (Interviewte afrikanische Frau).

Der territoriale Ort des Afrosalons stellt eine von der Besitzerin mit ihrer Saloneröffnung geschaffene Gelegenheit für Kontaktknüpfungen zwischen afrikanischen

Salonbesuchern dar. Er fungiert als Anlaufstelle für Afrikaner, die den Salon aus sozialen wie ökonomischen Gründen aufsuchen. Durch ihr Aufeinandertreffen aus den verschiedensten Motivationen gestaltet sich ein interaktiver Austausch, der durch die gesellschaftlichen Rahmungen und Biographien der Akteure beeinflusst ist und in einem Aufbau von informellen sozialen Netzwerkbeziehungen resultiert.

3.1 Impulse zur Gemeinschaftsformierung

Um die Gewichtigkeit des Salons als sozialer Raum des Networkings tatsächlich erfassen zu können, ist es notwendig, den Blick auf die Lebenssituation seiner afrikanischen Besucher zu lenken.

Die Basis der Gemeinschaftsformierung stellt die verbindende Herkunft aus den verschiedensten afrikanischen Ländern dar. Während Humboldt bei Afrikanern in Köln eine starke Differenzierung der Treffpunkte nach den jeweiligen Herkunftsländern der Akteure beobachtet (vgl. Humboldt 2006, S. 101, 108), wird Marias Salon regelmäßig von Personen aus acht unterschiedlichen Ländern Afrikas aufgesucht, was mit der ländlichen Gegend des Untersuchungsraumes und der vergleichsweise niedrigen Anzahl afrikanischer Migranten in der spezifischen Stadt zusammenhängen kann. Diese Umstände wirken einer Aufspaltung der Akteure in mehrere Einzelgruppen entgegen. Ein afrikanischer Besucher veranschaulicht zudem:

der Shop schaffe „african unit", man könne hier einfach gut „rumhängen" und quatschen. Er selbst komme auch ab und an einfach so vorbei. Er meint, das genau sei es, es sei egal, aus welchem Land man komme, man gehöre zu Afrika, das würde verbinden (Protokollauszug).

Die Differenz der Einzelländer wird mittels des Begriffs „african unit" relativiert, der den Zusammenhalt der afrikanischen Gemeinschaft umschreibt. Die Herkunft vom afrikanischen Kontinent ermöglicht ein gemeinsames Identitätsgefühl. Die Gruppenmitglieder fühlen sich einander *zugehörig*. Das Gefühl von Zugehörigkeit wird durch die Treffen im Afrosalon verstärkt. Es formiert sich eine afrikanische Gemeinschaft. „Die Betonung der bewusst wahrgenommenen Verbindung zu Afrika ist insofern interessant, als Afrika zwar einen gemeinsamen Ursprungsort darstellt, aber dennoch nicht als ahistorische natürliche Verbindung per se wahrgenommen werden darf. Dies geschieht erst durch den bewussten Akt, diese Verbindung zu reflektieren und [...] folglich in die Identität der Gemeinschaft zu integrieren" (Mayrhofer 2003, S. 57). Die gemeinschaftliche Identitätsstiftung des Afrikanerseins ist vor dem Hintergrund kollektiver Erfahrungen wie eines gemeinsamen Lebensmusters der geographischen Mobilität zwischen afrikanischen Ländern und Deutschland sowie den Erfahrungen von Benachteiligung und Diskriminierung in der Residenzgesellschaft zu sehen. Diskriminierung bei der Suche nach einer Arbeitsstelle, in der Fahrschule oder Bloßstellungen auf der Arbeit stellen nur einige Facetten hiervon dar. Eindringlich tauschte sich Maria über die Demütigungen, denen ihre Tochter in der Schule ausgesetzt ist, mit anderen im Salon anwesenden Akteuren aus. Jene rassistischen Erfahrungen resultieren bei den afrikanischen Frauen und Männern in einer Selbstwahrnehmung als die Anderen, als Ausländer. „Migranten unterliegen [...] der Macht der einheimischen Bevölkerung, von ihnen als Nichtdazugehörige behandelt zu werden" (Gontovos 2000, S. 109). Eine afrikanische Interviewte verdeutlicht ihr Selbstbild von Nichtzugehörigkeit in folgender Weise:

> *Ausländer, it depends if you are white, black, if you are foreigners* (Interviewte afrikanische Frau).

Die Selbstbezeichnung als „Ausländer" und „Fremde" illustriert das Erleben von Fremdheit und Ausgrenzung der Interviewten und führt zu einer verstärkten Identifikation mit anderen Migranten, insbesondere mit anderen Afrikanern. Durch diesen Erfahrungshorizont wird der starke Wunsch nach Gemeinschaft im Afrosalon nachvollziehbar. In ihm finden afrikanische Frauen und Männer einen Rückzugsraum von der ihnen teilweise abweisend gegenüberstehenden Residenzgesellschaft sowie jene Anerkennung, die ihnen außerhalb dieses Raumes oftmals verwehrt bleibt.

Die Akteure im Salon verfügen zudem über transnationale soziale Netzwerke, da Teile ihrer Familien noch in den Herkunftsländern leben. Die physische Trennung von der Familie im Alltag erklärt den Wunsch nach Gemeinschaft aus einem weiteren Blickwinkel. Zwar telefonieren die afrikanischen Frauen und Männer in der Regel einmal wöchentlich „back at home" und verbringen im Falle ausreichender finanzieller Ressourcen ihren Jahresurlaub im Herkunftsland, dennoch hinterlässt die geographische Trennung von der Familie eine Lücke im Alltag in Deutschland und verstärkt -wie die rassistischen Erfahrungen in der Residenzgesellschaft- den Wunsch nach sozialen Kontakten vor Ort, im lokalen Nahraum.

3.2 Wunsch nach Gemeinschaft

Zahlreiche Akteure suchen den Salon daher regelmäßig auf, um Kontakte mit Dritten in analogen Lebenslagen aufrechtzuerhalten. Eine Vielzahl differenter Verhaltensmuster bringt in diesem Zusammenhang den Wunsch afrikanischer Frauen und Männer nach Gemeinschaft zum Ausdruck.

Seitens der Besitzerin äußert sich der Wunsch nach Gemeinschaft in der Bereitstellung von Sitzmöglichkeiten wie der symbolträchtigen großen Couch in der Mitte des Salons und den an verschiedenen Stellen positionierten Stühlen. Darüber hinaus hat sie einen Kühlschrank aufgestellt, um ihre Gäste mit Getränken versorgen zu können. Hier wird zum einen die Nähe zum Gastgewerbe deutlich, zum anderen hat die Besitzerin Maria eine heimische Atmosphäre in ihrem Salon geschaffen, die dazu beiträgt, dass afrikanische Frauen und Männer den Salon zum längeren Verweilen besuchen können, ohne etwas zu kaufen oder eine Dienstleistung in Anspruch zu nehmen. *Seitens dieser Besucher* manifestiert sich ihr Wunsch nach Gemeinschaft in häufigen Salonbesuchen ohne das Vorhandensein einer Kaufabsicht.

3.3 Verlängertes Wohnzimmer und offene Küche

Gespräche zwischen afrikanischen Besuchern stellen eine der Hauptaktivitäten im Salon dar. Darüber hinaus wird ersichtlich, dass geknüpfte Kontakte über den Afrosalon hinausreichen. Dies zeigt sich anhand des Transfers von Telefonnummern. Kontakte werden nicht nur oberflächlich, sondern mit der Intention eines erneuten Treffens geknüpft, was ebenso an gemeinsamen Bar- und Partybesuchen nach Ladenschluss ersichtlich wird. Genauso werden Verabredungen für das Wochenende beschlossen. Hier dient der Salon als Ausgangspunkt gemeinsamer Aktivitäten und erstreckt sich als sozialer Raum über seinen territorialen Flächenraum hinaus.

Eine andere Komponente von Gemeinschaft lässt sich im gemeinsamen Essen afrikanischer Frauen und Männer im Salon erkennen: Es stellt für jene Akteure ein verbindendes Ritual dar, das aufgrund der physischen Trennung von den Familien in den Herkunftsländern den Zusammenhalt der Gemeinschaft bestärkt und verdeutlicht, wie familiengenuine Praktiken stattdessen in der afrikanischen Gemeinschaft vor Ort ausgelebt werden (vgl. Adamavi-Aho Ekué 2003, S. 83). Das gemeinsame Essen afrikanischer Speisen kann als stabiler Faktor im sonst von Veränderungen geprägten Leben der Akteure charakterisiert werden und führt dazu, dass das Gefühl eines festen Kollektivs entsteht: „The stability of food systems is still a general characteristic of human communities" (Mintz 2003, S. 23). Der Salon übernimmt die Funktion einer großen und offenen Küche. Paradox erscheint, dass Maria dennoch erklärt, in ihrem Salon kein Essen anbieten zu wollen, damit Akteure diesen nicht ausschließlich zum Speisen aufsuchen:

Maria nimmt das Gespräch über andere Afroshops derweil wieder auf und erwähnt mit Blick auf ihr Essen, dass es in anderen Shops ja auch Essen zum Verkauf gebe. Sie mache das aber in ihrem eigenen Geschäft nicht, damit nicht zu viele Leute nur deshalb kämen und dann kein Raum mehr für das eigentliche Geschäft bleibe (Protokollauszug).

Der Protokollauszug verdeutlicht die Differenz zwischen der Gemeinschaft zugehörigen Akteuren und Außenstehenden. Während Gemeinschaftsmitglieder selbstverständlich zum gemeinsamen Speisen willkommen geheißen werden, bleibt das gemeinsame Essen Außenstehenden verwehrt. Das informelle Angebot eines Gerichts ist somit ein Symbol von Zugehörigkeit zu der lokalen Gemeinschaft, die sich im Salon trifft. An dieser Stelle kann der Scheinwiderspruch der Aussage Marias, kein Essen im Salon anzubieten, zu den gegensätzlichen Beobachtungen gemeinsamen Speisens aufgehoben werden: Da die Einladung von Freunden zum Essen für Maria eine Selbstverständlichkeit darstellt, erwähnt sie diesen Umstand in ihrer Aussage nicht, sondern verweist lediglich auf jene Personen, welche dem intimen Kreis nicht zugehören und den Salon alleinig zum Einkauf und einem Hairstyling aufsuchen sollen.

3.4 Zugehörigkeit

Die Gemeinschaftsformierung weist infolgedessen in ihrer integrierenden Facette gleichzeitig ihre Exklusivität auf. Nicht jede afrikanische Person ist unweigerlich in die lokale Gruppe eingegliedert. Die Zugehörigkeit zur Gemeinschaft ergibt sich aus der Bereitschaft, Investitionen in die Gruppe vorzunehmen. Als Investition werden neben dem regelmäßigen Salonbesuch zwecks der Stärkung von Gemeinschaft und der Demonstration von Interesse am Gemeinschaftsleben desgleichen gegenseitige informelle soziale Unterstützungsleistungen angesehen. So gilt es als normatives Prinzip, sich mit den Belangen anderer auseinanderzusetzen und entsprechend der eigenen Möglichkeiten Unterstützungsangebote zu unterbreiten. Die Verwehrung reziproker Hilfen kann auf der anderen Seite zu einem Ausstoß aus der Gruppe führen. Die Erbringung gegenseitiger Unterstützungsleistungen setzt mit der Offenlegung persönlicher Problemlagen gegenseitiges Vertrauen und Offenheit voraus. Eine Interviewte führt aus, dass die Einhaltung insbesondere des Prinzips der Offenheit gleichzeitig den Zugang zu der lokalen afrikanischen Gemeinschaft bestimmt. Dies zeigt sich in der Abwertung von Personen, die diesem Prinzip nicht gerecht werden:

they say: look at this lady, she always makes as if she don't know somebody, she don't greet, you know, she's not good (Interviewte afrikanische Frau).

Afrikaner, die sich der afrikanischen Gemeinschaft in der Stadt entziehen, gehen das Risiko ein, von anderen Afrikanern abgewertet zu werden. Die Interviewte beurteilt ein solches distanziertes Verhalten als unfreundlich und ignorant. Mit dem Ausdruck „she's not good" weist sie auf das mit dem verschlossenen Verhalten einhergehende Bild eines schlechten Menschen hin. Das Deutungsmuster „Offenheit = guter Mensch; Verschlossenheit = schlechter Mensch" ist binär strukturiert und pointiert, dass in die Gemeinschaft integrierte, offenherzige Frauen und Männer ein hohes Ansehen genießen und in der Folge auf die gemeinschaftlichen Ressourcen des Unterstützungsnetzwerks zurückgreifen können. Jene der Gemeinschaft zugehörigen Akteure offenbaren ihren Status in kollektiven Zugehörigkeitssymbolen. In die Gemeinschaft integrierte Frauen begrüßen sich mit Wangenküsschen und Umarmungen und werden ebenso von der afrikanischen Gemeinschaft zugehörigen Männern, die sich untereinander mit Handschlag begrüßen, empfangen.
Auch in verbalen Äußerungen werden Ausdrücke von Zugehörigkeiten zu der im sozialen Raum ansässigen Gemeinschaft sichtbar. Die üblicherweise gegenüber Familienmitgliedern verwendeten Bezeichnungen als „brother" oder „sister" bekommen im Zusammenhang mit der durch die transnationale Lebensweise einhergehenden Trennungen von den Familien eine zusätzliche Konnotation: Sie verdeutlichen die Funktion der Gemeinschaft als Familienersatz.

Die Differenz zu nicht der Gemeinschaft angehörigen Salonbesuchern markiert sich im Siezen jener außerhalb des sozialen Gemeinschaftsraumes agierenden Gäste. Durch die Formalität des Siezens wird die bestehende Distanz zwischen den Akteuren und damit das reine Dienstleister-Kunden-Verhältnis betont. Während sich die der Gemeinschaft zugehörigen afrikanischen Frauen und Männer in der Tiefe des sozialen Raums bewegen, schreiten Kunden an der Oberfläche. Weiter bewegen sie sich zurückhaltender, während Akteure der Gemeinschaft über einen selbstverständlichen Umgang mit den im Salon vorhandenen Objekten verfügen: Dies demonstriert sich in der gewisslichen Bedienung des Fernsehers und der Musikanlage sowie des Besuchs der Toilette ohne vorheriges Nachfragen. Das automatisierte Platzieren auf der Couch nach Betreten des Salons oder einem freistehenden Stuhl drückt das von den Akteuren internalisierte Gefühl des im Salon Beheimatetseins aus.

4. Das informelle soziale Unterstützungsnetzwerk afrikanischer Frauen als Bewältigungsnetzwerk

Keep good with everybody, that is important, you know. You can help each other with papers, jobs, everything! (Interviewte afrikanische Frau)

Die aufgezeigten geschlechtsheterogenen Gemeinschaftsaktivitäten des gemeinsamen Essens, sich Unterhaltens und Ausgehens werden von den afrikanischen Frauen darüber hinaus durch ein genuines geschlechtshomogenes Unterstützungsnetzwerk ergänzt. In Abwesenheit afrikanischer Männer findet zwischen ihnen ein reflexiver Problemaustausch statt.

4.1 Rückzugsraum vor deutschen Ehemännern

Ein wesentliches Gesprächsthema der Frauen im Salon stellen Konflikte mit ihren deutschen Ehemännern dar. Hierin kommt immer wieder zum Vorschein, dass deutsche Männer die sozialen Netzwerke ihrer Frauen mit Argwohn betrachten und nach deren sozialer Isolierung bestreben, um sie so stärker an sich zu binden. Viele der afrikanischen Frauen entscheiden sich trotz negativer, auch gewaltvoller Erfahrungen mit ihren Männern zu einer erneuten Beziehung mit einem anderen deutschen Mann oder verbleiben in der unglücklichen Ehe. Dieses Verhalten wird mit der Absicherung des aufenthaltsrechtlichen Status durch eine Ehe mit einem Deutschen und der damit einhergehenden abgesicherten Versorgung der Kinder erklärt. Hierin lassen sich zahlreiche potentielle Probleme für eine deutsch-afrikanische Ehe vermuten: Sehen Frauen den deutschen Mann als Versorger und Sicherheit, in Deutschland bleiben zu können an, ergibt sich hieraus bereits ein Machtungleichgewicht. Der sich als der „Gebende" fühlende deutsche Mann stellt im Nachhinein oftmals Erwartungen in Form von gewünschten Gegenleistungen an die afrikanische Frau. Dieses Machtungleichgewicht wird durch die deutsche Gesetzgebung zu Lasten der Frau noch verschärft: Im Falle einer Trennung vor dem zweijährigen Ehebestehen, müssen afrikanische Frauen um ihr Aufenthaltsrecht in Deutschland bangen (vgl. http://www.dejure.org/gesetze/AufenthG/31.html). Dies kann dazu führen, dass Frauen zu Lasten ihrer psychischen und physischen Gesundheit in einer belastenden Ehe verbleiben. Zwar wird im Gesetz auf eine Härtefallregelung hingewiesen, allerdings befinden sich afrikanische Frauen in der Beweispflicht über unzumutbares

Verhalten des Ehemannes, wie die Anwendung von Gewalt, welche sie oftmals nicht erbringen können.

Aufgrund der Brisanz der deutsch-afrikanischen Ehekonstellationen erfährt der scherzhafte Einwand Marias beim Betreten des Salons durch ihren deutschen Ehemann eine besondere Konnotation:

> *„No husbands in african shop"* (Protokollauszug)

Während der gesamten sechsmonatigen Feldforschung konnte lediglich zweimal die Anwesenheit des deutschen Ehemannes der Besitzerin im Salon beobachtet werden. Deutsche Ehemänner afrikanischer Besucherinnen betraten den Salon zu keinem Zeitpunkt. Hier wird sichtbar, dass der soziale Raum als Schutz- und Rückzugsraum vor deutschen Männern fungiert. Deutsche Männer fügen sich dieser Gegebenheit, indem sie den Salon tatsächlich *nicht* aufsuchen. Es liegt die Vermutung nahe, dass sie diesen aufgrund ihrer Minderheitenrolle im Salon meiden, um potentiellen Konfrontationen, die Bezug auf ihr Verhalten in der Ehe nehmen, zu entgehen.

4.2 Die Salonbesitzerin als Ratgeberin und Bezugsperson

Eine weitere intime Form emotionaler Unterstützung im Frauennetzwerk zeigt sich im Umgang mit besonders tragischen und belastenden Ereignissen. Die Salonbesitzerin Maria spendet in diesen Fällen intensiven Trost und ist aufgrund der Präsenz in ihrem Salon zugänglich und verfügbar. Im Falle des tragischen Todes einer jungen sans-papiers wurde im Salon durch das Auslegen von Totenzetteln, das Aufstellen von Kerzen und die gemeinsame Aufarbeitung des Geschehens ein Trauerraum formiert. Zudem stand Maria ihrer Mitarbeiterin, die ein inniges Verhältnis zu der Verstorbenen aufgebaut hatte, am Tag der Trauerzeremonie wie auch im Vorfeld außerhalb des Salons zur Seite.

Maria fungiert, wie hier ersichtlich wird, ebenso jenseits des Salons als wichtige Bezugsperson. Sie verfügt über besondere empathische Fähigkeiten und eine hohe Problemlösekompetenz, die unter anderem auf ihren über zehnjährigen Aufenthalt in Deutschland zurückzuführen ist: Im Gegensatz zu vielen Neuankömmlingen in der Stadt kennt sie sich mit unzähligen Gegebenheiten in Deutschland sowie potentiellen Problemen aus und hat aus diesem Grund einen hohen Wert als Ratgeberin. Da sie selbst als afrikanische Migrantin nach Deutschland eingereist ist, kann sie sich besonders mit den Problemlagen afrikanischer Frauen identifizieren, was ihre Anteilnahme an deren Leben erklärt.

Maria äußert auf der anderen Seite, dass Sie sich oftmals ausgenutzt fühlt, wenn ihre Unterstützung keinerlei Reziprozität mit sich führt und afrikanische Akteure alleinig an ihrem Wissen und kurzweiliger Unterstützung, nicht aber an ihrer Person und der afrikanischen Gemeinschaft im Salon interessiert sind.

4.3 Praktisch-instrumentelle Unterstützung

Neben Formen emotionaler Unterstützung zirkulieren zwischen den afrikanischen Frauen praktisch-instrumentelle Hilfen, die sich insbesondere in der gegenseitigen Vermittlung förderlicher Kontakte zu Anwälten, potentiellen Arbeitgebern und kompetenten Ansprechpartnern in behördlichen Fragen zeigen. Die Salonbesitzerin Maria verfügt in diesem Zusammenhang über ein ausdifferenziertes Netzwerk nützlicher Verbindungen, von welchen andere Akteure profitieren, indem sie an Marias Netzwerk angeschlossen werden. Marias ausdifferenzierte Kontakte werden auch daran deutlich, dass sie afrikanischen Frauen bei der Einreise nach Deutschland und der Orientierung vor Ort behilflich ist. Vorübergehend lässt sie Neuankömmlinge in ihrer eigenen Wohnung unterkommen. Ebenso stellt sie in ihrem Salon einen medialen Orientierungsraum zur Verfügung. Afrikanische Besucher können Internet und Telefon zu persönlichen Zwecken wie der Suche nach einer Arbeitsstelle unentgeltlich nutzen. Maria empfängt im Gegenzug zu ihren Unterstützungsleistungen kleinere Gefälligkeiten wie die Hilfe beim Anbringen und Drehen von Dreadlocks für Kunden.

Prinzipiell kann Maria als Ankerpunkt des Unterstützungsnetzwerkes betrachtet werden, indem sie ihren Salon und ihr Wissen Dritten in Form eines Ermöglichungsraumes zugänglich macht. Besonders deutlich wird dies daran, dass Marias Salon ebenso die Funktion eines informellen Kinderhortes inne hat. Marias afrikanische Mitarbeiterin hat die Möglichkeit, ihre beiden Kinder während ihrer Arbeitszeit mit in den Salon zu bringen. Während die Kinder von Maria und anderen Gästen betreut werden, kann die Mitarbeiterin ungestört ihrer Tätigkeit nachkommen. Auch Kindern anderer Frauen gewährt Maria Obhut, wenn jene Mütter wichtige Termine wahrnehmen müssen und die Betreuung der Kinder in diesem Zeitraum anderenfalls nicht gewährleistet wäre. Ihren Salon hat Maria in der Positionierung von Decken, Spielzeug und einer Windelbox demgemäß an die Bedürfnisse der Kinder angepasst.

4.4 Externe Unterstützung

Der Rückgriff afrikanischer Frauen auf ihr eigenes informelles soziales Unterstützungsnetzwerk innerhalb der afrikanischen Gemeinschaft im sozialen Raum ist mit der Unwissenheit über externe Unterstützungseinrichtungen und -stellen wie auch mit der Skepsis gegenüber formellen deutschen Beratungsstellen und Institutionen zu erklären. Eine afrikanische Frau expliziert, dass Afrikaner aufgrund des gewohnten Rückgriffs auf informelle Hilfen und dem Fehlen eines Hilfesystems in vielen der Herkunftsländer mit keinerlei externer Unterstützung in Deutschland rechnen:

> *Dann sagt sie, dass sie denkt, dass Ausländer generell nicht wüssten, wo sie sich hinwenden können bei Problemen. Sie sei aus Kenia, dort gäbe es ein solches System nicht. Daher würde man oft gar nicht an externe Unterstützung denken. Sie verstehe nicht, warum solche Einrichtungen nicht große Plakate in der Stadt aufhängen würde* (Protokollauszug).

Die Unwissenheit über externe Hilfeeinrichtungen sowie die oftmals negativen Erfahrungen mit der Residenzgesellschaft führen dazu, dass Afrikaner informelle Unterstützung in ihrem genuinen Unterstützungssystem innerhalb der eigenen Gemeinschaft suchen.

4.5 Bewältigung im informellen sozialen Unterstützungsnetzwerk

Die afrikanische Gemeinschaft im Afrosalon stellt „eine Art 'Infrastruktur' für die Produktion und die Verteilung verschiedener Unterstützungsleistungen" (Diewald 1991, S. 59) dar. Sie dient als Ermöglichungsraum von Bewältigungsprozessen und als Ersatz für fehlende externe und familiäre Unterstützung. Die informelle soziale Unterstützung im sozialen Raum unterscheidet sich resümierend in vierfacher Hinsicht:

Erstens kann die Geselligkeit als Förderung menschlichen Wohlergehens (wellbeing) als Form sozialer Unterstützung identifiziert werden. Durch den geschlechtsheterogenen Raum in seinen gemeinschaftsstiftenden Funktionen als „verlängertes Wohnzimmer" und „Küche" erfahren afrikanische Frauen und Männer eine Steigerung ihres Wohlbefindens, da sie nicht sozial isoliert sind oder ihre soziale Isolation im sozialen Raum überwinden können und gerade in ihrer Lage eines Lebens zwischen zwei Welten einen Ruhepol und stetige Bezugspersonen finden. In diesem geselligen Raum werden darüber hinaus rassistische Erfahrungen aufgearbeitet.

Zweitens wird die Trennung von den Herkunftsländern kollektiv im geschlechtsheterogenen Raum durch gemeinschaftliche und kulturerhaltende Aktivitäten wie das Konsumieren afrikanischer Musik und die Erhaltung und Weitergabe afrikanischen Hairstylings bewältigt.

Drittens werden im frauenspezifischen Unterstützungsnetzwerk Formen emotionaler und praktisch-instrumenteller Unterstützung sichtbar. Zum einen werden intime, teilweise über den Erfahrungsraum afrikanischer Männer hinausreichende frauenspezifische Probleme unter Frauen alleine ausgemacht; zum anderen können Problemlagen aufgrund der nicht gewollten Intimität zwischen Mann und Frau nicht im geschlechtsheterogenen Raum besprochen werden, da dies gegen gültige Normen und Werte verstoßen würde.

In wenigen Fällen greifen *–viertens–* auch afrikanische Männer auf Formen praktisch-instrumenteller Unterstützung im von Frauen etablierten Unterstützungsnetzwerk zurück, da damit nicht in dem Maße, wie im Rückgriff auf emotionale Unterstützung, die Offenlegung von Intimitäten verbunden ist. „Das größere emotionale Engagement von Frauen in ihren engen Beziehungen führt dazu, daß sie weit mehr als Männer selbst Ansprechpartner bei persönlichen Problemen sind" (Diewald 1991, S. 113). Für Frauen scheint „gerade die Suche und die Annahme von sozialer Unterstützung [bedeutsam zu sein]. Während Männer mehr kognitiv aktive Problembearbeitung zeigen und sozialisationsbedingt gehemmt' im Eingestehen von Problemen, Reden über Gefühle und Suchen nach, sowie Annahme von Fremdhilfe scheinen, nehmen Frauen signifikant mehr zur Verfügung stehende Unterstützungsmöglichkeiten wahr" (Nestmann 1988, S. 97).

Abb. 1: Informelle soziale Unterstützung im sozialen Raum

5. Der soziale Raum im Afrosalon in der Netzwerkperspektive

From there I got connected with a lot of different people (Interviewte afrikanische Frau).

In diesem Kapitel wird zusammenfassend unter stärkerer Einbeziehung der Netzwerkperspektive zwischen positiven und negativen Bedeutungsmustern des sozialen Gemeinschaftsraums im Afrosalon für die informellen sozialen Netzwerke seiner afrikanischen Besucher differenziert. Afrikanische Frauen und Männer haben ein *ge-*

schlechtsheterogenes Gemeinschaftsnetzwerk im Salon etablieren können. Darüber hinaus haben afrikanische Frauen ein *geschlechtshomogenes Unterstützungsnetzwerk* zur Bearbeitung frauenspezifischer Probleme formiert, in dessen Zentrum die Salonbesitzerin Maria als Ratgeberin, Vermittlerin und „Ersatzdienstleisterin" fungiert. Dieses informelle soziale Unterstützungsnetzwerk stellt afrikanischen Akteuren informelle soziale Unterstützung zur Bewältigung ihrer transnationalen Lebensweise zur Verfügung, wenn sie ihrerseits dazu bereit sind, Investitionen in das Gemeinschaftsnetzwerk vorzunehmen.

5.1 Positive Auswirkungen des Gemeinschaftsnetzwerks

Der soziale Raum wirkt sich dann dahingehend positiv auf die informellen sozialen Netzwerke seiner afrikanischen Besucher aus, als er diese an ein afrikanisches Gemeinschaftsnetzwerk auf der Mesoebene anschließt und somit die Erweiterung der informellen Kontakte der Akteure ermöglicht. Der soziale Raum übernimmt durch das in ihm aufgebaute afrikanische Netzwerk die Funktion eines *Gegenpols zu sozialer Isolation*. Durch den Afrosalon als *Begegnungsraum* formieren afrikanische Akteure ein informelles soziales Gemeinschaftsnetzwerk vor dem Hintergrund ihrer biographischen Erfahrungen im gesellschaftlichen Kontext. Sie suchen nach einem Ersatz für ihre zurückgebliebenen Familien in den Herkunftsländern, nach neuen Kontakten in einem neuen Land und der Möglichkeit des *Rückzugs* aus einer ihnen teilweise abwertend gegenüberstehenden Residenzgesellschaft. Die Entwicklung des Gemeinschaftsnetzwerkes stellt etwas Neues, einen neuen sozialen Raum dar. Damit ist zum einen gemeint, dass das Netzwerk als *selbst geschaffenes System der Akteure* Ausdruck von Handlungsmächtigkeit ist, zum anderen muss betont werden, dass es eine Reaktion auf die die Akteure umgebene Umwelt wie auf ihre eigenen Erfahrungen darstellt und damit zugleich nach Aufrechterhaltung und Verstärkung von Handlungsmächtigkeit strebt.

5.2 Negative Auswirkungen des Gemeinschaftsnetzwerks

Fehlende Reziprozität sozialer Unterstützung führt, wie die Salonbesitzerin Maria betont, zu einer starken Belastung und einem Gefühl des Ausgenutztwerdens. Hier wird ersichtlich, dass das Ausbleiben einer selbstverständlich erwarteten Unterstützung noch zu einer Verschlimmerung der akteursspezifischen Situation beitragen kann.
Ebenso kann informelle soziale Unterstützung negative Folgen haben, wenn bei schwerwiegenden Problemen und Ausschöpfung aller Ressourcen im Netzwerk das Aufsuchen Professioneller aufgeschoben oder nicht in Anspruch genommen wird, da ausschließlich das eigene Netzwerk vertrauenswürdig erscheint. Dies führt zu einer Verhinderung der Inanspruchnahme potentieller Hilfen und zu einer andauernden Notlage des Akteurs. Bei den afrikanischen Frauen und Männern konnte entsprechend eine aus ihren Erfahrungen mit Deutschland resultierende hohe Skepsis gegenüber externen Hilfestellen festgestellt werden. Mögliche Informationen stehen ihnen aufgrund ihres Nichtbesuchs dieser nicht zur Verfügung. Das Fehlen profes-

sioneller Hilfen wirkt sich besonders in scheiternden Ehen zwischen afrikanischen Frauen und deutschen Männern aus, wenn afrikanische Frauen nicht um ihre Rechte hinsichtlich des Lösens aus einer Gewaltbeziehung oder ihres aufenthaltsrechtlichen Status wissen und daher in einer Gewaltbeziehung verbleiben oder in die Unsicherheit einer papierlosen Existenz in Deutschland eintreten. Diese Beispiele demonstrieren, wie die Ablehnung externer Hilfe auch zu Ohnmacht und Abhängigkeit führen kann. Nestmann betont aus diesem Grund das Ideal eines Neben- und Miteinanders informeller wie formeller Unterstützungsleistungen (vgl. Nestmann 1988, S. 317, 325).

Fuhse weist weiter auf das Risiko eines gänzlichen Rückzugs von Migranten in ihre eigenethnischen Netzwerke hin, der sie an einem Aufstieg im Residenzland hindern kann (vgl. Fuhse 2008, S. 86). Es besteht die Gefahr der Entstehung einer gesondert innerhalb der Residenzgesellschaft existierenden und nicht an deren Ressourcen partizipierenden Parallelwelt.

Für den untersuchten Afrosalon kann allerdings konstatiert werden, dass trotz negativer Erfahrungen mit der Residenzgesellschaft eine prinzipielle Offenheit aufrechterhalten wird. Das zeigt sich an der Integration zweier deutscher Frauen in die afrikanische Gemeinschaft wie an den von Maria unterhaltenen Kontakten zu Besitzern anderer deutscher Geschäfte und der Integration meiner Person in das Gemeinschaftsleben im sozialen Raum. Um afrikanische Akteure dennoch umfassender an den Ressourcen der Residenzgesellschaft teilhaben zu lassen, müssen Barrieren wie ein strukturell verankerter Rassismus zu überwinden gesucht werden.

6. Chancen für die Soziale Arbeit

„Es müssten die sozialen Strukturen und Handlungspraktiken und die darin enthaltenen Handlungsoptionen in den Mittelpunkt gerückt werden, so dass die subjektive Handlungsmacht sozial und politisch abgesichert und darüber gestärkt werden kann" (Homfeldt; Schröer; Schweppe 2007, S. 247).

An dieser Stelle sollen nun einige *allgemeine* Implikationen für die Soziale Arbeit auf disziplinärer wie professioneller Ebene herausgestellt werden. Ziel ist es, den Blick hin zum Akteur mit seinen Ressourcen zu öffnen. Hierzu bedarf es eines Umdenkens. Aus diesem Grund werden an dieser Stelle die sich für die Disziplin ergebenen Chancen durch ethnographische, netzwerk- und sozialraumbezogene Forschung reflektiert sowie die Gestaltung von Ermöglichungsräumen für die Profession.

6.1 Chancen für die Disziplin

„Das Netzwerkkonzept schließt [...] die bisherige Lücke zwischen primären Bezugspersonen, unmittelbarer Umwelt und größeren gesellschaftlichen Strukturen mit ihren Entwicklungseinflüssen und verweist neben der reaktiven auf die aktive Seite der Auseinandersetzung mit sozialer und natürlicher Umwelt und deren Aneignung wie Gestaltung" (Nestmann 1989, S. 110). In der Ergänzung um die Erforschung

von sozialen Räumen bietet sich die Chance, Raumgestaltung durch Akteure in ihren gesellschaftlichen Bedingungen und persönlichen Motivebenen zu untersuchen. Ein solches Verfahren hebt damit einseitige mikro-, meso- oder makrostrukturelle Forschungen auf und bietet ein Ebenen verbindendes Forschungsparadigma an.
Soziale Arbeit kann folglich die Frage stellen, in welcher Weise Handlungsmächtigkeiten in der Konstituierung sozialer Räume geschaffen werden können und in welchem Verhältnis diese zur Struktur und den sozialen Netzwerken der Akteure stehen. Durch die Abkehr von normativ bewertenden Sichtweisen auf das Alltagsleben von Akteuren „verbindet sich [hiermit] die Hoffnung, die Profession gegen die Übermacht normativer Vorstellungen zu immunisieren" (Friebertshäuser 2008, S. 58). Akteure werden durch diesen Forschungsfokus nicht in ihren Defiziten, sondern in ihrer Handlungsmächtigkeit, d.h. ihren Ressourcen betrachtet.
Diese ressourcenorientierte Sicht kann durch ein ethnographisches Vorgehen untermauert werden, da ethnographische Forschung den Blick auf die Perspektiven und den Alltag der Akteure aus deren Sicht zu öffnen vermag. Pädagogisch-ethnographische Forschung kann somit dazu beitragen, „Fremdes vertrauter werden zu lassen" (Hünersdorf; Maeder; Müller 2008, S. 14). Fremde Lebenswelten „in ihrer Eigenlogik zu verstehen, ist [wiederum] eine zentrale Voraussetzung für pädagogisches Handeln" (Friebertshäuser 2008, S. 58). Der Bezug zur pädagogischen Praxis muss daher als ein indirekter verstanden werden: Ob sich aus den ethnographischen Untersuchungen wie in dieser Studie Ideen für die Praxis ableiten lassen, „bleibt am Ende den Praktikern selbst überlassen" (ebd., S. 59). Die Disziplin leistet eher einen Beitrag dazu, die pädagogische Praxis zu reflektieren statt anzuleiten (vgl. ebd., S. 61). Diese Reflexionsaufgabe erfährt gerade im Zeitalter von Globalisierung und Transnationalisierung gesteigerte Bedeutung. In Folge zunehmender Wanderungsbewegungen und der Vernetzung der Welt via sich rasant entwickelnder Kommunikationstechnologien sowie erleichterten Reisevoraussetzungen rücken differente Kulturen immer näher zusammen (vgl. ebd., S. 50). Pädagogische Felder sind ebenso wie das Alltagsleben der Menschen von dieser Entwicklung beeinflusst, die mittels einer ethnographischen Sozialen Arbeit reflektiert werden kann.

6.2 Chancen für die Profession

Auf professioneller Ebene stellt sich für die Soziale Arbeit die Aufgabe, dem insbesondere in Politik und Medien verbreiteten Bild des „defizitären Migranten" (vgl. Arndt 2006, S. 21) aufgrund der gewonnenen Erkenntnisse durch die Disziplin das Bild des handlungsmächtigen Migranten entgegenzustellen und so Stigmatisierungen abzubauen (vgl. Schneider; Homfeldt 2008, S. 202). Um das negative Bild von Migranten korrigieren zu können, ist es erforderlich, Öffentlichkeitsarbeit zu leisten und wiederkehrend politisch aktiv zu werden. Eine Orientierung für eine derart gefasste Profession kann in dem historischen Studium politischer Sozialer Arbeit bei Jane Addams und Alice Salomon gefunden werden, die Soziale Arbeit seit jeher als politische Gerechtigkeitsprofession definierten (vgl. Addams 1965; Salomon 2004a, 2004b).

Soziale Arbeit, die sich dann aus ihrem Korsett einer für den Wohlfahrtsstaat etablierten Dienstleisterfunktion lösen kann, ist wieder in der Lage, an der Implementierung handlungsermächtigender Strukturen mitzuwirken (vgl. Homfeldt 2004, S. 399f.). Aktuell ist sie als gesetzlich definierte Instanz auf den als problematisch deklarierten Einzelfall hin ausgerichtet. „Eines der Hauptargumente gegen eine kurative, auf den Einzelfall bezogene Praxis Sozialer Arbeit lautet, dass sie ihren Fokus auf die Probleme sozialer, kultureller, gesundheitlicher, politischer und ökonomischer Benachteiligung durch ihre defizitbezogene Sicht auf den Menschen einschränkt und so nicht umfassend handlungsfähig ist" (Schneider; Homfeldt 2008, S. 192). Die gesellschaftlichen Bedingungen von Handlungs*un*mächtigkeit können mittels dieser einseitigen Fokussierung nicht sichtbar gemacht werden, was in der Konsequenz dazu führt, dass die Handlungsmächtigkeit der Akteure nicht angemessen gefördert werden kann. Hier stellt sich nun die Aufgabe der Entwicklung eigener handlungsleitender Visionen (vgl. Rehklau; Lutz 2008), die das gesellschaftliche System nicht stützen, sondern gestalten. Ansatzpunkte finden sich in einer auf „social change" und „social justice" gerichteten Definition Sozialer Arbeit der International Federation of Social Work (IFSW) (vgl. http://www.ifsw.org/p38000279.html).

In Bezug auf die Netzwerkperspektive kann ein solcher, gestaltender Beitrag Sozialer Arbeit in der „Ausweitung größerer sozialer Beziehungssysteme über die Verbreitung von netzwerkförderlichen Einstellungen, Klimata und Voraussetzungen" (Nestmann 1989, S. 118) bestehen, in dem z.B. professionelle und informelle Unterstützungssysteme miteinander verknüpft werden „und schließlich diese Verknüpfung auch auf der Makroebene der politischen und gesellschaftlichen Einflussnahme für bessere Lebensbedingungen und bessere Versorgung der Bevölkerung" (ebd., S.118) resultiert. Soziale Netzwerke bedürfen eines förderlichen Rahmens, eines förderlichen Fundamentes, das es zu gestalten gilt. „Professionelle [...] pädagogische Versorgung muß für diese Grundlagen sorgen, muß da sein, um zu aktivieren, zu fördern, zu ergänzen, ihre Qualitäten mit denen der informellen Hilferessourcen verbinden und die informellen Helfer unterstützen" (ebd., S. 120). Als Idee ist anzumerken, dass Kooperationen mit zentralen Akteuren migrantischer Gemeinschaften, wie mit der Salonbesitzerin Maria denkbar wären, durch welche Gemeinschaftshandeln mit Hilfe der Zuteilung verschiedener Ressourcen gezielt gefördert werden könnte, um deren Aktionsradius und Spielraum zu erweitern.

Zudem muss die Bekämpfung von Rassismus als klare, strukturspezifische Aufgabe Sozialer Arbeit definiert werden. Rassismus führt durch seine strukturelle Verankerung dazu, dass migrantische Akteure nicht gleichberechtigt an der Gesellschaft partizipieren können und durch die Zurückdrängung in eigenethnische Netzwerke an einem Aufbau umfassenderer, heterogener Netzwerke gehindert werden. „Rassismus ist an gesellschaftliche Gegebenheit geknüpft, die sehr widerstandsfähig und resistent [...] sind. Kein individuelles Problem, ist er auch nicht individuell bewältigbar" (Arndt 2006, S. 17).

Prinzipiell lassen sich die gestellten Anforderungen an die pädagogische Praxis demnach als die Gestaltung von Ermöglichungsräumen sowohl auf der Mikro-, wie auch auf der Meso- und Makroebene festhalten. In der Arbeit auf allen Ebenen sind die Akteure in ihren Handlungsmächtigkeiten in Planungen einzubeziehen.

Literatur

Adamavi-Aho Ekué, A., 2003: Soul Sisters. African Women's Presence in Germany and the Impact of Religious Resources in Transitional Situations. In: Böll, V./ Günther, U./Hemshorn de Sánchez, B. et al. (Hrsg.).: Umbruch – Bewältigung – Geschlecht. Genderstudien zu afrikanischen Gesellschaften in Afrika und Deutschland. Münster, S. 81-89

Addams, J., 1965: The Larger Aspects of the Women´s Movement. In: Lasch, Ch. (Hrsg.): The Social Thought of Jane Addams. Indianapolis/ New York/Kansas City, S. 151-162

Arndt, S., 2006: Impressionen, Rassismus und der deutsche Afrikadiskurs. In: Arndt, S. (Hrsg.): AfrikaBilder. Studien zu Rassismus in Deutschland. Münster, S. 9-45

Behnken, I./Lutz, M./Zinnecker, J., 1997: Narrative Landkarten. Ein Verfahren zur Rekonstruktion aktueller und biographisch erinnerter Lebensräume. In: Friebertshäuser, B./Prengel, A. (Hrsg.): Handbuch Qualitative Forschungsmethoden in der Erziehungswissenschaft. Weinheim/München, S. 414-435

Diewald, M., 1991: Soziale Beziehungen: Verlust oder Liberalisierung? Soziale Unterstützung in informellen Netzwerken. Berlin

Friebertshäuser, B., 2008: Vom Nutzen der Ethnographie für das pädagogische Verstehen. Vorläufige Antworten und offene Fragen. In: Hünersdorf, B./Maeder, Ch. et al. (Hrsg.): Ethnographie und Erziehungswissenschaft. Methodologische Reflexionen und empirische Annäherungen. Weinheim/München, S. 49-64

Fuhse, J., 2008: Netzwerke und soziale Ungleichheit. In: Stegbauer, Ch. (Hrsg.): Netzwerkanalyse und Netzwerktheorie. Ein neues Paradigma in den Sozialwissenschaften. Wiesbaden, S. 79-90

Girtler, R.[4], 2001: Methoden der Feldforschung. Wien/Köln/Weimar

Gontovos, K., 2000: Psychologie der Migration. Über die Bewältigung von Migration in der Nationalgesellschaft. Hamburg

Homfeldt, H.G./Schröer, W./Schweppe, C., 2007: Transnationalisierung Sozialer Arbeit. Transmigration, soziale Unterstützung und Agency. In: neue praxis. Zeitschrift für Sozialarbeit, Sozialpädagogik und Sozialpolitik. 37. Jg., S. 239-249

Homfeldt, H.G., 2004: Soziale Arbeit – international und transnational. In: Yousefi, H.R./Fischer, K.: Interkulturelle Orientierung Grundlegung des Toleranzdialogs. Nordhausen , S. 399-413

Humboldt, C., 2006: Afrikanische Diaspora in Deutschland: eine explorative Studie zur Entstehung und Gegenwart transnationaler afrikanischer Communities in Köln und Umgebung. Berlin

Hünersdorf, B./Maeder, Ch./Müller, B., 2008: Ethnographie der Pädagogik: Eine Einführung. In: Hünersdorf, B./Maeder, Ch./Müller, B. (Hrsg.): Ethnographie und Erziehungswissenschaft. Methodologische Reflexionen und empirische Annäherungen. Weinheim/München, S. 11-25

Kessl, F./Reutlinger, Ch., 2007: (Sozial)Raum – ein Bestimmungsversuch. In: Kessl, F./Reutlinger, Ch. (Hrsg.): Sozialraum. Eine Einführung. Wiesbaden, S. 19-35

Löw, M., 2008: Von der Substanz zur Relation. Soziologische Reflexion zu Raum. In: Krusche, J. in Zusammenarbeit mit dem japanisch-deutschen Zentrum Berlin (Hrsg.): Der Raum der Stadt. Raumtheorien zwischen Architektur, Soziologie, Kunst und Philosophie in Japan und im Westen. Marburg, S. 30-44

Mayrhofer, E., 2003: Afrikanische Diaspora. Terminus, Konzept und die Bedeutung von „home". In: Zips, W. (Hrsg.): Afrikanische Diaspora: Out of Africa. Into New Worlds. Münster 2003, S. 53-73

Mayring, P., ^{10}2008: Qualitative Inhaltsanalyse. Grundlagen und Techniken. Weinheim/Basel

Mintz, S. W., 2003: Eating Communities: The Mixed Appeals of Sodality. In: Döring, T./Heide, M./Mühleisen, S. (Hrsg.): Eating Culture. The Poetics and Politics of Food. American Studies. A Monograph Series. Heidelberg, S. 19-34

Nestmann, F., 1988: Die alltäglichen Helfer. Berlin

Nestmann, F., 1989: Förderung sozialer Netzwerke-eine Perspektive pädagogischer Handlungskompetenz? In: neue praxis. Zeitschrift für Sozialarbeit, Sozialpädagogik und Sozialpolitik. 19. Jg., S. 107-123

Rehklau, Ch./Lutz, R., 2008: Sozialarbeit des Südens. Chancen, Dialoge und Visionen. In: Rehklau, Ch./ Lutz, R. (Hrsg.): Sozialarbeit des Südens. Band 1 – Zugänge. Oldenburg, S. 19-37

Salomon, A., 2004a: Die Internationale Doppelwoche für Soziale Arbeit in Paris. 2.-13. Juli 1928. In: Feustel, A. (Hrsg.): Frauenemanzipation und soziale Verantwortung. Ausgewählte Schriften Band 3: 1919-1948. München/Unterschleißheim, S. 406-410

Salomon, A., 2004b: Warum internationale Wohlfahrtspflege notwendig ist. In: Feustel, A. (Hrsg.): Frauenemanzipation und soziale Verantwortung. Ausgewählte Schriften. Band 3: 1919-1948. München/Unterschleißheim, S. 467-472

Schneider, M./Homfeldt, H.G., 2008: Social development, develomental social work und agency – Perspektiven für die Soziale Arbeit? In: Homfeldt, H.G./Schröer, W./Schweppe, C. (Hrsg.): Vom Adressaten zum Akteur. Opladen/Farmigton Hills, S.183-209

Spradley, J. P., 1980: Participant Observation. New York

Strauss, A. L./Corbin, J., ²1998: Basics of Qualitative Research: Grounded Theory Procedures and Techniques. Newbury Park

Straus, F., 2002: Netzwerkanalysen. Gemeindepsychologische Perspektiven für Forschung und Praxis. Wiesbaden

Internetquellen

Aufenthaltsgesetz § 31 „Eigenständiges Aufenthaltsrecht der Ehegatten". In: http://www.dejure.org/gesetze/AufenthG/31.html. Abgerufen am 08.11.09.

Definition Sozialer Arbeit der International Federation of Social Work (IFSW): http://www.ifsw.org/p38000279.html. Abgerufen am 08.11.09.

3.
Social Development

CHRISTIAN SCHRÖDER

„Mit vereinten Kräften voran" – social development im Kanton Piedras Negras

Abstract

Die Studie analysiert, wie die Akteure *social development* im Kanton Piedras Negras realisieren. Den Ausgangspunkt bildet ein Kooperationsprojekt zwischen der Caritas International und einer lokalen NRO, der Organización Indígena. Durch die Verwendung einer Ethnographic Grounded Theory ist schrittweise im zyklisch angelegten Forschungsprozess die Entwicklung einer datenbegründeten Theorie gelungen. Die Analyse der Daten brachte vier Typen von Agency hervor, die sich auf individueller und sozialer Ebene sowie in autogener und konföderierender Handlungsausrichtung unterscheiden. Anhand dieser Typen wird die Ausgangsfrage nach der Realisierung von *social development* im Sozialraum damit beantwortet, dass ein Gleichgewicht zwischen autogener und konföderierender Agency dauerhaft hergestellt werden konnte.

1. Woher wissen wir, was social development bedeutet?

„Entwicklungsforschung wird gemeinhin mit der Erforschung von Problemen der Unterentwicklung gleichgesetzt, das heißt der Suche nach den Gründen für das Ausbleiben von Entwicklung, wie sie Europa und die USA im 19. und 20. Jahrhundert durchgemacht haben" (Novy 2008, S. 5).

Dies wird auch in den Forschungsfeldern sozialer Entwicklung deutlich. Social development wird in der Regel durch Verwendung statistischer Verfahren ermittelt (vgl. Einleitung). In diesen Fällen wird Entwicklung danach definiert, welche Indikatoren für ihre Messung verwendet werden (vgl. Ray 2009). Stehen die Indikatoren zur Messung von Entwicklung fest, lassen sich Einteilungen zwischen den Ländern vornehmen, wie dies auch beim *Human Development Index* der Fall ist (vgl. hierzu kritisch Salustowicz 2007, S. 58). Dadurch wird ein modernisierungstheoretisches Entwicklungsverständnis, nämlich das einer nachholenden Entwicklung, (re-)produziert. Ein geringer Indexwert kommt einem Defizit in der Entwicklung des Landes gleich, welches durch Interventionen behoben werden muss, um an die Länder mit höherem Indexwert anzuschließen.

Eine Kategorisierung von über 245 Abstracts der Herausgeberzeitschrift *Social Development Issues* des ICSD zeigte zudem, dass sich die Forschung im Bereich social development insbesondere mit staatlichen Programmen bzw. internationalen Vergleichen staatlicher Sozialpolitik und zielgruppenorientierten Projekten beschäftigt. Zum gleichen Ergebnis kommt auch eine Studie des *Norwegian Institute for Urban and Regional Research*, welche Publikationen von vier Institutionen, der World Bank, Asian Development Bank, DFID und SIDA, untersuchte: „The term [social development] is mostly utilized regarding „social welfare" issues and sector concerns related to the human development sectors – health and education" (Vedeld 2005, S. 66). Neben diesem Forschungsschwerpunkt zeigt sich auch ein weitläufiges Feld an weiteren Themen, die ebenso mit *social development* in Verbindung gebracht werden. So findet sich auf der Webseite der Vereinten Nationen unter dem Begriff *social development* folgende Schlagwortkette: "Eradication of poverty, productive employment, social integration, ageing, crime prevention, disability, drug control, family, indigenous peoples, youth, cooperatives" (United Nations o. J.). Ein ganzes Spektrum an Forschungsthemen kann auch das 1963 gegründete unabhängige Forschungsinstitut UNRISD vorweisen. Die periodisch wechselnden Forschungsschwerpunkte konzentrierten sich im Zeitraum 2005-2009 auf folgende Themen: Social Policy and Development, Democracy, Governance and Well-Being, Civil Society and Social Movements, Markets, Business and Regulation, Identities, Conflict and Cohesion sowie Gender and Development (vgl. UNRISD 2006, S. 6). Im aus der Verwendung unterschiedlicher Entwicklungsindikatoren resultierenden breiten Feld empirischer Studien verortet sich die vorliegende Studie in der Forschungsperspektive des social capital Ansatzes, welche sich zielgruppenübergreifend mit sozialen Netzwerken und zum Teil mit deren Interaktion mit staatlichen Institutionen beschäftigt.

Setzt *social development* also auf der lokalen Ebene, jenseits staatlicher Institutionen, an, so ist sie eng mit der Vorstellung des Agency-Konzepts verknüpft. Darin werden Menschen als aktive Gestalter ihrer Lebenswelt wahrgenommen und nicht als passive Empfänger von Wohltaten (Sen 2007, S. 176). Die Handlungsmächtigkeit wird mikrosozial, d.h. „[...] über das Erleben von Handlungswirksamkeit und Selbstbestimmtheit in konkreten sozialen Handlungsbezügen einer Person [verstanden]" (Grundmann 2008, S. 131). Kernproblem des Ansatzes liegt im Bereich der Handlungsmächtigkeit von Akteuren einerseits und den ihnen als objektiv erscheinenden Strukturen andererseits, an welchen sie ihr Handeln orientieren (müssen). Der Agency-Ansatz kritisiert an den strukturdeterministischen Ansätzen, dass darin „[...] die Wirksamkeit von *,human action'* oder ,Agency' – unterzugehen" droht (Reutlinger 2008, S. 62). Dennoch darf dabei nicht übersehen werden, dass den Akteuren auch globale Prozesse entgegen treten, welche diese als Handlungsprämissen akzeptieren müssen. Kritiker einer sozialen Entwicklung nach Midgley (1995) und des Capability-Ansatzes nach Sen (2007) verweisen vor allem auf die globalen Strukturen der Finanzmarktpolitik, die als Prämissen unhinterfragt in den Ansätzen akzeptiert würden (vgl. Karl 2009; Novy 2007a und 2007b; Reddy 2009). Im Gegensatz zu Cox und Pawar (2006) reicht Midgleys (1995) Ebenenkonzept (Mikro-, Meso- und Markoebene) nicht über die nationalstaatliche Ebene hinaus. Jedoch ist es Anliegen der Sozialen Arbeit, eine transnationale Perspektive zu entwickeln: „Sie [die Soziale Arbeit] hat zu verstehen, wie im dialektischen Verhältnis von Raum und sozialer Entwicklung soziale Räume konstituiert werden und welche lokalen und globalen Anteile damit verbunden sind" (Homfeldt und Reutlinger 2009, S. 121). Social development kann also nicht endgültig und auch nicht von außen definiert werden, sondern muss in einem steten Wandel inbegriffen, immer wieder von den Akteuren, (re-)konstruiert werden.

In der vorliegenden Studie sollte das soziale Gefüge von innen heraus verstanden werden. Aus diesem Grund wurde eine Feldforschung durchgeführt, da es „[...] durch direkte Teilnahme am Leben der betreffenden Gruppe [...] [gelingt], menschliches Handeln genauer wahrzunehmen und wirklichkeitsnaher zu interpretieren [...]" (Girtler 2001, S. 43). Vorausgesetzt wird, „[...] dass niemand in einer neutraen, objektiv existierenden Welt lebt, sondern in einer immer schon vorinterpretierten und sozial konstituierten" (Froschauer und Lueger 2009, S. 59; vgl. auch Novy 2002, S. 26). Wie bereits anhand des Agency-Ansatzes deutlich wurde, schränkt die sozial konstituierte Welt einerseits Handlungsoptionen ein, andererseits eröffnet sie selbige gleichsam: „Strukturen beschränken oder ermöglichen nämlich Handeln, genauso wie sie Handeln bestimmen und nur durch Handeln – direkt oder indirekt – ‚weiterleben'" (Novy 2002, S. 8). Damit rücken die Akteure als (Re)-Produzenten von Strukturen in den Fokus:

„The basic ideas here are that human behavior is based upon meanings which people attribute to and bring to situations, and that behavior is not ‚caused' in any mechanical way, but is continually constructed and reconstructed on the basis of people's interpretations of the situations they are in" (Punch 2005, S. 157).

Um die Forschungsfrage, wie die Akteure *social development* im Kanton Piedras Negras realisieren, zu untersuchen, wurde eine Ethnographic Grounded Theory als Methode gewählt, welche sich an der Tradition ethnographischer Feldforschung orientiert und die Grounded Theory im Wechselspiel zwischen Datenerhebung und Auswertung einbindet.

2. Zyklischer Forschungsprozess mit der Ethnographic Grounded Theory

Die nur normativ zu beantwortende Frage, was *social development* bedeutet und damit auch die implizite Schlussfolgerung, was als entwickelt und was als unterentwickelt zu definieren ist, soll also den Akteuren, welche mit ihren Handlungsstrategien ihre Lebensumstände zu verbessern versuchen, überlassen werden. Einen derartigen Handlungsansatz verfolgt das Netzwerk *REDMECOM* der *Caritas International* in über 74 Projekten mit lokalen Kooperationspartnern in Lateinamerika. Das untersuchte Projekt wurde im Kanton *Piedras Negras* in El Salvador in Kooperation mit einer lokalen NRO, der *Organización Indígena*, entwickelt.

Im zyklischen Forschungsprozess wurden die empirischen Daten im Feld in den Reflexionsphasen mehrmals analysiert und interpretiert. Die Grounded Theory wurde also nicht losgelöst vom „Rest" der Methodologie angewandt, sondern die hermeneutische Spiralbewegung begann bereits kurz nach der Erhebung der ersten Daten im Feld und wurde so schrittweise mit der Grounded Theory nach Strauss und Corbin (1999) zu einer datenbegründeten Theorie erweitert (Breuer 2009, S. 69). Im Feld zeigten sich, wie im Folgenden dargestellt wird, vier *Idealtypen von Agency*, welche sich in ihrer Ausprägung, individuell und sozial sowie in ihrer Handlungsausrichtung, autogen, d.h. aus eigenen Kräften heraus, und konföderierend, nach Kooperationspartnern zur Zielerreichung suchend, unterscheiden.

Die folgende Tabelle gibt einen Überblick über die vier vorgestellten Typen von Agency.

Handlungsausrichtung	Individuell	Sozial
Autogen	Isolierende Agency	Solidaritätsorientierte Agency
Konföderierend	Egozentrierte Agency	Politische Agency

Tabelle 1: Typen von Agency (eigene Darstellung)

Im nachfolgenden Kapitel wird zunächst der Forschungskontext, der Kanton Piedras Negras, rekonstruiert, um darin den Agency-Typ einer *solidaritätsorientierten* und anschließend den einer *isolierenden* Agency aus den empirischen Daten zu entwickeln.

3. Ohne Hilfe zur Selbsthilfe: Autogene Handlungsstrategien der Akteure Piedras Negras

3.1 Das Forschungsfeld: der Kanton Piedras Negras

Der Kanton Piedras Negras gilt als rurale Zone, wenngleich er der Hauptstadt El Salvadors, San Salvador, angehört. Er wird anstatt der üblichen Unterteilung der Kantone El Salvadors in „Comunidades" in drei Sektoren untergliedert. Eine Comunidad wird als eine dichtbesiedelte Einheit mit mehreren Straßenzügen definiert, wohingegen sich die meisten Häuser des Kantons entlang der Hauptstraße in *Sector I* und *II* sowie vereinzelt im abgelegenen *Sector III* befinden. Die Bezeichnung *Sector* kann daher auf die geringe Bevölkerungsdichte und die in die Länge gezogene geographische Form des Kantons zurückgeführt werden. Das restliche Gebiet besteht aus bewaldeten Grünflächen sowie aus teilweise bewirtschafteten Landgütern. Im Kanton leben nach Angaben des ADESCO, der politischen Institution des Kantons, ca. 2000 Menschen. Mehrere Kantone bilden zusammen einen Stadtteil, welcher von einem Bürgermeister regiert wird.

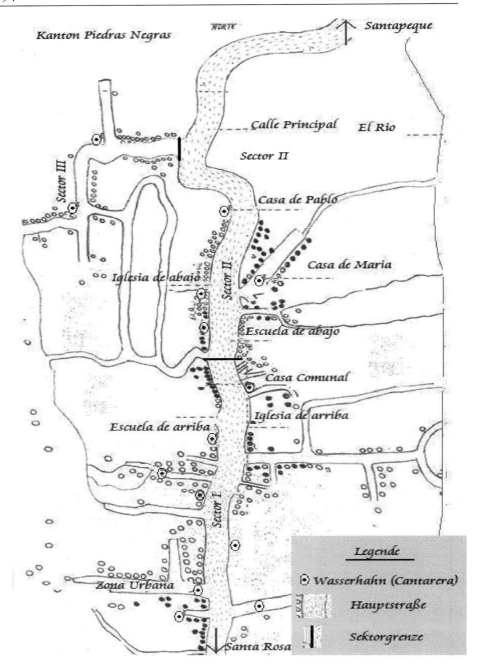

Abbildung 1: Karte des Kantons Piedras Negras (eigene Darstellung)

Die Calle Principal (Hauptstraße), welche durch den Kanton führt, verbindet zwei Stadtteile, Santa Rosa und Santapeque, miteinander. Mit weiteren Kantonen zusammen formt Piedras Negras den Stadtteil Santapeque, der von einem Bürgermeister regiert wird. Trotz verwaltungspolitischer Zugehörigkeit zu Santapeque, unterhalten seine Bewohner fast ausschließlich wirtschaftliche wie soziale Beziehungen zum Stadtteil Santa Rosa. Diese Abkapselung des Kantons von seinem eigentlichen politischen Zuständigkeitsbereich spiegelt sich nicht nur im Verhalten seiner Bewohner, z.B. in der Suche nach Arbeit und dem Einkaufen auf den Märkten Santa Rosas wider, sondern manifestiert sich auch in vielen praktischen Lebensbereichen.

Der öffentliche Nahverkehr befährt ausschließlich die Strecke vom Kanton Piedras Negras über Santa Rosa in die Innenstadt. Wer nach Santapeque fahren will, muss sich an Privatleute halten, welche die Strecke aus beruflichen Gründen regelmäßig zurücklegen und in ihrem Pick-up Plätze frei haben. Nach Angaben der Bewohner gab es bis vor ca. 10 Jahren noch eine öffentliche Linie auf dieser Strecke. Auch die katholische Kirche wechselte vor etwa 10 Jahren den Verwaltungsbezirk von Piedras Negras nach Santa Rosa. Dies führte dazu, dass die meisten Bewohner auch ihre sozialen Beziehungen, wie religiöse Feste, den Besuch von Messen in der Kirche und Ähnliches, in Santa Rosa unterhalten.

Der historische Beginn des Bindungsverlustes des Kantons von seinem Stadtteil Santapeque begann im Bürgerkrieg der 80er Jahre, in welchem die Verbindungsbrücke zwischen den beiden Gebieten gesprengt wurde. Dies unterbrach bis zum Wiederaufbau der Brücke in den 90er Jahren die Kommunikation zwischen Santapeque und seinem Kanton Piedras Negras. Kurz vor dem Kriegsausbruch wurde in Piedras Negras eine Schule gebaut, 1999 folgte die zweite in *Sector II*. Damit wurde der Kanton in der Schulausbildung von der ehemals nächstgelegeneren Schule des Kantons „El Centro" in Santapeque unabhängig. Der Kontakt des Kantons zu Santa Rosa festigte sich, als Ende der 90er Jahre ein Wasserleitungssystem von Santa Rosa nach Piedras Negras installiert wurde. Zuvor konnte das Wasser ausschließlich aus dem Fluss, welcher durch den Kanton fließt, geschöpft werden.

Ferner spielt auch eine andere Grenze eine Rolle bei der Trennung Santapeques von seinem Kanton. Während in Piedras Negras die Jugendgang „Dieciocho" das Territorium beherrscht, befindet sich im benachbarten Kanton El Centro die verfeindete „MS 13". Für viele Jugendliche ist es deshalb sehr gefährlich nach El Centro zu reisen, da sie das Risiko eingehen, als Bewohner des verfeindeten Gebietes bedroht oder gar erschossen zu werden. In jedem Bezirk, wie mir Hugo erklärte, der selbst fünf Jahre in der Organización Indígena mit den Jugendgangs arbeitete und in einem Brennpunktviertel aufwuchs, gebe es einen Chef, der etwa 10-15 Gangmitglieder befehlige. Mehrere Bezirksleiter bilden ein größeres Gebiet, welches einem so genannten „Palabrero" (Chef) untersteht. Dies ließe sich fortsetzen bis zum Palabrero El Salvadors. Auf Länderebene, der höchsten Ebene, fänden Verhandlungen zwischen den Palabreros der Gangs, insbesondere bezüglich der Schleusung von Drogen, statt. Die hierarchische Organisationsform sei bei den beiden weitverbreitetsten Gangs El Salvadors, der Dieciocho und der MS 13, gleichermaßen vorhanden. Auch die Ziele der beiden Gangs seien identisch. Diese bestünden darin, das eigene Gebiet auszuweiten und damit die andere Gang auszulöschen. Unterschiede fänden sich eher in Ausdrucksweisen. Jede Gang besitzt einen eigenen Sprachcode, eine eigene Symbolik bei Tätowierung, Gestik und Graffiticodes. Die Finanzierung der Gang erfolgt zum Großteil über Drogengeschäfte, aber auch über das Erheben einer Steuer, „la renta", die im Kanton Piedras Negras, nach Angaben Marias, der Leiterin des Projektes in Piedras Negras, von den Großhändlern, die den Einzelhandel beliefern und von den Busfahrern bezahlt würden. Aufgrund der Einnahmen, die ein solcher Bezirk einbringt, aber auch aus ideologisch begründetem Hass auf die jeweils andere Gang, sind die Grenzen meist hart umkämpft. El Salvador gehört weltweit zu den Ländern mit den höchsten Mordraten, die meist auf Kämpfe zwischen den beiden rivalisierenden Banden zurückgeführt werden (UNODC 2010, S. 24). Da die benachbarten Kantone des Stadtteils Santa Rosa von der Dieciocho beherrscht werden, wird die Fahrt nach Santa Rosa als vergleichsweise sicher erachtet.

3.2   Autogene Handlungsmuster

Diese wirtschaftliche wie soziale Vernetzung des Kantons mit Santa Rosa, bei gleichzeitiger politischer Zuständigkeit von Santapeque, führt zu einer Nichtbeachtung des zuständigen Bürgermeisters und als Konsequenz daraus, zu einer Stagnation bei der Entwicklung der Infrastruktur und Wasserversorgung.

„Man könne sich nicht auf den Bürgermeister verlassen. Er wolle nicht so viel Geld in das Projekt stecken und soll gesagt haben, die Leute in Piedras Negras seien nicht rentabel" (Sofia, Mitglied des Circulo de la Reconciliación).

Dieser verwaltungspolitische Konflikt wird deutlich, vergleicht man die Entwicklung des Kantons mit seinem benachbarten Kanton El Horizonte, in welchem, durch den Bau einer Verbindungsstraße zwischen den Stadtteilen Santa Rosa und Santapeque, die Bedeutung Piedras Negras als ehemalige Hauptverbindungsstrecke verloren ging. In der Folge degradierte der Stadtrat die Hauptstraße, die durch Piedras Negras führt, von einer Nationalstraße zu einer Landstraße. Die Instandhaltung der Straße wurde somit auch offiziell in der Prioritätenliste nach unten verschoben.

Im Zuge dessen verstärkten sich auch die sozialen Unterschiede innerhalb der drei Sektoren des Kantons. Vor allem *Sector I*, welcher sich in nächster Nachbarschaft zu Santa Rosa befindet, kann als wesentlich entwickelter betrachtet werden als *Sector II* und *III*, wobei der *Sector III* durch die Bewohner der beiden anderen Sektoren diffamiert wird. Sichtbar wird dies an der Namensbezeichnung für den *Sector III*, „La Bolsa" („die Tüte"), die Geringschätzung zum Ausdruck bringt.

Der höhere Entwicklungsstand des *Sectors I* im Vergleich zu den anderen Sektoren liegt insbesondere an der so genannten „Zona Urbana", welche sich im Vergleich zu allen anderen Nebenstraßen der Calle Principal dadurch auszeichnet, dass sie über eine asphaltierte Straße sowie eine Straßenbeleuchtung verfügt. Sie repräsentiert damit gewissermaßen die einzige Comunidad des Kantons. Auch dies findet seinen sprachlichen Ausdruck im Namen „La Colonia", wodurch der besondere Entwicklungsstand betont wird.

Die asphaltierte Straße, genauso wie die installierten Straßenlampen sind das Werk einer Bürgerinitiative, der Zona Urbana. Sowohl Arbeitskraft als auch die notwendigen finanziellen Mittel, welche zum Kauf der Materialien benötigt wurden, stammen von den Anwohnern. Auch in vielen anderen Straßenzügen des Kantons schlossen sich Anwohner in Initiativen zusammen, um ihren Lebensstandard durch das Pflastern der Straße, oder aber auch durch den Bau eines zusätzlichen, näher gelegenen Wasserhahns zu erhöhen. Dabei werden ausschließlich eigene Mittel und Arbeitskräfte des Kantons, ohne Unterstützung von außerhalb, aufgebracht. Auch in Bezug auf die Wasserversorgung nimmt die Zona Urbana eine etwas bessere Stellung ein. Dies liegt daran, dass der *Sector I* von der Nähe zu Santa Rosa profitiert. Beim Wassersystem ist der Kanton Piedras Negras der letzte, der etwas vom täglichen Kontingent an Wasser erhält, welches vom zuständigen Ministerium *ANDA* in die Leitungen gepumpt wird. Häufig ist die Wasserration bereits erschöpft, bevor sie *Sector II* und *III* erreicht.

Die aus der starken wirtschaftlichen wie sozialen Beziehung gewachsene Abhängigkeit Piedras Negras zum Stadtteil Santa Rosa, bei gleichzeitiger verwaltungspolitischer Zugehörigkeit zum Stadtteil Santapeque, führt zu einem starken Desinteresse staatlicher Einrichtungen. Die Absenz staatlicher Dienstleistungen wirkt sich auf die Entwicklung Piedras Negras negativ aus. Dies zeigt sich insbesondere bei der nicht asphaltierten Straße sowie der schlechten Wasserversorgung. Aus diesem Kontext heraus erwachsen zwei Typen von Agency: die *isolierte* Agency und die *solidaritätsorientierte* Agency. Beide gründen auf einer autogenen Handlungsausrichtung, d.h., sie versuchen, mit eigenen Kräften ihre Lebenssituation zu verbessern.

3.3 Solidaritätsorientierte Agency am Beispiel der Wasserversorgung Piedras Negras

Die Wasserleitungen verlaufen unterirdisch entlang der Hauptstraße. An dreizehn Punkten wurden Wasserhähne installiert, an denen sich die Familien Wasser in ihre Cántaros (Wasserkrüge) füllen, um diese zu ihrem Haus zu tragen. An der Cantarera (Wasserhahn), in deren Nähe ich während meines Forschungsaufenthaltes wohnte, müssen 40 Familien ihr Wasser auffüllen.

Abbildung 2: links: Cántaro; rechts: Cantarera (eigene Darstellungen)

Damit nicht alle Familien am gleichen Tag ihre häuslichen Wassertonnen auffüllen, beauftragte das Ministerium ANDA den ADESCO, die politische Vertretung des Kantons, für einen reibungslosen Ablauf zu sorgen. Um dies zu gewährleisten, hat jede Cantarera einen Vorstand, der halbjährlich gewählt wird. Er setzt sich zusammen aus einem Präsidenten, einem Schatzmeister und einem Sekretär. Die Rechnung von ANDA wird an den Präsidenten des Vorstandes gesandt. Der Schatzmeister verwaltet die monatlichen Zahlungen, während der Sekretär Buch darüber führt. An einer Cantarera, welche sich in der Nähe meines Wohnorts befand, zahlt jede Familie 75 Cent pro Monat; multipliziert mit den Familien, welche ihr Wasser von dort beziehen, kommt ein Betrag von monatlich 30 Dollar zusammen. Eine Rechnung im Monat beträgt etwa fünf Dollar, so dass jeden Monat ein Überschuss gespart werden kann. Zwei der Familien können aus ökonomischen Gründen den Betrag nicht aufbringen, so dass die anderen Familien entschieden haben, deren Beitragsleistungen aus dem Fond mitzutragen. Ein weiterer Betrag wird an die Kirche gezahlt, die sich neben der Cantarera befindet. Diese versorgt eine vom Zusammenschluss der Familien angebrachte Lampe mit Strom. Das Licht an der Kirche wird deshalb als notwendig erachtet, da das Wasser ausschließlich etwa um 1 oder 2 Uhr nachts für ein oder zwei Stunden fließt. Nachdem alle anderen Kantone und deren Comunidades mit Wasser versorgt wurden, kommt das übrig gebliebene Wasser erst so spät im Kanton Piedras Negras an. Das Licht nimmt auch die Angst vor möglichen Überfällen und Vergewaltigungen. Das restliche Geld wird vom Vorstand verwaltet und dient dem Zweck, Reparaturleistungen zu finanzieren.

Abgesehen von den finanziellen Reglungen wird auf den Treffen zur Organisation der Wasserversorgung ein Plan erstellt, an welchen Tagen welche Familien Wasser von der Cantarera beziehen dürfen, damit kein Streit entsteht. Eine Familie steht morgens auf und schaut nach, ob überhaupt Wasser fließt. Ist dies der Fall, so wird reihum den Nachbarn Bescheid gegeben, die an diesem Tag berechtigt sind, Wasser zu holen. Familien, die sich weiter entfernt von der Cantarera befinden, haben es abends besonders schwer, ihre Wassertonnen aufzufüllen. Carlo, mein Nachbar, berichtete mir, er müsse zwanzig Mal mit jeweils zwei Cántaros (6-7 Liter) auf der Schulter von der Cantarera einen steilen Berg hoch bis zu den Wassertonnen des Hauses seiner Familie zurücklegen, um diese komplett zu füllen.

Elf der vierzig Familien in *Sector II*, die weiter entfernt von der Cantarera wohnen, schlossen sich während meines Aufenthalts zusammen, um von der Cantarera eine Leitung in die Nähe ihres Hauses zu legen. Bevor sie das Vorhaben realisieren konnten, baten sie die Familien auf einer Versammlung um Erlaubnis. Diese willigten ein. Daraufhin gründeten sie einen eigenen Vorstand, welcher nun zwei Dollar monatlich einsammelt. Davon werden 75 Cent für die Gesamtrechnung der Cantarera gezahlt, sowie etwa 50 Cent für den Strom, den die drei aufgehängten Lampen in der Nacht verbrauchen. Der Rest des Geldes wird in einem Fond gesammelt, um eventuelle Schäden an den Leitungen zu reparieren. Durch die Nähe zum neuen Wasserhahn ist es nun möglich, Wasserschläuche anzuschließen und damit die Wassertanks aufzufüllen. Auf meine Frage hin, warum sie nicht Leitungen in jedes Haus gelegt hätten, antwortete mir ein Mitglied des Zusammenschlusses der elf Familien, dies sei nicht erlaubt und würde mit einer hohen Geldstrafe oder sogar einer Gefängnisstrafe geahndet. Die für den Bau benötigten Materialien (Wasserleitungen, Wasserhahn, u.a.) wurden von den elf Familien finanziert. Sie stellten außerdem die Arbeitskräfte.

Insgesamt gibt es vierzehn solcher Vorstände in Piedras Negras, für jede Cantarera eine. Vier Cantareras wurden auf eigene Initiative erstellt. Trotz der möglichen Geldstrafe installierten die Bewohner in *Sector III* die Wasserrohre so, dass jeder seinen eigenen Wasserhahn zu Hause hat. Da die Bewohner des *Sector III* abgelegen von der Hauptstraße wohnen, ist eine Kontrolle sehr unwahrscheinlich. Bei Defekten an der Leitung, oder wenn über einen längeren Zeitraum hinweg kein Wasser fließt, wird die dafür zuständige staatliche Institution zwar noch angerufen, aber die Hoffnung, dass diese tatsächlich etwas unternimmt, scheint kaum mehr vorhanden zu sein:

„Das System gehöre zu ANDA, aber ANDA hätte ihnen gesagt, wenn die Rohre kaputt seien, so könnten sie diese selbst reparieren, wenn sie wollten. Man könne auch einen Techniker anrufen, aber dann dauere das erst mal 15-20 Tage bis jemand kommen würde" (der Präsident des ADESCO).

Eine Alternative zu den Cantareras ist der Kauf von Wasser von einem LKW, der so genannten „Pipa" (Wassertanker). Dies ist allerdings eine weitaus teurere Alternative und der LKW fährt nicht immer bis zum *Sector III*. Gerade im Winter lässt der Zustand der Straße dies häufig nicht zu. Die Bewohner des *Sector III* haben zudem noch die Möglichkeit, Wasser aus einem nahegelegenen Wasserbecken zu schöpfen. Auf Ressourcen aus dem Kanton wird auch bei anderen Handlungsstrategien der Akteure zur Lösung alltäglicher Probleme, wie die Entwicklung der Infrastruktur, aber auch um Geld zu sparen, zurückgegriffen. So werden beispielsweise Steine zur Pflasterung von Nebenstraßen dem nahegelegenen Fluss entnommen und ärmere Familien, welche sich kein Gas leisten können, verwenden Holz aus dem Wald zum Kochen. Gleichzeitig dient der Wald aber auch als Mülldeponie. Streitigkeiten zwischen den Bewohnern entstehen insbesondere dann, wenn Müll in die Straßenkanäle geworfen wird. In der Regenzeit staut sich dann das Wasser und der Bustransport fällt häufig aufgrund des schlechten Zustands der Straße aus. Eine Müllabfuhr, deren Dienstleistung in den umliegenden Kantonen angeboten wird, gibt es in Piedras Negras nicht, da sich die Leute nicht beim zuständigen Finanzamt registriert haben. Die meisten Häuser des Kantons wurden nach deren Erbauung, vermutlich um keine Steuern zahlen zu müssen, nicht angemeldet, was das Desinteresse staatlicher Institutionen an der Förderung einer Entwicklung des Kantons zusätzlich stärkt.

Die Absenz des Staates fordert von den Akteuren, elementare Bedarfe eigenmächtig zu erfüllen. Im Kanton Piedras Negras bildeten sich, wie am Beispiel der Wasserversorgung gezeigt wurde, Handlungsmuster heraus, die zeigen, dass die Akteure sich selbst versorgen. Dieses Phänomen, bei welchem sich Akteure zusammenschließen, um autogen elementare Bedarfe zu regeln, wird als solidaritätsorientierte Dimension von Agency bezeichnet.

3.4 Die Grenzen solidaritätsorientierter Agency

Insgesamt weisen die Handlungsstrategien der Akteure des Kantons Piedras Negras viele eigeninitiierte Momente auf, mit denen sie ihre Lebensqualität zu erhöhen versuchen. Obwohl die zur Verfügung stehenden Handlungsspielräume diesbezüglich gut genutzt werden, werden keine Problemlösungsstrategien für den gesamten Kannton gefunden. Die Bewohner schließen sich in kirchlichen oder nachbarschaftlichen Interessensgruppierungen zusammen, um Lösungen für ihre Bedarfe und Probleme in nächster Nachbarschaft zu entwickeln. Eine Ausnahme bildet der ADESCO, welcher die Interessen des Kantons im Stadtrat Santapeque, aber auch in Zusammenarbeit mit nationalen Ministerien, vertritt.

Meist dienen die vielen kleinen Initiativen der Akteure eher der Reparatur von Schäden an der vorhandenen Infrastruktur. Das Fehlen staatlicher Fördermaßnahmen und Dienstleistungen führt zu einer ausgeprägten Selbstversorgermentalität der Bewohner Piedras Negras. Diese Selbstversorgermentalität scheint zudem zum Rückzug staatlicher Institutionen zu führen, wie z.B. ANDA, die ihre Leistungen einschränken, indem sie sich bei der Reparatur von Schäden an den Leitungen entsprechend Zeit lassen, bis die Akteure dies selbst erledigen.

Eine *solidaritätsorientierte* Agency zeigt sich in der Bildung von Interessensgruppen, welche gemeinsam Lösungen für Elementarbedarfe suchen. Dadurch emergieren autogene Handlungsstrukturen, die in der Organisation der Selbstversorgungsleistungen der Akteure sichtbar werden. Aus eigenen Kräften heraus werden Lösungen für auftretende Probleme in der Gemeinschaft gesucht. Diese autogenen Strukturen stabilisieren gleichsam eine Ordnung, die sich durch die Absenz des Staates auszeichnet. Das Ausfüllen von Handlungsspielräumen durch Bürger, in welchen der Staat einst die Verantwortung übernehmen musste, bremst die wirtschaftliche Entwicklung eines Kantons aus. In den nachbarschaftlichen Zusammenschlüssen zur Reparatur der vorhandenen Infrastruktur finden sich reaktive Handlungsmuster der Akteure, welche nur Teilprobleme des Kantons angehen. Ohne die Unterstützung des Staates kann deshalb keine proaktive Perspektive entwickelt werden, da die Ressourcen des Kantons nicht ausreichen, um eine dauerhafte Lösung ihrer Probleme, wie z.B. den Um- oder Ausbau ihres Wasserversorgungssystems zu erreichen und damit die Lebensqualität aller Bewohner des Kantons nachhaltig zu steigern.

Dies führt häufig dazu, dass die Akteure ihre Gemeinschaften, in denen sie keine Perspektive mehr sehen, verlassen, um Alternativen für sich selbst zu finden. Diese Handlungsstrategie, welche ebenso auf Herausbildung autogener Strukturen setzt, d.h. auf die Unabhängigkeit von Unterstützungsleistungen, unterscheidet sich demnach von einer *solidaritätsbezogenen* Dimension von Agency dadurch, dass sich nunmehr einzelne Akteure von der Gemeinschaft trennen, um isoliert *individuelle* Lösungen zu finden. Diese Dimension von Agency soll deshalb *isolierende* Agency genannt werden.

3.5 Isolierende Agency

Die fehlenden Entwicklungsperspektiven im Kanton führen zu Handlungsstrategien der Akteure Piedras Negras, welche letztendlich auf das Verlassen der Gemeinschaft abzielen. Gesamtgesellschaftlich haben diese Handlungsstrategien langfristig negative Folgen für *social development* im Kanton. Häufig bestehen sie nämlich darin, das Land zu verlassen, in den USA oder Europa Arbeit zu finden, um sich und der eigenen Familie so eine bessere Zukunftsperspektive zu verschaffen. Die meisten Familien Piedras Negras verfügen über Verwandtschaft in den USA, die ihnen Gelder, so genannte „Remesas", schickt. Dies führt zu einer Spaltung der Familie, wie dies beispielsweise bei Maria der Fall ist. Vor über fünfzehn Jahren emigrierten ihre Eltern auf illegalem Wege in die USA und mussten seither den Kontakt zu ihrer Tochter abbrechen. Zudem wird damit auch eine Vorstellung von einem entwickelten Land, wie den USA, (re-)produziert, an welchem sich El Salvador im Sinne einer nachholenden Entwicklung misst. Nicht zuletzt verliert das Land durch die Emigration oft qualifizierte Arbeitskräfte.

Die Remesas können mit den sozialen Transferleistungen westlicher Wohlfahrtsstaaten verglichen werden, da in manchen Fällen die Motivation der Zurückgebliebenen, selbst den Lebensunterhalt zu verdienen, durch Gelder eines ins Ausland geschickten Familienmitglieds reduziert wird. Andererseits entsteht durch die Zahlung von Remesas gleichsam auch Druck auf die Zurückgebliebenen, in die USA auszureisen, da die ausländischen Gelder zu Preissteigerungen, beispielsweise bei Immobilien, führen, die von inländischen Einkommen nicht mehr bezahlt werden können. Um den Preis für einen „Coyoten", eine Person, die gegen Bezahlung Menschen über die Grenze in die USA schleust, bezahlen zu können, verkaufen viele ihre Häuser. Die Verkaufsschilder an den Häusern sind auch im Kanton Piedras Negras häufig zu sehen. *Isolierende* Agency zeigt sich im Kontext Piedras Negras insbesondere im Phänomen der Emigration.

In diesem Kontext, welcher sich durch die isolierende und solidaritätsorientierte Dimension von Agency in den Handlungsmustern der Akteure auszeichnet, setzt das im Folgenden vorgestellte Kooperationsprojekt an. Das Verständnis sozialer Entwicklung, wie sie weiter oben definiert wurde, nimmt das „Well-Being" der gesamten Bevölkerung in den Blick und setzt gleichermaßen an der Erweiterung der Handlungsspielräume der Akteure an. Für *social development* müssen aber auch staatliche Institutionen in die Verantwortung gezogen werden, um langfristig eine Perspektive im eigenen Land zu schaffen. Idealerweise sollte dies nicht bedeuten, ein Entwicklungsmodell industrieller Staaten zu übernehmen, sondern ein eigenes Verständnis von Entwicklung zu finden.

4. Der Wunsch nach Einheit: Entwicklungsprozess zu konföderierenden Handlungsstrategien

„So wie wir vereint sein werden, werden wir die Schranken, die Trennung zwischen den Sektoren, abschaffen und werden wie eine einzige Gemeinschaft kämpfen" (Bewohner Piedras Negras des Bürgernetzwerks Circulo de la Reconciliación).

Im Kooperationsprojekt des lateinamerikanischen Netzwerks REDMECOM der Caritas International wurden die Interventionen ins soziale Gefüge Piedras Negras auf das Ziel ausgerichtet, ein soziales Netzwerk zwischen allen Akteuren und Gruppen Piedras Negras zu bilden. Das daraus entstandene Netzwerk Circulo de la Reconciliación vereint Akteure der drei Sektoren Piedras Negras, genauso wie die gesellschaftlich ausgeschlossene Jugendgang und sucht nach alternativen Lösungen für ihre Probleme. In den Unterstützungsleistungen der NRO, wie auch im Netzwerk selbst, werden zwei weitere Typen von Agency sichtbar, welche sich von den Agencies autogener Handlungsstrategien darin unterscheiden, dass sie sowohl der Entwicklung, als auch deren Umsetzung konföderierende Strategien zugrunde legen.

4.1 Egozentrierte Agency - Zwischen Konzept und Umsetzung

Das Konzept des Circulo de la Reconciliación basiert auf der indigenen Kultur der Maya. Dadurch erhalten die Treffen, welche von der NRO im Kanton organisiert werden, einen spirituellen Charakter. Am Anfang jedes Treffens wird eine Segnung durchgeführt, anschließend wird der „Guardían de la Palabrar", der leitende Sprecher, ausgewählt, der die Kommunikation in der Runde regelt. Dies geschieht mit Hilfe eines Stabs, dem „Baston de la Palabrar".

Abbildung 3: „Baston de la Palabrar" (eigene Darstellung)

Möchte jemand in der Runde zu den anderen sprechen, so erhebt er sich und wartet, bis er den Stab vom Guardían de la Palabrar erhalten hat. Am Ende eines Treffens findet wieder eine Segnung statt. Während des Treffens sitzen die Teilnehmer auf Stühlen, welche in einem Kreis angeordnet sind. Der Rückgriff auf die indianischen Wurzeln bietet die Chance, Mitglieder verschiedener Kirchen im Netzwerk einbinden zu können. Immer wieder bat die Projektleiterin der NRO Organización Indígena, Maria, auf den Treffen darum, Segnung und Gebete so auszudrücken, dass sich Angehörige aller Religionen darin wiederfinden können. Gleichzeitig soll dadurch auch das Selbstbewusstsein der eigenen kulturellen Identität wiederhergestellt werden, welches in den Augen Pablos, Leiter der NRO, durch die Übernahme kultureller Werte im Zuge der Kolonialisierung durch die Spanier verloren ging. Auch die Regelung der Kommunikation durch den Baston de la Palabrar sowie die kreisförmige Sitzordnung zielen darauf ab, die in der damaligen Zeit internalisierte kulturelle Ordnung aufzubrechen. Diese manifestiere sich, Pablo zufolge, in kulturellen Handlungsmustern, welche bestimmte Stereotype und Bilder aufrechterhalten und damit Machverhältnisse stabilisieren würden:

„Er streckt seine Arme aus und sagt, ich solle mir vorstellen, er hätte in der einen Hand ein kleines Stück Brot und in der anderen ein großes Stück Brot. Beide würde er mir nun anbieten. Er fragt, welches ich nehmen würde. [...] In dieser Kultur würde man immer das kleinere Stück nehmen, erklärt mir Pablo. Derjenige der viel hat, biete dem, der nichts hat, ein kleines Stück an und der, der nichts hat, würde auch nicht mehr verlangen. Ich frage ihn, warum er glaube, dass dies so sei. Er sagt, weil derjenige, der viel hat, ein teures Hemd trägt, gutes Parfum benutzt oder einfach vornehm wirkt. Der andere nimmt aus Scham das kleinere Stück, weil er denkt, sein Gegenüber sei mehr wert als er selbst" (Pablo, Leiter der Organización Indígena).

Die Absicht des Leiters der NRO ist es, heterarchische soziale Beziehungen aufzubauen, bei denen jeder das gleiche Recht wie auch die gleiche Zeit zugesprochen bekommt, seine Ideen und Meinungen auszudrücken, die im Idealfall in der Gruppe mit Wertschätzung und Beachtung honoriert werden. Dieses Ziel hätten sie im Circulo de la Reconciliación aber noch nicht erreicht. Manche würden eine zu lange Redezeit für sich beanspruchen, andere würden einen besseren Status in der Gruppe einnehmen, weil nur sie Beziehungen zu wichtigen Personen, wie dem Bürgermeister, unterhielten. Jeder solle, Pablos Vorstellung nach, die Gemeinschaft nach außen vertreten können. Seinen Aussagen zufolge kommt es darauf an, wie die Kommunikation abläuft und wie Entscheidungen getroffen werden. Zweitrangig sind die Entscheidungen, die festlegen, was tatsächlich unternommen wird.

Das, was Pablo am Circulo de la Reconciliación bezüglich der Redezeit bemängelt, wie auch die Kontakte vereinzelter Akteure des Netzwerks zu bestimmten Externen, findet sich in den Unterstützungsleistungen seiner Organización Indígena wieder: Maria organisiert die Treffen und bestimmt die generativen Regeln, also jene, welche die Änderungen von Kommunikationsregeln veranlassen, kontrolliert deren Einhaltung, delegiert Aufgaben und hält den Kontakt zu fast allen Partnern des Netzwerks aufrecht. Das Positionieren Marias in die Führungsrolle der Gruppe schränkt die Handlungsspielräume anderer ein. Über ihre leitende Position ist sie sich selbst im Klaren: „Sie spüre, dass die Leute von ihr eine führende Rolle erwarten" (Maria, Projektleiterin im Kanton Piedras Negras).

Diese Rollenerwartungshaltung zeigt sich auf den Treffen mit den Akteuren. In Diskussionen während des Circulo de la Reconciliación richten die meisten Mitglieder ihre Körperhaltung und ihren Augenkontakt auf Maria oder Pablo, sofern dieser anwesend ist. Sie warten mit dem Beginn des Treffens auf Maria, auch wenn sich diese verspätet und die Akteure bereits den Schlüssel für den Raum haben, in dem das Treffen stattfinden soll. Auch bei Entscheidungsfindungen, selbst wenn es sich nur um die Stellung des Mobiliars handelt, gilt das Wort Marias. Ist diese abwesend, warten die Akteure lieber, als dass sie die Entscheidung selbst treffen.

Die vordergründige Position führt dazu, dass sich die Mitglieder des Circulo de la Reconciliación ausgegrenzt fühlen. Sie werden gleichsam nur zu Zuschauern bei Gesprächen mit politischen Vertretern oder Repräsentanten von Organisationen. Dies liegt zum einen daran, dass sie ihre Handlungsmächtigkeit, aufgrund der heterarchisch angelegten Struktur des Circulo de la Reconciliación, nur als Kollektiv erleben können. Zentraler dabei ist jedoch zum anderen die Tatsache, dass die Handlungsmächtigkeit der Gruppe in Abhängigkeit von Maria erlebt wird, da sie alle Kontakte nach außen aufrechterhält, die Gruppe zusammenhält und dadurch auch die Rolle des ersten Ansprechpartners bei allen Institutionen einnimmt. Dadurch können die Akteure die Wirksamkeit ihres Handelns nicht auf sich selbst, sondern nur auf die Gruppe projizieren und müssen zugleich einen größeren Anteil ihres Erfolges an Maria abtreten. Maria, aber auch Pablo, welche bemüht sind, die heterarchische Form der Beziehung zwischen den Akteuren aufrecht zu erhalten, tragen gleichsam dazu bei, ihre eigene Position als Gruppenleiter zu manifestieren. Dies spiegelt sich auch in der emotionalen Einbindung in die Geschehnisse wider. Maria ist viel stärker von den Erlebnissen betroffen als die Akteure, die Erfolg oder Misserfolg eher mit Humor oder Gleichmut betrachten:

„Draußen wird der neue Kostenvoranschlag weiter diskutiert. Maria sagt, sie fühle sich immer noch betrogen und wäre jetzt richtig wütend („me siento coleada"). Anschließend bilden sich zwei Gruppen. Eine sucht den Fahrer der Pipa, um ihn zu fragen, ob er nicht wenigstens heute erneut die Straße bewässern könne. Ich gehe mit der anderen Gruppe mit, die von Maria geführt wird. Sie läuft entschlossen etwa 5m allein vor uns. Hugo, zwei Frauen, ein Señor und ich folgen ihr. Sie geht in Richtung Ministerium, um mit dem Minister oder jemandem in einer höheren Position des MOB über den Fall zu sprechen."

Mit ihrer emotionalen Entschlossenheit motiviert sie zwar die anderen, diese laufen ihr aber buchstäblich nur hinterher. Ihre Position als Gruppenleiterin wird durch dieses Verhalten zusätzlich gestärkt. Die Rolle Marias entspricht einer Agen-cy, die sich von der *isolierenden* Agency dadurch abgrenzt, dass sie zur Erreichung ihrer Ziele mit anderen Bündnisse eingeht, also eine konföderierende Ausprägung erhält. Diese Agency wird *egozentrierte* Agency genannt, um damit zum Ausdruck zu bringen, dass Handlungswirksamkeit durch die Einnahme einer leitenden Rolle in einem Bündnis individuell erlebbar wird. Dieser individuelle Typus einer *egozen-trierten* Agency findet sich gleichermaßen auch auf der sozialen Ebene in einer *solidaritätsorientierten* Agency wieder und zwar dann, wenn einzelne Akteure durch die Übernahme von Teilaufgaben ihre Agency erleben können. Wie im Fall Marias deutlich wird, kann dies in Gruppen dazu führen, dass die Handlungswirksamkeit anderer Teilnehmer durch eine starke *egozentrierte* Agency reduziert wird.

Diese Begebenheit, welche dem Projektziel widerspricht, kann einerseits dadurch begründet werden, dass es bislang keine professionelle Unterstützung seitens der REDMECOM gab, welche Rückzugsstrategien der Organización Indígena aus dem Netzwerk thematisierte:

"Sie [die Akteure Piedras Negras] müssen lernen, auf eigenen Füssen zu stehen. Aber dies ist noch lange nicht erreicht. Dafür braucht es Strategien. Zum Beispiel haben wir mit Maria vereinbart, dass sie ein Treffen organisiert, auf dem sie selbst nicht anwesend ist. Wir werden uns mit Maria und David zusammensetzen, um uns gemeinsam darüber Gedanken zu machen. Es sollte etwas sehr gut Überlegtes sein" (Prof. Rodriguez, REDMECOM).

Andererseits bedingt auch die finanzielle Unterstützung, welche die Caritas International der NRO zukommen lässt, die leitende Rolle Marias. Das Kooperationsprojekt gilt als das beste der rund 74 Projekte, die von REDMECOM in ganz Lateinamerika betreut werden. Mit der Verlängerung der Projektlaufzeit um weitere zwei Jahre, werden von der NRO Resultate erwartet, die einer Erhöhung von Selbstständigkeit des Netzwerks eher entgegensteuern. Wie weiter oben bereits angeführt wurde, soll eine „Reanalysis" durchgeführt werden, die die Akteure eher in eine passive Lernerrolle zurückführen könnte. Vor allem aber scheint das Erreichen von Projektzielen, welche von den Akteuren selbst gesetzt wurden, als Erfolgsindikator zu gelten. Dies ist tückisch, da dadurch die Präsens der NRO, repräsentiert durch Maria und Pablo, zumindest auf wichtigen Treffen mit Vertretern staatlicher Ministerien erhöht wird, was bedeutet, dass sich Maria und Pablo stärker in der Gruppe positionieren, um Erfolge nachweisen zu können. Die Akteure Piedras Negras werden in die weiter oben angeführte Zuschauerrolle gedrängt. Auch der Leiter der NRO, Pablo, sieht den Förderzeitraum in Piedras Negras als zu lange angesetzt. „Sie müssten sich auch um andere Comunidades kümmern."

Gleichsam zeichnet sich auch im Fall Pablos ein Bestreben danach ab, sich von anderen unabhängig zu machen, um eigene Ziele zu erreichen. Dieses Verhalten knüpft an eine *isolierende* Agency an. Anders als im Fall von Emigranten, die sich aus ihrer Gemeinschaft lösen müssen und auf autogene Handlungsstrategien angewiesen sind, zeigen sich bei Pablo Handlungsstrategien, die *isolierende* Agency in geringerem Maße auch in Gruppen ermöglichen: Er kapitalisiert Arbeitserfolge anderer, trennt sich von Kritikern seines Führungsstils und versucht über alle Entscheidungen in der Organización Indígena die Kontrolle zu behalten. Die hohe Intensität *egozentrierter* Agency Pablos überschreitet hier zumindest teilweise die Grenze zur *isolierenden* Agency. Eine noch stärker ausgeprägte *isolierende* Agency würde allerdings dazu führen, dass er sich von der Unterstützung anderer komplett lösen würde. Deshalb ist er gleichsam als Leiter der NRO auch auf konföderierende Handlungsstrategien angewiesen, die wiederum die Voraussetzung bilden, fremde Leistungen für sich selbst kapitalisieren zu können.

4.2 Politische Agency

Da dieses Projekt, nach Angaben Prof. Rodriguez, das einzige des REDMECOM sei, welches zurzeit Früchte trage, dient es sowohl dem REDMECOM, als auch der Organización Indígena, als Aushängeschild. Beide können mit Verweis auf das Projekt um zusätzliche finanzielle Unterstützung werben. Das aktive Werben um Gelder ist für Pablo zudem von zentraler Bedeutung, um die Autonomie seiner NRO aufrechtzuerhalten, wie er mir auf meine Frage bezüglich des Machtgefälles im Kooperationsprojekt hin, erklärte. Er fasst dies in die Worte jener Theorie, auf welche auch das REDMECOM als Grundlage ihres Konzeptes rekurriert. Die Kultur des *Asistencialismo*, die er als passive, abwartende Haltung der Akteure verstehe, sei die Ursache für den geringen Entwicklungsstand. Als Beispiel für den *Asistencialismo* wurde in Gesprächen, u.a. mit Prof. Rodriguez, des Öfteren eine Entwicklungshilfe genannt, welche *für* die Menschen Straßen baue, Brunnen anlege, Nahrungsmittel bereitstelle usw. und in diesem Zuge eine Kultur fördere, welche bei Problemen auf Hilfe warte, anstatt selbst nach Alternativen zu suchen und diese umzusetzen. Wie bereits weiter oben gezeigt wurde, widerspricht die Vorstellung dem aus den empirischen Daten gewonnenen Typ einer *solidaritätsorientierten* Agency. Die stark ausgeprägten Selbstversorgungsstrukturen lassen viel mehr darauf schließen, dass es an der aktiven Suche nach möglichen Organisationen wie Institutionen, welche Entwicklungsvorstellungen der Akteure stützen könnten, mangelt.

Eine kollektive und konföderierende Form von Handlungsmächtigkeit zeigt sich meist eher in reaktiven Formen, wie dies beispielsweise bei der Protestaktion gegen das von der Regierung geplante Aufstellen einer Funkantenne im Kanton Piedras Negras der Fall war. Hier treten die Akteure zwar in Kontakt mit auf sie einflussnehmenden Institutionen, nutzen ihre kollektive Handlungsmächtigkeit aber als autogene, *solidaritätsorientierte* Strategie zur Verhinderung unerwünschter Maßnahmen. Auch wenn in diesem Moment die Wirksamkeit kollektiven Handelns für die Beteiligten erlebbar wird, so führt der positive Ausgang der Protestaktion noch nicht zu einem Fortsetzen kollektiven Handelns, sondern wird von den Akteuren vielmehr als außeralltägliches Phänomen gedeutet.

Ein konföderierendes Vorgehen, welches präventive wie selbst gesteckte Entwicklungsziele zu erreichen sucht, wird im Weiteren *politische* Agency genannt. Die Suche nach alternativen Lösungen für selbstdefinierte Probleme, die aus der gemeinsamen Reflexion der eigenen Lebenssituation entstanden sind, stabilisiert sich im Fall *politischer* Agency in Handlungsroutinen der Akteure. Damit grenzt sich das Konzept *politischer* Agency von jenen kollektiven Handlungen ab, die als Reaktion auf emergierende Probleme, z.B. als Protestaktionen, entstehen können. *Politische* Agency führt durch Verstetigung auch zur Ausbildung von Strukturen, in welchen sich Rollenmuster ausbilden, die zu ungleichen Beziehungen zwischen den Akteuren führen können.

Auch innerhalb des Kantons Piedras Negras spielt die Informationsweitergabe eine Rolle. Um ein positives Image des Circulo de la Reconciliación zu wahren, werden nur bestimmte Informationen an Außenstehende weitergegeben. Dies zeigt sich auch in dem angespannten Verhältnis zwischen dem ADESCO, der offiziell gewählten politischen Vertretung des Kantons, und dem Circulo de la Reconciliación, welche sich gegenseitig vorwerfen, ein negatives Bild vom anderen zu verbreiten. Durch dieses Konkurrenzverhalten wird die Aufnahme neuer Mitglieder im Circulo de la Reconciliación erschwert, da durch das Zurückhalten von Informationen konföderierende Handlungsstrategien im Kanton eingeschränkt werden.

Im Folgenden werden die Typen von Agency auf der individuellen sowie sozialen Ebene in Zusammenhang gebracht (vgl. Tab. 1). Dabei wird deutlich, dass Handlungsmächtigkeit in einem anteiligen Verhältnis zwischen autogenen und konföderierenden Handlungsstrategien erlebbar wird.

5. Wie die Akteure *social development* im Kanton Piedras Negras realisieren

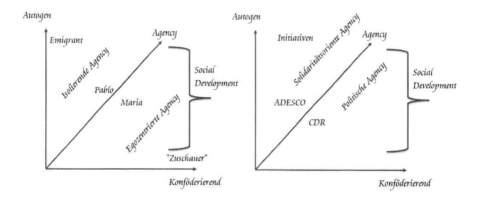

Abbildung 4: Realisierung von social development auf individueller (links) und sozialer Ebene (rechts) (eigene Darstellung)

5.1 Individuelle Ebene

Setzt man die beiden Handlungsstrategien auf der individuellen Ebene in einen Zusammenhang, so ergibt sich für den Kontext Piedras Negras die Graphik links in der *Abbildung 4*. Emigranten zeichnen sich durch stark ausgeprägte autogene Handlungsstrategien aus, da sie sich völlig aus ihrer Gemeinschaft lösen müssen. Dennoch werden sie, so die hier vertretene These, nur dann Handlungswirksamkeit erleben, wenn sie gleichermaßen konföderierende Handlungsstrategien entwickeln, die ihnen beispielsweise eine neue Aufnahme in der neuen Heimat ermöglichen, oder sich bereits auf ihrem Weg in die Fremde mit anderen verbünden. Pablo kann hier als Beispiel angeführt werden, da er zwar konföderierende Handlungsstrategien verfolgt, diese aber nur unter der Bedingung umsetzt, dass sie seine eigenen autogenen Kräfte fördern. Dieser Typ von Agency wird, wie erwähnt, *isolierende* Agency genannt.

Eine konföderierende Handlungsstrategie verfolgen die Mitglieder des Circulo de la Reconciliación. Sie nehmen zwar wie Zuschauer an den Aktionen teil, geben durch die Rollenzuschreibung an Maria aber ihre autogenen Handlungsstrategien auf, wohingegen sich Maria erfolgreich in einer Führungsrolle in der Gruppe positioniert, so dass sie ihre eigene Handlungsmächtigkeit erleben kann. Dieser Typ von Agency wird als *egozentrierte* Agency bezeichnet

Genau auf der Linie in der Graphik, die *egozentrierte* Agency von *isolierender* Agency unterscheidet, zeichnet sich individuell erlebbare Agency ab (Abb. 4, links). Die idealtypische Trennung der beiden Agency-Typen tritt somit als ein permanentes Wechselspiel zwischen konföderierenden und autogenen Handlungsstrategien in Erscheinung. Je größer die Fähigkeit einzelner Akteure, autogene und zugleich auch konföderierende Handlungsstrategien zu verfolgen, desto größer ist der Grad ihrer erlebbaren Handlungswirksamkeit.

5.2 Soziale Ebene

Der Staat, bzw. die transnationalen Hilfsorganisationen, können auf der sozialen Ebene (Abb. 4, rechts) als potentielle Unterstützungsquellen erachtet werden, um eine wirkungsvolle *politische* Agency zu entfalten. Umgekehrt kann das Fehlen, insbesondere staatlicher Zuwendungen, wie im Fall Piedras Negras, auch dazu führen, dass die Bewohner autogene Handlungsstrategien entwickeln müssen, um zumindest ein minimales Wohlstandsniveau aufrecht zu erhalten, wie dies im Bereich der Wasserversorgung gezeigt wurde.

Die Initiativen, wie sie am Beispiel der Wasserversorgung Piedras Negras entfaltet wurden, zeigen einen hohen Grad an autogenen Handlungsstrategien auf, da sie aus eigenen Mitteln heraus versuchen, ihren Lebensstandard zu verbessern. Der ADESCO und Circulo de la Reconciliación (CDR, vgl. Abb. 4, rechts) versuchen mit konföderierenden Handlungsstrategien, die in der Suche nach möglichen Kooperationspartnern bestehen, die Bedarfe der Akteure besser zu decken. Gleichermaßen zeigen sich im konkurrierenden Verhältnis zwischen dem ADESCO und dem Circulo de la Reconciliación auch autogene Handlungsstrategien, da beide auf ihre eigenen Kräfte setzen sowie sie die Arbeit des jeweils anderen geringschätzen.

Auch hier wird Agency auf der Linie erlebbar, welche die beiden Idealtypen, die *solidaritätsorientierte* und *politische* Agency, voneinander unterscheiden. Deshalb gilt, je ausgeprägter autogene sowie zu gleichen Anteilen konföderierende Handlungsstrategien von der Gruppe entwickelt werden können, desto größer ist ihre erlebbare Agency.

Gerade durch die Unterscheidung von anderen sozialen Gruppen, was Anteile autogener Handlungsstrategien voraussetzt, wird das Erleben von Handlungsmächtigkeit ermöglicht, da sich die Beteiligten nur dann einen Erfolg zuschreiben können. Die Kehrseite ist die erschwerte Aufnahme neuer Mitglieder in die Gruppe des Circulo de la Reconciliación. Durch die Kontrolle von Informationen kann Misstrauen entstehen, was den Einstieg neuer Mitglieder in die Gruppe erschwert. Deshalb ist es, wie nachfolgend gezeigt wird, für *social development* notwendig, einen Ausgleich zwischen erlebbarer Agency, die die Trennlinie zur *solidaritätsorientierten* Agency bildet sowie stark ausgeprägter konföderierender Handlungsstrategien der *politischen* Agency zu finden. Diese Befunde lassen sich ebenso auf die individuelle Ebene von Agency übertragen.

5.3 Social development

Eine *social development* auf sozialer Ebene im Kanton Piedras Negras, so die These, zeichnet sich durch ein geringes Maß an autogenen Handlungsstrategien aus (vgl. Abb. 4, rechte Seite). Ziel muss es idealerweise sein, eine permanente Öffnung für Mitglieder innerhalb wie außerhalb des Kantons zu schaffen und alternative Lösungsstrategien zu gemeinsam geteilten Bedarfen durch die Unterstützung möglichst vieler Partner zu erreichen. Wie im Schaubild deutlich wird, würde dadurch die erlebte Handlungswirksamkeit abnehmen, da der Handlungserfolg durch ein ständiges Aufnehmen neuer Mitglieder zumindest auf sozialer Ebene nicht einer festen Gruppe zugeschrieben werden kann. Deshalb gilt es, ein permanentes Gleichgewicht herzustellen.

Auf individueller Ebene können sich Akteure innerhalb der Gruppe positionieren, um ihre Handlungswirksamkeit zu erleben, wie oben in den Fällen Marias und Pablos gezeigt wurde. Eine Rücknahme autogener Handlungsstrategien bei *allen* beteiligten Akteuren könnte eine social development stärker fördern, da so mehr Informationsaustausch in- und außerhalb des Netzwerks stattfinden könnte. Zudem müssten Rollenverteilungen in der Gruppe flexibler gehalten werden, da eine Positionierung in einer Führungsrolle der Gruppe dazu führt, dass nur Einzelne ihre Handlungswirksamkeit erleben können. Bedingt durch die Flexibilität kann es bestimmten Akteuren jedoch stets gelingen, sich stärker zu positionieren als andere, so dass jene zu Zuschauern degradiert werden.

Nur durch einen steten Ausgleich zwischen isolierenden und autogenen Handlungsstrategien, sowohl auf individueller, wie auch auf sozialer Ebene, kann die Möglichkeit des Erlebens der eigenen Handlungsmächtigkeit für alle Beteiligten dauerhaft gesichert werden.

6. Ausblick

Mit der Fragestellung, *wie die Akteure im Kanton Piedras Negras social development realisieren*, verfolgte die Studie das Ziel, *social development* aus der Akteursperspektive heraus zu ermitteln. Das unter Anwendung der Ethnographic Grounded Theory entstandene theoretische Modell wies einige Parallelen zum Forschungsstand social developments in diesem Bereich auf. Livemore (2004), Perlmutter und Cnaan (1999) sowie Granovetter (1995) stellten in ihren Untersuchungen die These auf, Unternehmer könnten innerhalb der Gemeinschaft zunächst wirtschaftlichen Erfolg erzielen, müssten aber zu dessen Erweiterung ihre auf die Gemeinschaft bezogene Strategie (Bonding) gegen eine offensive Strategie eintauschen und sich somit aus ihrer Gemeinschaft lösen (Bridging). Kozel und Parker (2000) übertrugen dies auf von Armut betroffene Gemeinschaften, denen es bekanntermaßen an Bridging fehle. Die große Solidarität lateinamerikanischer Gesellschaften sei ein Grund dafür, dass sie trotz guter wirtschaftlicher Entwicklungszahlen es in diesen Ländern nicht schaffen, vom Aufschwung zu profitieren. Ohne Bridging, also das Lösen aus der Gemeinschaft, bestünde nicht die Möglichkeit, sich aus der Armut zu befreien (vgl. Narayan 2000, S. 130).

Diese These konnte auch in Piedras Negras bestätigt und am Typ *solidaritätsorientierter* Agency entfaltet werden. Dabei wurde vor allem auch die Handlungsmächtigkeit der Akteure sichtbar, die sich in vielen kreativen Lösungen auf ihre Problemlagen zeigte. Zudem wurde beim Typ *solidaritätsorientierter* Agency eine differenzierte Sicht auf Gemeinschaft innerhalb des Kantons Piedras Negras herausgearbeitet. Autogene Handlungsstrategien auf sozialer Ebene führen auch dazu, dass sich vereinzelt Akteure im Kanton zusammenfinden, um für ihre konkreten Bedarfe Sorge zu tragen. Eine Entwicklungsperspektive für den gesamten Kanton wird dabei nicht entwickelt.

Auch auf individueller Ebene, wie Whyte (1996) zeigte, sind für einen gesellschaftlichen Aufstieg Handlungsstrategien erforderlich, die dem Bridging-Konzept gleich kommen (S. 111). Diese zeigen sich ebenso im Fall Piedras Negras und wurden zum Typ *isolierender* Agency zusammengefasst, welcher am Phänomen der Emigration verdeutlicht wurde. Nur durch das Lösen aus der Gemeinschaft, die perspektivlos scheint, gelingt sozialer Aufstieg im Sinne einer materialistischen Verbesserung der Lebensumstände.

Der Typ *egozentrierter* Agency, welcher auf konföderierenden Handlungsstrategien beruht, findet sich in solidaritätsorientierter Agency, genauso wie in *politischer* Agency. Wie an den Fällen Marias und Pablos gezeigt werden konnte, kann ein sehr starkes Positionieren in der Gruppe die Handlungsmächtigkeit anderer einschränken und gleichsam den Typ *isolierender* Agency beinhalten.

Deshalb wurde in der vorliegenden Studie argumentiert, dass es sich im Fall sozialer Entwicklung nicht um ein ausgewogenes Verhältnis zwischen autogener und konföderierender Handlungsstrategie handelt, in welcher Handlungsmächtigkeit erlebt wird, sondern ein stärkerer Bezug zu konföderierenden Handlungsstrategien auf individueller und sozialer Ebene notwendig ist. Nur auf diese Weise können dauerhaft die Aufnahme neuer Mitglieder ermöglicht, Rollenverteilungen flexibel gehalten und für alle Akteure ein Erleben von Handlungswirksamkeit erlangt werden.

Wie im Konzept von Emirbayer und Mische (1998) treffen in diesem Zwischenraum Handlungsroutinen und Zukunftsperspektiven der Akteure aufeinander, die sie auf die jeweils konkrete Situation in ihrem Verhalten anpassen. Dominieren Handlungsroutinen, so verfestigen sich leicht Rollenmuster. Starre Rollenmuster können die erlebbare Handlungswirksamkeit anderer Akteure dauerhaft einschränken. Eine geringere autogene Handlungsstrategie der Akteure würde in Gruppen dazu führen, dass sich das Positionieren weniger stark ausprägt und so stets Rollen von Akteuren neu besetzt werden können. *Social development* vollzieht sich dann in Beziehungen von Akteuren, die stets aus dem Gleichgewicht zwischen dem Erleben eigener Handlungsmächtigkeit und dem Zurücktreten zu Gunsten anderer bestehen.

Dieses Gleichgewicht muss auch auf sozialer Ebene gesucht werden, da die Stärkung von Solidarität innerhalb der Gruppe, wie auch Fukuyama (2000, S. 14) feststellt, konföderierende Handlungsstrategien gegenüber Außenstehenden reduziert und damit auf *social development* hemmend wirken kann. Staatliche Institutionen gelten zudem in den meisten Studien als der erste Ansprechpartner für in Netzwerken zusammengeschlossene Akteure. Als mögliche Unterstützer kommen aber auch transnationale Organisationen in Frage, die damit gleichsam bottom-up-Bewegungen unterstützen könnten. Die These, dass im Fall einer sozialen Entwicklung die Gemeinschaft sowohl über einen hohen Grad an Bridging, wie auch die Gesellschaft über gut funktionierende Institutionen verfügen sollte (vgl. Narayan 2000, S. 237), kann durch die Ergebnisse in Piedras Negras gestützt werden.

Insbesondere das Eröffnen von Möglichkeiten zur Kooperation zwischen Gemeinschaften und staatlichen Institutionen und deren Publikation können *politische* Agency fördern. Top-Down-Strategien seitens des Staates müssen sich mit Bottom-up-Bewegungen verzahnen, um ein nachhaltiges *social development* zu ermöglichen. Soziale Arbeit sollte dennoch insbesondere auf der lokalen Ebene ansetzen, da kollektive Gemeinschaften Druck auf staatliche Institutionen ausüben und sich so langfristig neue Handlungsspielräume ergeben können.

Die künftige Forschung könnte das in der vorliegenden Studie aufgestellte theoretische Modell in anderen Kontexten als dem Kanton Piedras Negras einer Prüfung unterziehen und ggf. erweitern. Im Kanton Piedras Negras könnten insbesondere die Phänomene Migration und Jugendgang spezifischer untersucht werden. Gerade im Bereich Migration bietet sich eine Ethnographie nach Markus (1995) oder Welz (1998) an, welche die wechselseitigen Einflüsse zwischen zwei Orten in Betracht zieht. Damit könnten die Auswirkungen auf *social development* differenzierter analysiert werden.

Literatur

Breuer, F./Dieris, B./Lettau, A., 2009: Reflexive Grounded Theory. Eine Einführung für die Forschungspraxis. Wiesbaden

Cox, D. R./Pawar, M. S., 2006: International social work. Issues, strategies, and programs. Thousand Oaks, Calif.

Emirbayer, M./Mische, A., 1998: What is Agency? In: American Journal of Sociology. 4. Jg., S. 962–1023

Froschauer, U./Lueger, M., 2009: Interpretative Sozialforschung: der Prozess. Wien

Fukuyama, F., 2001: Social capital, civil society and development. In: Third World Quarterly. 1. Jg., S. 7–20

Granovetter, M., 1998: The Economic Sociology of Firms and Entrepreneurs. In: Portes, A. (Hrsg.): Economic sociology of immigration. Essays on networks, ethnicity, and entrepreneurship. New York, S. 128– 165

Grundmann, M., 2008: Handlungsbefähigung - eine sozialisationstheoretische Perspektive. In: Otto, H.-U./Ziegler, H. (Hrsg.): Capabilities - Handlungsbefähigung und Verwirklichungschancen in der Erziehungswissenschaft. Wiesbaden, S. 131– 143

Homfeldt, H. G./Reutlinger, C., 2009: Soziale Arbeit und soziale Entwicklung. Eine einleitende Skizze. In: Homfeldt, H. G./Reutlinger, C. (Hrsg.): Soziale Arbeit und Soziale Entwicklung. Baltmannsweiler, S. 2– 10

Homfeldt, H. G./Reutlinger, C., 2009: Soziale Arbeit und soziale Entwicklung. Eine einleitende Skizze. In: Homfeldt, H. G./Reutlinger, C. (Hrsg.): Soziale Arbeit und Soziale Entwicklung. Baltmannsweiler, S. 2– 10

Karl, U., 2009: Gouvernementalität und Social Development. In: Homfeldt, H. G./Reutlinger, C. (Hrsg.): Soziale Arbeit und Soziale Entwicklung. Baltmannsweiler, S. 165– 180

Kozel, V./Parker, B., 2000: Integrated Approaches to Poverty Assessment in India. In: Bamberger, M. (Hrsg.): Integrating quantitative and qualitative research in development projects. Washington, DC, S. 59– 68

Livermore, M. M., 2004: Business Owners and Social Development. Exploring Their Communitarian and Network Social Capital. In: Social Development Issues. 2. Jg., S. 39–53

Midgley, J., 1995: Social development. The developmental perspective in social welfare. London

Narayan, D., 2000: Can anyone hear us? Voices of the poor. New York

Novy, A., 2007: Entwicklung gestalten. Gesellschaftsveränderung in der Einen Welt. Frankfurt am Main

Novy, A., 2007: Soziale Entwicklung in der Einen Welt. In: Gerstner, W./Kniffki, J./Reutlinger, C./Zychlinski, J. (Hrsg.): Deutschland als Entwicklungsland. Transnationale Perspektiven sozialräumlichen Arbeitens. Freiburg im Breisgau, S. 30– 40

Perlmutter, F. D./Cnaan, R. A., 1999: Community Development as a Public Sector Agenda. In: Journal of Community Practice: Organizing, Planning, Development and Change. 4. Jg., S. 57– 77

Punch, K. F., 2005: Introduction to social research. Quantitative and qualitative approaches. London

Ray, A. K., 2009: Measurement of Social Development. In: Homfeldt, H. G./Reutlinger, C. (Hrsg.): Soziale Arbeit und Soziale Entwicklung. Baltmannsweiler, S. 148– 164

Reddy, P., 2009: Transnational Social Action. Linking Transnational Advocacy and Social Development. In: Homfeldt, H. G./Reutlinger, C. (Hrsg.): Soziale Arbeit und Soziale Entwicklung. Baltmannsweiler, S. 70–91

Reutlinger, C., 2008: Agency und ermöglichende Räume. Auswege aus der Falle der „doppelten Territorialisierung". In: Homfeldt, H. G./Schröer, W./Schweppe, C. (Hrsg.): Vom Adressaten zum Akteur. Soziale Arbeit und Agency. Opladen, S. 211–232

Sałustowicz, P., 2007: Internationale Soziale Arbeit zwischen Kolonialisierung, Ethnisierung und Transnationalisierung. In: Wagner, L./Lutz, R. (Hrsg.): Internationale Perspektiven Sozialer Arbeit. Frankfurt am Main, S. 15–32

Sen, A., 2007: Ökonomie für den Menschen. Wege zu Gerechtigkeit und Solidarität in der Marktwirtschaft. München

Strauss, A./Corbin, J., 1999: Grounded theory. Grundlagen qualitativer Sozialforschung. Weinheim

Whyte, W. F., 1996: Die Street corner society. Die Sozialstruktur eines Italienerviertels. Berlin

MICHAEL MEYER

Lösungsstrategie „ethnische Ökonomie": Bildungsniveau und Arbeitsmarktchancen türkeistämmiger Migranten

Abstract

Berufliche Selbstständigkeit in den Bereichen Handel und Gastronomie ist in Deutschland mit ca. 35.000 (Stand: 2008) bestehenden Unternehmen eine verbreitete Form der Beschäftigung türkischer Mitbürger. In einer qualitativ empirischen Studie konnte das mangelnde Qualifikationsniveau der Akteure als hauptsächlicher „push-Faktor" für diese berufliche Orientierung herausgestellt werden. Die Passung der Anforderungen des deutschen Arbeitsmarktes mit den gegebenen Bildungsniveaus der türkischen Migranten ist danach in vielen Fällen nicht ausreichend, um eine Beschäftigung auf dem ersten Arbeitsmarkt zu erreichen und eine solche zu erhalten. Der Beitrag fokussiert die Determinanten der beruflichen Selbstständigkeit der türkischen Unternehmer vor dem Hintergrund ihres Bildungsniveaus und beleuchtet deren Handlungsmächtigkeit (agency), um dem Dilemma positiv entgegen zu wirken. Unter diesem Gesichtspunkt werden ferner Perspektiven für die Soziale Arbeit skizziert, die eine Unterstützung der Akteure einer „ethnischen Ökonomie" ermöglichen.

1. Determinanten beruflicher Selbstständigkeit unter türkischen Migranten: Überblick über den Forschungsstand

Eine Ökonomie ist allgemein betrachtet als das Gros aller unternehmerischen Handlungen und aller Institutionen, in denen diese Handlungen vollzogen werden, zu bezeichnen. Bei diesen Handlungen geht es in erster Linie darum, die vielfältigen individuellen Bedarfe der handelnden Personen abzudecken. Dieses allgemein gültige Prinzip trifft auch auf eine sehr spezielle ökonomische Handlungsform zu: das Wirtschaften im Lebens- und Wirkensbereich vieler türkischer Migranten in Deutschland. Eine solche Ökonomie, die an eine bestimmte ethnische Gruppe gekoppelt ist, bezeichnet man als „ethnische Ökonomie", welche nach Floeting et al. (2004, S. 9) definiert wird als die „selbstständige Erwerbstätigkeit von Personen mit Migrationshintergrund in Deutschland oder die abhängige Beschäftigung in von ihnen geführten Betrieben, die in einem spezifischen Migrantenmilieu verwurzelt sind."

Wenn es darum geht, mögliche Determinanten einer beruflichen Selbstständigkeit unter Migranten aufzuzeigen, so zeichnet sich im Forschungsfeld einer „ethnischen Ökonomie" ein sehr multiples Bild ab. In den Anfängen des Forschungsbestrebens in diesem Feld wurden etwa die strukturellen Ausgangsbedingungen als Motivation und Anreiz gesehen, den Schritt in die Selbstständigkeit zu wagen. Als ein wichtiger Aspekt in diesem Zusammenhang ist die Nachfrageorientierung zu nennen. Bereits in den 1960er und 1970er Jahren begann sich nach Şen/Goldberg (1994, S. 34f.) eine „ethnische Ökonomie" zu entwickeln, „als die Nachfrage nach bestimmten Waren und Dienstleistungen seitens der ausländischen Arbeitnehmer und deren Familien zur Herausbildung der sogenannten Nischenökonomie führte." Das *Nischenmodell* – das Rieple (2000) als eines von drei in Deutschland gängigen Erklärungsmodellen einer „ethnischen Ökonomie" bezeichnet – erklärt das türkische Unternehmertum als ein Teilsegment der deutschen Wirtschaft, welches neben allen anderen Segmenten existiert. Jedoch sind „strukturelle[r] Barrieren zwischen einem privilegierten primären und einem benachteiligten sekundären Segment" vorhanden (Rieple 2000, S. 90). Diese Barrieren sind in der Folge auch verantwortlich für die Differenzen zwischen türkischen und deutschen Unternehmern. Die strukturell benachteiligten Nischen können dabei jedoch auch als Grundlage einer sozioökonomischen Aufwärtsbewegung ausgelegt werden.

Neben dem Nischenmodell ist als zweites in Deutschland gebräuchliches Erklärungsmodell das *Kulturmodell* zu nennen. Dieses Modell richtet den Fokus auf die kulturbasierten Ressourcen der Migranten. Grundlage der wirtschaftlichen Entwicklung einer „ethnischen Ökonomie" ist aus dieser Perspektive betrachtet das ‚Wir'-Gefühl innerhalb der türkischen Community. Dabei wird angenommen, dass „Ethnizität oder Religion unter Immigranten […] Ressourcen für erfolgreiches Wirtschaften dar[stellen]" (Rieple 2000, S. 90).

Im dritten in der deutschen Forschungslandschaft diskutierten Modell, dem *Reaktionsmodell*, wird den politischen, rechtlichen und wirtschaftlichen Rahmenbedingungen eine zentrale Rolle für die Analyse der „ethnischen Ökonomie" zugesprochen (vgl. Rieple 2000, S. 91).

Als Ergänzung zu diesen Modellen, welche die Herausbildung einer „ethnischen Ökonomie", wie oben dargestellt, erklären, spielt die prekäre Arbeitsmarktsituation der Ausländer und hierbei speziell die der Türken eine entscheidende Rolle bei der Entscheidung hin zur Selbstständigkeit (vgl. Leicht et al. 2006, S.10; Pütz 2004, S. 15; Şen/Goldberg 1994, S. 34). Die strukturellen Probleme des Arbeitsmarktes im Sinne eines „push-Faktors", der die Akteure in die Selbstständigkeit treibt, werden an späterer Stelle noch detailliert dargestellt.

Im deutschsprachigen Raum wurden im Zusammenhang mit der Herausbildung „ethnischer Ökonomien" seit Mitte der 1980er Jahre die meisten Studien von der *Stiftung Zentrum für Türkeistudien* (ZfT) veröffentlicht. Thematisch beschränken sich diese Veröffentlichungen auf die „ethnische Ökonomie" türkeistämmiger Unternehmer (vgl. hierzu Şen/Sauer 2005; Goldberg/Şen 1999; Şen/Goldberg 1994; Goldberg/Şen 1993). Mit Pütz (2004) kritisch anzumerken ist, dass es sich bei einer Vielzahl der Analysen des ZfT um Auftragsarbeiten handelt, welche anwendungsorientiert ausfallen und dass die Methodik des ZfT überwiegend auf eine quantitative Datenerhebung beschränkt ist. Die Ergebnisse der Studien lassen dementsprechend nur Aussagen über Strukturdaten wie Unternehmensgrößen, Branchenstruktur oder Umsätze zu (vgl. Pütz 2004, S. 14).

Ähnliche Daten wie die des ZfT liefern die Analysen des *Instituts für Mittelstandsforschung* (IfM) der Universität Mannheim, wobei diese sich nicht auf die türkische Ethnie beschränken, sondern auch Italiener, Griechen und andere Ethnien betrachten (vgl. hierzu Leicht et al. 2006; Leicht et al. 2005; Leicht et al. 2001).

Kritisch anzumerken ist, dass auf Grundlage dieser quantitativen Daten die Hintergründe, die zu den Entscheidungen zur Selbstständigkeit oder die Voraussetzungen einer beruflichen Selbstständigkeit wie etwa ein soziales Unterstützungsnetzwerk des Akteurs nicht oder nur in Ansätzen ermittelt werden.

Nach Leicht et al. (2006, S. 8) habe die Debatte zur Bedeutung spezifischer Ressourcen, insbesondere von Bildung und sozialen Netzwerken, oder auch die Rolle von Migrationsbedingungen und Anpassungsleistungen, weniger auf die Forschung in Deutschland abgefärbt, während diese Fragen im angloamerikanischen Raum deutlicher hervorgehoben würden. In der amerikanischen Forschungslandschaft haben sich beispielsweise Sanders und Nee (1996, S. 231ff.) mit der Rolle der Familie als sozialem Kapital und dem Wert von Humankapital im Zusammenhang mit der Selbstständigkeit von Migranten beschäftigt. Auch Portes (1995) misst sozialen Netzwerken und sozialem Kapital eine besondere Bedeutung hinsichtlich der ökonomischen Situation von Migranten bei. Insbesondere Waldinger et al. (1990, S. 13ff.) nehmen die Bedeutung der Bedingungen des Arbeitsmarktes und der Möglichkeiten des Zugangs zum Arbeitsmarkt auf der einen Seite und die Ressourcen der Migranten – wie etwa ihre ethnischen Netzwerke und ihre Kultur – auf der anderen Seite wahr.

Im Rahmen dieses Beitrags wird neben der Arbeitsmarktsituation der Migranten, die im Sinne eines „push-Faktors" weithin für die Herausbildung einer „ethnischen Ökonomie" verantwortlich gemacht wird, die Einbettung des Akteurs in ein soziales Netzwerk und dessen Rückgriff auf die Ressourcen des Netzwerks als erklärende Variable bezüglich der Umsetzung der Selbstständigkeit herangezogen. Ergänzend zu dem „push-Faktor" Arbeitsmarkt werden die sogenannten „pull-Faktoren", die die persönlichen Einstellungen und Wünsche der Akteure benennen, erläutert. Der vorliegende Beitrag, der zum Einen auf den Aussagen von neun problemzentrierten Interviews mit türkischen Unternehmern und zum Anderen aus Sicht der einschlägigen Literatur argumentiert, möchte die Entscheidung zur Unternehmensgründung aus der genannten Fehlpassung von Qualifikationsniveau und den Anforderungen des Arbeitsmarktes heraus analysieren. Eine begleitende Betrachtung der Umsetzungsstrategien der Existenzgründung wird parallel dazu im Blick gehalten. Um einen Einblick in die methodische Herangehensweise der Studie gewinnen zu können, wird im Folgenden das Forschungsdesign der Untersuchung kurz erfasst.

2. Methodische Implikationen und Forschungsdesign

Die folgende Darstellung klärt, welche Auswahlkriterien für die Interviewpartner entscheidend waren und welche qualitativen Verfahren der Datenerhebung und Datenauswertung angewandt wurden.

2.1 Auswahl der Gesprächspartner und Kontaktaufnahme

Als Grundgesamtheit der Untersuchung gelten türkische Migranten, die aufgrund ihres rechtlichen Status in der Bundesrepublik Deutschland eine Arbeitserlaubnis besitzen und sich zum Zeitpunkt der Erhebung in einem selbstständigen Arbeitsverhältnis befanden. Eine weitere limitierende Variable ist die Selbstständigkeit in den Bereichen Gastronomie und Lebensmittelproduktion. Selbstständige in anderen ökonomischen Bereichen werden somit nicht bei der Erhebung berücksichtigt. Die Aufenthaltsdauer, der Familienstand, die Konfession, die regionale Herkunft und weitere demographische Daten kommen nicht als einschränkende Merkmale bei der Auswahl der Akteure zum Tragen.

Das Ziel der Studie ist die Erkenntnis und Offenlegung von Hintergründen, Ansichten, Einstellungen, Meinungen und Verhalten der befragten Personen hinsichtlich ihrer beruflichen Selbstständigkeit. Es gilt, die persönlichen Erfahrungen sichtbar zu machen und individuell zu erfassen.

Sieben der Interviewpartner sind zum Zeitpunkt der Erhebung im Bereich der Gastronomie beschäftigt und zwei Akteure kommen aus dem Gebiet der Lebensmittelproduktion. Drei Unternehmer betreiben ein reines Familienunternehmen, bei dem der Ehepartner und die Kinder mitarbeiten. Vier Interviewpartner haben kleinere Betriebe mit zwei bis dreizehn Mitarbeitern, worunter auch Deutsche sind. In den größeren Betrieben der Lebensmittelproduktion waren nur zu einem geringen Teil Familienangehörige und Verwandte beschäftigt.

Nach der Kontaktierung dieser Akteure im Feld sind die problemzentrierten Interviews nach Witzel (1985) durchgeführt und in Anlehnung an Schmidt (1997) ausgewertet worden.

2.2 Erhebung mittels problemzentrierter Interviews

Die Erstellung des problemzentrierten Interviews orientierte sich an den von Witzel (1985) entwickelten Leitlinien. Erhebungsinstrumente sind der Kurzfragebogen, der Leitfaden, die Tonbandaufzeichnung und das anschließende Postskriptum (vgl. Witzel 1985, S. 236).

Der jeweilige Interviewpartner wurde darüber unterrichtet, welches Thema im folgenden Gespräch behandelt und dass diesbezüglich kein besonderes Wissen abgefragt wird, sondern vielmehr eigene Sichtweisen frei erzählt werden können. Die Leitfragen des Interviews wurden aus bestehenden Theorien, Ergebnissen empirischer Untersuchungen, eigenen Überlegungen und aus vorab gewonnenen Einblicken durch Gespräche konstruiert.

2.3 Auswertung der erhobenen Daten

Die durch die problemzentrierten Interviews gewonnenen Daten wurden nach Schmidt (1997) ausgewertet. Schmidt entwirft eine bestimmte, speziell auf Leitfadeninterviews zugeschnittene Auswertungsstrategie, welche verschiedene Techniken der Auswertung in sich vereint (vgl. Schmidt 1997, S. 544).

Die Auswertung nach Schmidt lässt das Bild eines Austauschprozesses zwischen den qualitativ erhobenen Daten in Form der Transkriptionen resp. der Feldnotizen auf der einen Seite und dem theoretischen Vorverständnis auf der anderen Seite entstehen (vgl. Schmidt 1997, S. 545).

3. Bestimmungsfaktoren und ermöglichende Ressourcen der „ethnischen Ökonomie"

Um die Faktoren, welche eine berufliche Selbstständigkeit unter türkischen Migranten bestimmen, identifizieren zu können, wurde im Rahmen der Studie im Anschluss an Leicht et al. (2005) ein Analyserahmen gewählt, der die Unternehmensgründung aus verschiedenen Blickwinkeln beleuchtet. Die sogenannten „pull-Faktoren" nehmen hierbei die Perspektive der Selbstverwirklichung des Individuums ein und erwägen die Anreize, die für den jeweiligen Akteur bestehen, um die Gründung eines eigenen Unternehmens zu vollziehen. Die sogenannten „push-Faktoren" nehmen eher die strukturellen Ausgangsbedingungen des Arbeitsmarktes in den Blick. Im Sinne der „push-Faktoren" werden somit unter anderem die Benachteiligungen, die für Migranten am Arbeitsmarkt bestehen, als Bestimmungsfaktor der Selbstständigkeit dieser Personen gesehen (vgl. Leicht et al. 2005, S. 17ff.). Die Ergebnisse der empirischen Befragung lassen den Schluss zu, dass es vor allem die „push-Faktoren" sind, die die Entscheidung zur beruflichen Selbstständigkeit forcieren. Die „pull-Faktoren" spielen eine eher marginale Rolle.

Um diese Bestimmungsfaktoren zu ergänzen, werden, wie es vor allem in der angloamerikanischen Forschung vorgeschlagen wird, die Ressourcen sozialer Netzwerke mit in den Analyserahmen aufgenommen. Es geht dabei darum, den Akteur nicht nur von Seiten der auslösenden Faktoren (passives Moment) einer beruflichen Selbstständigkeit zu betrachten, sondern auch die bei der Umsetzung dieser Selbstständigkeit zur Verfügung stehenden und genutzten Ressourcen (aktives Moment) in den Blick zu nehmen.

3.1 „pull-Faktoren": Anreize zum Schritt in die Selbstständigkeit

Im Rahmen der empirischen Untersuchung wurde nur von drei der neun Akteure plausibel dargelegt, dass der Schritt in die berufliche Selbstständigkeit aus Gründen eines positiven Anreizes dieser Beschäftigungsform vollzogen wurde. In zwei Fällen wurde die Selbstständigkeit als weitere Verdienstmöglichkeit neben einer hauptberuflichen Festanstellung gewählt, um so ein zweites finanzielles Standbein zu besitzen. Acar und Pamir haben beide im Bereich der Gastronomie eine Möglichkeit gefunden, sich finanziell zu verbessern. Acar gründete zusammen mit seiner Frau einen Imbissbetrieb und Pamir eröffnete eine Gaststätte. Acar unterstützt seine Frau nach Schichtende im Imbiss, Pamir hingegen öffnet nach der Arbeit nachmittags sein Wirtshaus. Für Acar und seine Frau ist es von Bedeutung, ein zusätzliches Einkommen zur finanziellen Absicherung der Familie zu haben, während Pamir (ledig) die Selbstständigkeit als reinen Nebenerwerb ausübt. Besonders interessant erscheint hierbei, dass sowohl Acar als auch Pamir eine qualifizierende Ausbildung in Deutschland abgeschlossen haben und somit auf dem regulären Arbeitsmarkt bestehen können. Acar hat nach dem Erreichen der mittleren Reife und dem Abschluss der höheren Handelsschule erfolgreich eine Lehre als Verwaltungsfachangestellter abgeschlossen. Pamir hat ein Fachabitur im Bereich Technik/Ingenieurwesen und eine abgeschlossene Ausbildung als Kfz-Mechatroniker vorzuweisen. Die Ausbildung bietet den Befragten also eine gute Basis, ihren Lebensunterhalt verdienen zu können. Bei Pamir, da er ledig ist und nicht unbedingt auf einen Nebenverdienst angewiesen wäre, erweist sich der Aufbau seines Gewerbes als Möglichkeit, in finanzieller Hinsicht aufzusteigen und die eigenen Ideen zu verwirklichen. Prinzipiell ist die berufliche Selbstständigkeit von Pamir somit rein durch „pull-Faktoren" ausgelöst, wobei er darauf hinweist, dass er schon immer im Sinn hatte, sich ‚nebenbei' selbstständig zu machen.

Pamir: „[...] und wollte noch nebenbei irgendwas aufmachen auf jeden Fall. Das Selbstständige, das war schon immer für mich, ich wollte auf jeden Fall selbstständig werden."

Auch bei Acar und dessen Frau dient die Selbstständigkeit der sozialen Absicherung im Sinne eines „pull-Faktors", da die junge Familie durch den weiteren Verdienst finanziell abgesicherter und unabhängiger geworden ist.

Kadir, ein Bäckermeister, sieht die Selbstständigkeit als Weg, um eine abhängige Beschäftigung zu umgehen. Er bevorzugt die Arbeit in eigener Regie, obwohl er als ausgebildeter Bäckermeister, dessen Ausbildung auch in Deutschland anerkannt ist, jederzeit eine gute Festanstellung in der deutschen Wirtschaft finden würde. Der Inhaber einer Bäckerei bemerkt, dass es für ihn doch schlicht von Vorteil sei, für sich selbst zu arbeiten. Er beherrscht sein Handwerk, also kann er auch unabhängig von einer anderen Person oder Firma arbeiten und zudem als Selbstständiger mehr Geld verdienen.

Kadir: „Ja, wenn ich arbeiten bei andere, auch du arbeitest acht, neun Stunden. Besser wenn ich für andere Leute arbeite, ich arbeite für mich. [.] ich kann das und ich kann gut das machen und ich besser arbeiten für mich. Und deswegen, ich hab` selbstständig gemacht. [...] und wenn du dich selbstständig machen, dann verdienst du ein bisschen mehr als die anderen."

Die von den Befragten getroffenen Aussagen, decken sich im Wesentlichen mit den Einschätzungen, die in der Literatur vertreten werden. Vor allem der Wunsch, unabhängig und selbstverantwortlich arbeiten zu wollen, wird dabei in der Literatur als wichtiger Anreiz zur Unternehmensgründung identifiziert (vgl. Leicht et al. 2005, S. 17f.; Şen/Goldberg 1994, S. 38; Bögenhold 1989, S. 269). Şen und Goldberg (1994) bemerken, dass „die Selbstverwirklichung, die Arbeit in eigener Verantwortung, [...] für viele Türken [als] ein starker Anreiz zur Gründung eines eigenen Betriebes" zu sehen ist (Şen/Goldberg 1994, S. 38). Neben dem Wunsch nach Unabhängigkeit können als Anreize einer Unternehmensgründung etwa die Verwirklichungsmöglichkeiten der eigenen Ideen, ein Prestigegewinn, bessere Verdienstmöglichkeiten, die flexiblere Gestaltung der Arbeitszeit und das bessere Zusammenspiel von Privatem und Beruflichem genannt werden (vgl. Bundesregierung 2007a, S. 91; Leicht et al. 2005, S. 17f.).

3.2 „push-Faktoren": Die Arbeitsmarktsituation türkischer Migranten

Neben den oben genannten „pull-Faktoren" führen, wie bereits angedeutet, nach Leicht et al. (2001) auch „push-Faktoren" wie Probleme am Arbeitsmarkt dazu, dass viele Migranten eine Alternative zu abhängiger Beschäftigung suchen müssen (vgl. Bundesregierung 2007a, S. 91; Leicht et al. 2001, S. 13). Für Pütz (2005, S. 206) ist die Lage der ausländischen Bevölkerung auf dem Arbeitsmarkt sogar „ein entscheidendes strukturelles Moment, das den Gang in die Selbstständigkeit beeinflusst."

Die Chancen für türkische Migranten, auf dem deutschen Arbeitsmarkt eine angemessene Beschäftigung zu finden, sind direkt abhängig von Art und Niveau der schulischen und beruflichen Bildung. Ein niedriges Bildungsniveau, wie es gerade auch bei Migranten aus der Türkei zu verzeichnen ist, verringert die Chance dieser Menschen auf einen angemessen entlohnten Arbeitsplatz enorm. In den neun durchgeführten Interviews mit türkischen Unternehmern konnte in den meisten Fällen festgestellt werden, dass die unzureichende Qualifizierung die tragende Rolle bei der Entscheidung für den Schritt in die Selbstständigkeit spielte. In diesem Zusammenhang ist festzuhalten, dass keiner der Befragten, der in der Türkei die Schule besuchte, über den Besuch einer fünfjährigen Grundschulbildung hinaus eine weiterführende Schule besuchte. Um ein Verständnis hinsichtlich des Bildungsniveaus dieser Akteure entwickeln zu können, werden die prägnantesten Aussagen nachfolgend dargelegt:

Mecit, Sohn eines sogenannten ‚Gastarbeiters', der in zweiter Generation zwar die Grund- und Hauptschule in Deutschland besucht hat, bezieht jedoch klar Stellung zum Schulsystem in der Türkei. Er weist darauf hin, dass früher im ganzen Land lediglich die Pflicht bestand, eine fünfjährige Grundschule zu besuchen. Es gab zwar höhere Schulformen, allerdings konnte die arme Landbevölkerung, oftmals nur einfache Bauern, eine solche Bildung nicht finanzieren. Es werden jedoch nicht nur finanzielle Schwierigkeiten, die eine bessere Bildung verhinderten, genannt, sondern auch die Tatsache, dass die Kinder schon sehr früh in der Landwirtschaft mitarbeiten mussten. Die schulische Ausbildung der Kinder war dementsprechend weniger von Bedeutung als deren Arbeitskraft, die im Falle eines längeren Schulbesuchs nicht hätte genutzt werden können. Diese Situation führte nicht selten dazu, dass Kindern nur wenig Bildung zuteil wurde. Der Befragte weist daneben allerdings darauf hin, dass sich das Schulsystem der Türkei in den letzten Jahren gewandelt habe und nun auch ein Besuch der Hauptschule verpflichtend für jedes Kind in der Türkei geworden sei.

„Die Schulbildung in der Türkei, das hat sich jetzt geändert, war vorher fünf Jahre für jeden im ganzen Land, jeder fünf Jahre. [...] früher war das nicht so, da war man in der Familie und die meisten Kinder sind nicht mal in die Schule gegangen. Warum? Wenn man irgendwen für die Kühe hütet und wenn man einen erwachsenen Menschen an die Kühe hüten stellt, wer soll denn dann den Pflug halten? [...] Und dann gibt es extra nochmal Hauptschule, ist extra, nicht Pflicht. [...] in der Türkei nur die Grundschule war Pflicht, die Hauptschule kam erst seit vier Jahre, fünf Jah-

re so ungefähr. Hauptschule bei uns jetzt auch neun Jahre Pflicht. Grundschule und Hauptschule muss gemacht werden."

„[...] das haben sich nur die Leute können leisten, denen ihre Kinder in Deutschland gearbeitet haben oder sagen wir mal, in Ausland gearbeitet haben. Ein normaler Bauer konnte sich diese Ausgaben gar nicht leisten, [...]. Und die haben auf jeden Fall keine Schulbücher, kein Geld für Schulbücher, Bekleidung, Sport oder so. Also die meisten Kinder haben wirklich sehr schwer gehabt."

Acar schätzt die Lage seiner Landsleute als sehr prekär ein. Er betont mehrmals deren mangelnde Qualifikationen, die entweder nur Helfertätigkeiten zulassen oder im schlimmsten Fall den Empfang von Hartz IV und die damit verbundenen sogenannten ‚Ein-Euro-Jobs' zur Folge haben. Für Viele bleibt die Selbstständigkeit als einzige Alternative zu schlecht entlohnten Jobs oder der Arbeitslosigkeit. Seine Aussagen dokumentieren eindringlich und überzeugend die heikle Situation der türkischen Migranten in Deutschland. Es geht den Betroffenen darum, sich durch den Schritt in die Selbstständigkeit im Sinne einer aktiven Handlung in eine einigermaßen sichere ökonomische Lage zu bringen, um ihr Leben mit angemessenen Mitteln bestreiten zu können. Interessant ist daneben die Einschätzung des Befragten, dass es in den 1980er und 1990er Jahren für die türkischen Migranten noch bessere Möglichkeiten gab, eine ihrem Bildungsstand angepasste Arbeit, wie zum Beispiel in einer Fabrik, zu finden. Er macht darauf aufmerksam, dass die damalige Wirtschaftslage in Deutschland besser war als sie heute ist und verweist somit auch auf die Folgen der Globalisierung. Diese Einschätzung, dass Arbeitsplätze für Geringqualifizierte in Deutschland aufgrund der Globalisierung sehr selten geworden sind und dies in nicht wenigen Fällen in die Arbeitslosigkeit geführt hat, vertritt auch das Institut der deutschen Wirtschaft (2006). Globalisierung wird in diesem Zusammenhang als Auslöser des Rückgangs von Arbeitsstellen für Geringqualifizierte genannt, da durch die Entwicklungen neoliberaler Wirtschaftsordnungen und das dort verbreitete Prinzip des „outsourcings" auch viele deutsche Unternehmen in sogenannten Niedriglohnländern produzieren lassen. Die Ausstattung des eigenen deutschen Arbeitsmarkts mit solchen Arbeitsplätzen wird dabei vermindert (vgl. Institut der deutschen Wirtschaft Köln 2006). Die Ausführungen von Acar werden im Folgenden dokumentiert:

„Selbstständigkeit ist eigentlich ein zweiter Weg, den sie gehen müssen, weil die sagen halt einfach für sechs, sieben Euro für Leihfirma arbeiten zu gehen, das ist nicht die Welt. Wenn in Leihfirma arbeiten gehst, musst du Hartz IV beantragen und da sind auch einige Leute dabei, die sagen: „Neh, ich will das nicht, will das nicht machen, ich will mich selber so [selbstständig machen; Anmerkung: M.M.] und versuchen, mich natürlich in diesem Bereich hochzuarbeiten." Und dann ist es so, ob man das, was man macht als Selbstständiger, auch durchsetzen kann. Ist schwierig, zumal die sich mit Lesen und Schreiben nicht verständigen können, die die Gesetze nicht kennen, die bestimmte Formulare nicht ausfüllen können und das sind die ganzen Sachen, ganze Thematik."

[...] Ich bin auch davon überzeugt, dass die meisten Selbstständigen im Imbissbereich, Gastronomiebereich sich nur selbstständig machen, weil die einfach keinen anderen Weg kennen. Nehmen wir an, du kommst aus diesem Bereich und dann du kommst hierhin und du hast keine Ausbildung und es ist leider so in Deutschland, dass nur Fachkräfte ein Stundenlohn von zehn Euro und aufwärts haben und alles andere drunter. Und dann, wenn man Familie hat, eine Großfamilie, wird es mit der Versorgung schwierig."

[...] Das ist sehr schwer für die Leute, es sei denn, die Leute damals in den 80er Jahren, Mitte 80er, Anfang 90er Jahre, die hatten damals das Glück, dass es von der Wirtschaft her ganz ok war und die haben auch in Fabriken Arbeit gefunden. Neuerdings ist es sehr schwer, Arbeit zu finden. Das Problem, was noch hinzukommt erschwerend, sag`ich mal, die meisten Leute haben jetzt Häuser gekauft und jetzt stell dir vor, irgendeiner wird jetzt arbeitslos, der hat jetzt paar Jahre gearbeitet, jetzt wird er arbeitslos mit Mitte 40. Jetzt kommt er zum Arbeitsamt mit ganz normalen Sachen halt. Jetzt musst du dir überlegen, dieser Mensch hat keine Ausbildung, hat nur bis jetzt als Hilfsarbeiter Hilfstätigkeiten ausgeführt und jetzt hat der eine Familie mit paar Kindern und hat ein Haus. So dann geh`zum Arbeitgeber, Lebenslauf, die meisten können gar nicht Lebenslauf, die können gar nicht schreiben. Bewerbung, die können gar nicht schreiben, weil sie nicht lesen und schreiben können, weil einfach dieses Bildungssystem nicht vorhanden war. Und dann, was machen sie halt, dann machen sie Hartz IV, von Hartz IV Ein-Euro-Job, das ist der normale Werdegang, weil diese Leute haben wirklich schwer dann eine Arbeit zu finden."

Es wird deutlich, dass sich die meisten türkischen Migranten aufgrund des schlechten Bildungssystems der Türkei, welches erst im Jahre 1997 reformiert wurde, nicht ausreichend bilden konnten, um sich für den deutschen Arbeitsmarkt zu qualifizieren. Aber auch diejenigen, die im Heimatland eine berufliche Ausbildung abschlossen, stoßen in Deutschland auf Probleme bei der Anerkennung ihres Bildungsstandes (vgl. Pütz 2005, S. 206).

Dem Institut der deutschen Wirtschaft Köln (2006) zufolge kann der Zusammenhang zwischen unzureichendem Bildungsniveau und der häufigen Arbeitslosigkeit unter der türkischen Bevölkerung in Deutschland bestätigt werden. Sowohl die Kinder der ersten ‚Gastarbeiter'-Generation, die im Rahmen der Familienzusammenführung nachgeholt wurden, als auch die in Deutschland geborenen türkischen Kinder würden ein erhebliches Qualifikationsdefizit aufweisen, so das Wirtschaftsinstitut. Besonders den nicht in Deutschland Geborenen fehle es an einer adäquaten Ausbildung (vgl. Institut der deutschen Wirtschaft Köln 2006).

Der geringe Bildungsstandard vieler türkischer Migranten hat neben der Arbeitslosigkeit noch andere Konsequenzen zur Folge. So ziehen niedrig qualifizierte und gefährliche Arbeitsverhältnisse wie etwa die Arbeit im Bergbau „negative Folgeerscheinungen mit sich: geringes Einkommen, längere Arbeitszeiten (um mehr Lohn zu bekommen), [...], gesundheitsgefährdende Arbeitsbedingungen sowie niedrige Renten" (Şen/Goldberg 1994, S. 33).

Weitere wichtige „push-Faktoren" sind nach Leicht et al. (2005), die *drohende Arbeitslosigkeit*, wonach jeder sechste Türke aus Furcht den Arbeitsplatz zu verlieren in die Selbstständigkeit wechselt und die individuell empfundenen „Benachteiligungen sowie Unzufriedenheiten mit der Situation am Arbeitsplatz" (Leicht et al. 2005, S. 20).

Aufgrund der beschriebenen heiklen Arbeitsmarktsituation ist gerade für türkische Migranten in Deutschland eine Entscheidung für den Schritt in die Selbstständigkeit naheliegend und in vielen Fällen unumgänglich (vgl. Özcan/Seifert 2003, S. 15). Aus den genannten Gründen entsteht ein Verständnis, warum sich eine „ethnische Ökonomie" türkischer Migranten in den letzten Jahren in Deutschland so stark entwickelt hat. Die von der prekären Arbeitsmarktsituation betroffenen Migranten sehen sich dazu gezwungen, eine selbstständige Erwerbstätigkeit anzustreben. Sie ist die einzig logische Alternative und verfügt gerade in den Bereichen Lebensmittel- und Einzelhandel sowie dem Gaststättengewerbe über geringe Zugangsbarrieren. Die formale schulische Bildung spielt in diesen wirtschaftlichen Bereichen eine eher marginale Rolle. Zu diesem Ergebnis kommt auch eine Studie der SEPA (Saarländische Entwicklungspartnerschaft Asylbewerber und Flüchtlinge) aus dem Jahre 2001. Das Marktforschungsinstitut „isoplan", welches die Studie der SEPA wissenschaftlich begleitete, fasst zusammen, dass

„vergleichsweise gute Chancen, eine sozialversicherungspflichtige Beschäftigung zu finden, [...] im Hotel- und Gaststättengewerbe, im Reinigungsgewerbe und beispielsweise bei Zulieferbetrieben für Kebab-Imbisse, lediglich vereinzelt noch im Baugewerbe [bestehen]. Relativ gute Chancen – insbesondere für Türken und Kurden – bietet auch die ethnische Ökonomie" (isoplan 2005, S. 2).

Nach den Ausführungen der „pull-Faktoren" und den als „push-Faktor" wirkenden Bedingungen des Arbeitsmarktes, werden im Folgenden die ermöglichenden Ressourcen sozialer Netzwerke besprochen, welche den Akteuren auf dem Weg in die Selbstständigkeit zur Verfügung stehen können. An dieser Stelle soll betont werden, dass die strukturellen Zusammenhänge des Arbeitsmarktes sowie die darin direkt verwobenen Defizite der Bildung zwar einen kausalen Zusammenhang zur Herausbildung einer „ethnischen Ökonomie" herstellen können, dieser Zusammenhang allerdings nur eine Seite „ethnischer Ökonomie" beleuchtet. Der Frage nach den strukturellen Ursachen einer „ethnischen Ökonomie" wird die Frage nach den Ressourcen, die für die Umsetzung einer beruflichen Selbstständigkeit genutzt werden, angeschlossen. Im Folgenden wird dementsprechend die konkrete Nutzung des sozialen Kapitals aus den sozialen Netzwerken der befragten Akteure skizziert und mit den Einschätzungen und Ergebnissen aus Literatur und Forschung abgeglichen.

4. Berufliche Selbstständigkeit durch die Nutzung der Ressourcen des sozialen Kapitals

Soziale Netzwerke stehen in engem Zusammenhang mit der Herausbildung einer „ethnischen Ökonomie" und mit dem individuellen Schritt in die berufliche Selbstständigkeit des jeweiligen Akteurs. Soziale Netzwerke und das daraus ge-schlagene soziale Kapital dienten den befragten Unternehmern als unverzichtbare Quelle von Unterstützung und als Ressource bei der Umsetzung der angestrebten Selbstständigkeit. In den Aussagen der befragten Selbstständigen wird deutlich, dass vor allem die Ressourcen des sozialen Kapitals im Sinne einer finanziellen Unter-stützung, einer tatkräftigen Unterstützung beim Aufbau des Unternehmens, einer Beschaffung wichtiger Informationen bezüglich der Betriebsgründung und einer Unterstützung der Netzwerke im Zusammenhang mit der Option einer Geschäftsübernahme in Anspruch genommen wurden.

Im Zusammenhang mit beruflicher Selbstständigkeit wird der Nutzen sozialer Netzwerke im Allgemeinen und der ethnischen Netzwerke im Speziellen bei der Herausbildung einer „ethnischen Ökonomie" in der einschlägigen Literatur als überaus wichtiges Moment angesehen. Allgemein wird hier die Einbettung in soziale Netzwerke für den angehenden Unternehmer als homo oeconomicus als soziales Kapital gewertet, „das [dieser] beim Eintritt und der Ausübung seiner Selbstständigkeit nutzen kann" (Abraham 2006, S. 89). Eine Ökonomie ist hierbei allgemein betrachtet als die Zahl aller unternehmerischen Handlungen und aller Institutionen, in denen diese Handlungen vollzogen werden, zu bezeichnen. Bei diesen Handlungen in der Ökonomie im Allgemeinen als auch bei der „ethnischen Ökonomie" im Speziellen geht es in erster Linie darum, durch das tatkräftige Handeln die Bedarfe der handelnden Personen abzudecken. Dieses Handeln ist dabei als aktive Lebensgestaltung zu verstehen, wobei die Akteure gezielt ihre Arbeitskraft einsetzen um dadurch das Leben bestreiten zu können. Ökonomie ist nicht die Deckung der Bedarfe durch passiven Erhalt von Gütern wie wir es beispielsweise aus einigen Ansätzen der Entwicklungshilfe kennen. Ökonomie ist vielmehr die aktive Teilnahme am Leben, die bei jedem Akteur, der sich in einer Ökonomie behaupten will, eine kategorische Handlungsmächtigkeit voraussetzt. Diese in den Sozialwissenschaften als *agency* bezeichnete Handlungsmächtigkeit ist somit die Grundlage einer jeglichen wirtschaftlichen Tätigkeit und somit einer jeden Ökonomie. So soll die Fähigkeit zu handeln, auch als grundlegend für die Herausbildung einer „ethnischen Ökonomie" türkischer Migranten in Deutschland gesehen werden. Das soziale Kapital, das der handelnde Unternehmer aus dem individuellen sozialen Netzwerk ziehen kann, entsteht nach Coleman (1991) dann, „wenn sich die Beziehungen zwischen Personen so verändern, daß bestimmte Handlungen erleichtert werden" (Coleman 1991, S. 394). Die Funktion, die der Begriff „soziales Kapital" dabei impliziert, „ist der Wert [...] in Gestalt von Ressourcen, die von den Akteuren dazu benutzt werden können, ihre Interessen zu realisieren" (Coleman 1991, S. 395). Die Ressourcen selbst sind dabei nicht als das soziale Kapital anzusehen, sondern die Fähigkeit des Individuums, diese Ressourcen bei Bedarf zu aktivieren (vgl. Portes 1995, S. 12). Diese Annahme wiederum bestätigt die Einschätzung, dass das Individuum im Sinne von agency eine Handlungsmächtigkeit zu eigen hat. Das Individuum ist demnach nicht passiver ‚Leistungsempfänger', sondern es muss sich mit seiner Umwelt, den sozialen Beziehungen und sozialen Einbettungen aktiv auseinandersetzen, um die vorhandenen Ressourcen nutzen zu können.

4.1 Finanzielle Unterstützung

Im Rahmen der problemzentrierten Interviews mit den türkischen Selbstständigen wurde deutlich, dass besonders die Ressource einer finanziellen Unterstützung ein maßgebender Faktor bei der Unternehmensgründung war. Es wurde mehrfach betont, dass die gegenseitige Vergabe von Krediten eine gängige Möglichkeit sei, zinsfreie Darlehen zu bekommen. Eine wichtige Voraussetzung, diese Kredite erhalten zu können, ist jedoch, das nötige Vertrauen der potentiellen Verleiher zu haben, was im Vorfeld, auch im Sinne von agency, ein entsprechendes Verhalten und Handeln voraussetzt. Das Verleihen von Geld beruht dabei auf dem Prinzip der Reziprozität und es gilt das Motto „Eine Hand wäscht die andere". Gani, der schon etliche Jahre mit gutem Erfolg einen Imbiss führt und mittlerweile schon mehrere Filialen unterhält, beschreibt seine Situation wie folgt:

„[...] und ohne Hilfe meiner Verwandten wäre mit Sicherheit nicht machbar, wo soll ich denn mit 21 [Jahren; Anmerkung: M.M.] 60.000 D-Mark herholen, gerade nach der Ausbildung und keine Kohle in der Tasche. Wie soll das gehen? Also hier muss ich schon an jemand glauben, dass ich soviel Geld erstmal in die Hand stecke und sage: „Du kannst die ganze Laden übernehmen, die ganze Gerätschaft und so weiter." Und das haben es gemacht und das wenn die selber nicht hätten, die hätten dann von Dritten dann geliehen und dann es mir gegeben, das ist auf jeden Fall so."

Im Zusammenhang mit der finanziellen Unterstützung durch das persönliche Netzwerk eines Unternehmers ist festzustellen, dass ein unzureichendes Startkapital mit als die wichtigste Hürde bei dem Schritt in die Selbstständigkeit gilt (vgl. Ibrahim/Galt 2002, S. 220ff.).

4.2 Tatkräftige Unterstützung

Die Inanspruchnahme von Unterstützung und Hilfe im Sinne körperlicher Arbeitsleistung wird bei den befragten Akteuren ebenso von der eigenen Familie mitgetragen, als auch vom weiteren ethnischen Netzwerk. Eine Besonderheit zeigt daneben die Unternehmensgründung von Pamir auf. Dieser erhält nicht nur die Hilfe von seiner Familie und von anderen türkischen Freunden, sondern auch von vielen Deutschen, die Pamir zu seinen Freunden zählt.

„[...] wir haben selber viel aufgebaut, muss ich jetzt sagen. Ich mit meinem Bruder und auch hier im Dorf viele Leute geholfen, muss ich sagen. Als die gehört, so wir machen 'ne Kneipe auf, viele Kollegen sind dazugekommen, geholfen, auch Streichen und Renovierungsarbeiten viel geholfen [...] wenn die Kameradschaft da ist, dann klappt das. Bis jetzt muss ich sagen, durch den Dorf auch viel unterstützt worden. Alles perfekt bis jetzt. [...] Die Anwohner auch genauso."

In diesem Zusammenhang kann in Bezug auf Brüderl et al. (2007, S. 53) festgestellt werden, dass gerade in der Anfangszeit der Betriebsgründung die unbezahlte oder gering bezahlte Mitarbeit von Familienmitgliedern oder Freunden und Verwandten eine wichtige Rolle spielt.

4.3 Informationsbeschaffung

Ein weiterer Aspekt sozialen Kapitals, welcher im Sinne der Nutzung von Ressourcen bei der Gründung eines Unternehmens von Bedeutung sein kann, ist die Beschaffung von speziellen Informationen, welche Erkenntnisse vermitteln, die für die Gründung von Bedeutung sind. Diese branchenspezifischen Informationen, da-von ist auszugehen, können allerdings nur von bestimmten Personen des Netzwerks weitergegeben werden, da diese einschlägige Erfahrungen in der Branche benötigen, um auf das benötigte Wissen zurückgreifen zu können. Durch die bei den Türken allgemein verbreitete reziproke Hilfeleistung, kann sich jedoch nach und nach ein Pool an ‚Spezialisten' ausbilden, die ihr Wissen weitergeben können. Sadun greift beispielsweise auf das Wissen seines Bruders und seines Patenonkels zurück, die beide auch in der Gastronomie selbstständig sind. Es geht ihm dabei um spezielle Informationen bezüglich der Planung des Einkaufs der angebotenen Waren.

„Und dann haben wir auch von den Verwandten hier, mein Bruder ist auch selbstständig und Pate von mir und hat auch mich geholfen. Wie kann man was machen, was besser, was schlecht ist [...]. Ja, mein Bruder hat das alles erklärt ge-nau. Wenn – ein kleine Beispiel – wenn mein Bruder nicht erklärt das von Anfang an, dann weiß ich nicht wie viel Fleisch muss ich bestellen oder wie viel Salat muss ich bestellen oder wie viel Brot muss ich bestellen. Genau beraten alles was ich von Papier her, von Steuerberater her, von alles hatte er bisschen Erfahrung gehabt mehr wie ich. Ich hab` nachher auch vielen Kollegen nachher Beratung gemacht. Also das ist klar, das ist von Anfang an, das ist normal bisschen schwierig, aber nachher ist besser. Und da ist noch deutsches Wort: „Eine Hand wäscht andere!"

4.4 Co-ethnische Handelspartner

Ein konkreter Vorteil für Unternehmer im Bereich der Gastronomie entsteht durch das co-ethnische Netzwerk, da die Imbissbetreiber innerhalb der eigenen Ethnie sehr gute Handelspartner finden. Viele Unternehmer gerade im Bereich der Dönergastronomie sind auf Lieferanten aus dem co-ethnischen Netzwerk angewiesen, da diese sich im Gegensatz zu deutschen Fleischereien oder Bäckereien auf die Herstellung von Fladenbrot und Dönerspießen spezialisiert haben. Aus dieser Spezialisierung heraus ergibt sich logischerweise eine Konkurrenz zu deutschen Fleischern und Bäckern, die diese, was die Kosten für die angebotenen Produkte angeht, bei weitem unterbietet. Acar, der seinen Imbiss in den Verkaufsräumen eines großen SB-Warenhauses angemietet hat, wollte in der hauseigenen Bäckerei und Metzgerei seine Fladenbrote und Fleischspieße produzieren lassen. Jedoch konnten diese Produkte dort nicht für einen angemessenen Preis produziert werden, weil dies keine Waren aus der regulären Produktpalette sind und somit gesondert hergestellt werden mussten. Aus dieser Problematik heraus entschied sich Acar dazu, seine benötigten Waren weiterhin von türkischen Zulieferern zu beziehen. Hier zeigt sich eine gewisse Abhängigkeit der Imbissbetreiber von ihren co-ethnischen Handelspartnern, welche letztlich auch für den wirtschaftlichen Erfolg der Zulieferbranche sorgt.

Acar: „Das sind eher Landsleute. Aus dem einfachen Grunde, ich hatte schon mal im P. [nennt hier den Namen des Warenhauses; Anmerkung: M.M.] nachgefragt ob die was anbieten könnten, weil wie zum Beispiel mit dem Brot, mit der Bäckerei, die ist ja direkt im P. und dann hab ich gefragt, ob die so was machen mit dem Brot zum Beispiel. Und das haben sie nicht gemacht, das würde sich nicht rentieren. Also bleibt mir nix anderes übrig, als über meine Landsleute, die das meistens machen und auch verbreiten und verkaufen, das zu machen. Also mein Geschäftspartner [...] bringt mir jeden Morgen pünktlich immer Brote. Genauso ist das mit dem Fleisch. Ich hab da beim P. nachgefragt, was das Kilo Fleisch kosten würde mit Spießen machen. Also da haben sie mir 'ne Summe genannt, die konnt' ich einfach nicht bezahlen. Also ich hätt' das gerne gemacht, aber da kann man nix machen."

Ausgehend von diesen Aussagen kann angenommen werden, dass nicht nur Acar von diesem Problem betroffen ist und deshalb in den meisten Dönerimbissen die Waren von Zulieferern der eigenen Ethnie bezogen werden. In Gesprächen außerhalb der eigentlichen Interviewsituation konnte diese Vorgehensweise auch für die Unternehmen von Sadun, Edgü und Gani erkannt werden.

4.5 Möglichkeiten einer Geschäftsübernahme

Ein letzter Nutzen für die Unternehmensgründer, ergibt sich im Rahmen der Ressourcen ihrer sozialen Netzwerke aus der Möglichkeit einer Geschäftsübernahme heraus. In den Interviews wurden von drei türkischen Selbstständigen Aussagen dazu gemacht, dass sie entweder ihren aktuellen Betrieb direkt von einem Landsmann übernommen haben oder ein Unternehmen in der Vergangenheit von einem Landsmann gepachtet haben. Im Falle von Can konnte durch die kooperative Zusammenarbeit mit einem Verwandten zunächst die Fleischspießproduktion erlernt und anschließend das zuvor als partnerschaftliches Geschäft laufende Unternehmen ganz übernommen werden. In diesem Zusammenhang wird abermals die Bedeutung der sozialen Netzwerke sichtbar. Ohne die Kontakte zu türkischen Freunden, Bekannten oder Verwandten hätten Gani, Edgü und Can die wahrgenommenen Optionen, sich beruflich selbstständig zu machen, nicht zur Verfügung gestanden. Im Folgenden sollen die Aussagen von Gani und Can dokumentiert werden, weil diese Geschäftsübernahmen das heute bestehende Unternehmen repräsentieren.

Gani: „[...] hab' ich dann Rückenschmerzen bekommen, Bandscheibenvorfall, leider musst' ich aufhören und der Laden hier zufälligerweise hab' ich übernom-men, also das war nicht geplant, es war eher Zufall als wirklich Organisation Pla-nung. Aber das ist bei Orientalen, Südländer sowieso, Planung steht meistens im Hintergrund. Also das würd' ich fast sagen, das ist ganz selten und wenn dann aus familiären Gründen, da fängt ein Verwandter mit sowas an und dann macht man einfach nach. Es ist meistens so, das war bei mir auch nicht anders. Ein Freund, al-so ein Bekannter von mir hat in P. ein Laden gehabt und dann, der kannte den Be-sitzer, der hier damals aufgemacht hat. Ich war nämlich nicht derjenige, der aufge-macht hat, ich kam erst nach vierten Jahr, hab' ich übernommen und der wollte den Laden *übergeben, dann hab` ich übernommen mit 21 und das sind jetzt fast neun Jahre, achteinhalb Jahre bin ich jetzt hier und das klappt bis jetzt."*

Can: *„Und dann durch den über die Kontakte von meinem Landsleute ich habe diesen Betrieb kennengelernt [...]. Dann haben wir zusammen gesetzt, darüber gesprochen, dann ich habe als Partner gearbeitet. Erste Jahr normal. Ich habe gesagt: „Erste Jahr, muss ich das trotzdem gucken, wie soll geht, ich will lernen wenigstens". [...] Bevor ich Partner werde. Und dann ich habe gesagt: „Ja ok, wenn ich [...] nachdem ein Jahr, dann kann ich das als Partner in der Firma reinkommen." [...] Und dann nach dem ein Jahr, hat er, haben wir alles abgemacht, gesprochen, dann als Selbstständiger als Partner gearbeitet. [...] Und dann nach den zwei Jahr`, ich habe den ganzen Firma, seit `96 komplette Firma übernehmt. Teil von meine Partner auch. Ich habe gekauft und dann allein ich habe die Firma."*

Die Ressourcennutzung durch soziale Netzwerke erstreckt sich somit auf folgende fünf Bereiche:

finanzielle Unterstützung beim Aufbau des eigenen Betriebes

(Bsp. Kauf der Immobilie, der Einrichtung, der Geräte etc.),

tatkräftige Unterstützung im Sinne körperlicher Arbeitsleistung (Bsp.: die

Mitarbeit im laufenden Betrieb und/oder Hilfen bei der Renovierung der Immobilie),

Beschaffung branchenspezifischer Informationen,

Belieferung der Gastronomen durch co-ethnische Handelspartner,

Möglichkeit der Geschäftsübernahme.

Die vielfältige Nutzung dieser Netzwerkressourcen, so wurde in der Studie deutlich, ist für den Einstieg in die berufliche Selbstständigkeit für die befragten Unternehmer unabdingbar. Nicht zuletzt durch die aktive Initiierung der Unterstützungspotentiale der sozialen und ethnischen Netzwerke durch die Unternehmer konnten florierende Geschäfte aufgebaut werden. Den beschränkten Chancen auf dem deutschen Arbeitsmarkt eine angemessene Beschäftigung zu finden, konnte somit erfolgreich entgegengewirkt werden. Mit ca. 35.000 türkischen Betrieben (42 % aller türkischen Unternehmen in Deutschland) im Bereich des Lebensmittelhandels und der Gastronomie findet eine beachtliche Zahl der Migranten in diesem Sektor der „ethnischen Ökonomie" eine Beschäftigung als selbstständiger Unternehmer (vgl. ATIAD, ZfT 2009, S. 1). Für viele Orte in Deutschland spielen genau diese Betriebe beim Erhalt der Nahversorgung mit Lebensmitteln und Nahrung eine wesentliche Rolle (vgl. ATIAD, ZfT 2009, S. 2). Das folgende abschließende Kapitel zeigt das Potential der türkischen Unternehmer auf und erläutert die Notwendigkeit der Förderung dieser Akteure und deren Betriebe in den Stadtteilen und Gemeinden: eine Förderung, zu der auch die Soziale Arbeit ihren Beitrag leisten kann.

5. Perspektiven für die Soziale Arbeit

Wie die Bundesregierung in ihrem aktuellen „Nationalen Integrationsplan" aus dem Jahre 2007 konstatiert, ist die Integration der Menschen mit Migrationshintergrund in Deutschland als „Aufgabe von nationaler Bedeutung" zu bewerten (Bundesregierung 2007b, S. 12). Bundeskanzlerin Angela Merkel stellt im Vorwort zum „Nationalen Integrationsplan" fest, dass Integration nicht als autodynamisches Prinzip zu verstehen ist und auch nicht einfach von der Regierung angeordnet werden kann (vgl. Bundesregierung 2007b, S. 7). Merkel sieht die Notwendigkeit, einen umgreifenden, systematisch ausgerichteten Ansatz der Integrationspolitik umzusetzen. Nur so „kann es gelingen, die Fähigkeiten und Potentiale der Menschen aus Zuwandererfamilien gezielt zu fördern – Potentiale, die wichtig für den gesellschaftlichen Zusammenhalt und die wirtschaftliche Zukunft" Deutschlands sind (Bundesregierung 2007b, S. 7).

Im Rahmen des Integrationsplanes wird auch die lokale Ökonomie und im gleichen Atemzug die „ethnische Ökonomie" als thematischer Schwerpunkt aufgegriffen. Die lokalen wirtschaftlichen Aktivitäten in den Kommunen, Stadtteilen und Quartieren bilden ein „wichtiges Potential für eine Stabilisierung und Aufwertung" dieser Lebensräume (Bundesregierung 2007b, S. 118).

Lokale Ökonomie als das wirtschaftliche Potential eines bestimmten Ortes oder Raumes kann als parallele resp. ergänzende Struktur zur neoliberalistischen Wirtschaftsordnung, zur Globalisierung gesehen werden. Die Orte, an denen sich die lokalen, stadtteilnahen Unternehmen ungehindert entwickeln können, verschaffen sich einen Ausgleich zu den negativen Auswirkungen der Globalisierung, wie etwa dem angesprochenen „outsourcing" von Arbeitsplätzen nach Asien. Es ist deshalb unabdinglich, dass die vorhandenen „lokalen Ökonomien und Arbeitsansätze integriert, miteinander vernetzt und entwickelt werden müssen" (Sahle, Scurell 2001, S. 9).

Die „ethnische Ökonomie" hat positive Auswirkungen auf die Beschäftigungssituation im Stadtviertel und trägt zu sozialer Integration bei. Die Bundesregierung erkennt hinsichtlich dieser ökonomischen Strukturen aber auch die Problembereiche:

„Die hohe Bereitschaft von Zuwanderern zur Selbstständigkeit resultiert zum Teil aus der Arbeitslosigkeit. Viele Kleinstbetriebe werden nur durch den hohen persönlichen und familiären Einsatz bei niedrigen Einkünften erhalten. Es fehlt ihnen oft an Eigenkapitalausstattung, unabhängiger Beratung, Perspektiven für die wirtschaftliche Weiterentwicklung, Fortbildung und Ausbildungsbefähigung. Aufgrund dieser Probleme kommt es bei Kleinunternehmen von Zuwanderern zu hoher Fluktuation und häufigen Insolvenzen" (Bundesregierung 2007b, S. 118).

Um diesen Problemen entgegen zu wirken, werden verschiedene Strategien eruiert, wie Bund, Länder, Kommunen, nichtstaatliche Organisationen und die Privatwirtschaft zu einer Verbesserung der ökonomischen Lage und Qualifikation der Akteure beitragen können. Diesbezüglich wird beispielsweise eine gezielte sozialräumlich ausgerichtete Wirtschaftsförderung vorgeschlagen, die „in benachteiligten Stadtteilen die lokalen Geschäfts- und Gewerbestrukturen – einschließlich der ethnischen Ökonomie – [ge]fördert und stabilisiert" (Bundesregierung 2007b, S. 119). Es ist dabei davon auszugehen, dass „der Abbau von Barrieren und damit die Förderung der Selbstständigkeit von Migranten [.] ein wichtiger Ansatz zur Stärkung der lokalen Ökonomie in Stadtteilen" ist (Idik, Schnetger 2004, S. 182).

Die bestehenden lokalen Ökonomien und die darin inkludierten „ethnischen Ökonomien" haben sich jedoch auch ohne spezielle Marketingstrategien und gezielte Wirtschaftsförderung bereits in weiten Teilen Deutschlands sehr gut entwickelt. Neueren Forschungsergebnissen entsprechend erfolgen

„Neugründungen von Lebensmittelgeschäften, die von türkischen Inhabern geführt werden, [.] nicht mehr in Stadtteilen mit ethnischer Bevölkerungskonzentration, sondern in unterversorgten Stadtteilen aus denen die Handelsketten sich zurückgezogen haben. In diesen Absatzgebieten erweitern die türkischen Händler ihr Warensortiment um die Produkte, die vor allem von deutschen Kunden stark nachgefragt werden. Gegenwärtig sind diese türkischen „Onkel-Mehmet-Läden" ein unverzichtbarer Bestandteil der Nahversorgung geworden" (ATIAD, ZfT 2009, S. 2).

In sozialtheoretischer Sicht wird deutlich, dass selbstständige Migranten als handlungsfähige Akteure zu sehen sind. In solchen Fällen, in denen von Menschen als Akteuren gesprochen wird, ist, wie Raithelhuber (2008, S. 17) feststellt, meist gemeint,

„dass Individuen mehr oder weniger bewusst und reflexiv auf sich selbst und ihre Umgebung Einfluss nehmen können. Wir nehmen an, dass sie über ein Vermögen, eine Fähigkeit oder Mächtigkeit zum Handeln verfügen. In der sozialwissenschaftlichen Theoriediskussion wird für diese Vorstellung häufig der Begriff agency verwendet."

Wie die Interviewergebnisse verdeutlichen konnten, haben die türkischen Unternehmer in puncto Unternehmensgründung weitreichend auf die Ressourcen so-zialer Netzwerke zurückgegriffen. Wie bereits an anderer Stelle in Bezug auf Portes (1995) deutlich gemacht wurde, stellt dieser Rückgriff auf die Ressourcen sozialen Kapitals eine Eigenleistung dar. Portes konstatiert, dass „the resources themselves are no social capital; the concept refers instead to the individual's *ability* to mobilize them on demand" (Portes 1995, S. 12; Hervorhebung durch den Autor). Der selbstständige Unternehmer erscheint somit nicht als passiver ‚Leistungsempfänger', sondern kann nur durch aktive Auseinandersetzung mit den Menschen innerhalb seines sozialen Netzwerkes die gewünschten Unterstützungen und Leistungen erhalten.

Zur Unterstützung dieser positiven Entwicklungen der „ethnischen Ökonomie" kann auch die Soziale Arbeit ihren Beitrag leisten. Soziale Arbeit sollte sich in diesem Sinne mit ihrem Unterstützungsangebot gezielt an die Unternehmer der „ethnischen Ökonomie" und deren Familien richten. Durch ein so entstandenes Angebot können die selbstständigen Unternehmer neben den Ressourcen ihrer persönlichen Netzwerke auch die Ressourcen der Sozialen Arbeit für die erfolgreiche Zukunft ihres Betriebs nutzen. Übertragen auf das methodische Repertoire der Sozialen Arbeit kann in diesem Zusammenhang die Gemeinwesenarbeit als Arbeitsprinzip genutzt werden.

GWA entspricht dabei dem Anspruch Sozialer Arbeit, nicht nur der Lebenssituation des Individuums, des Einzelnen in der Mikroebene unterstützend entgegenzutreten, sondern auch hinsichtlich einer Beförderung des sozialen Wandels auf der Makroebene ihren Anteil zu leisten.

Die zentralen Handlungsprinzipien der GWA sind nach Oelschlägel (2001, S.654):

die Bereitstellung von Dienstleistungen und Ressourcen,

die Beratung und Aktivierung der Personen, die eigenverantwortlich und

emanzipiert ihr Leben meistern sollen,

die Förderung des kulturellen Lebens im Stadtteil,

die Inanspruchnahme eines politischen Mandats, weil die Formung und

Umformung sozialen Raumes auch immer Intervention in politische

Entscheidungen bedarf,

und schließlich der Ausbau des sozialen Netzwerkes im Stadtteil.

Das Ziel der GWA ist es, die Lebenswelt der Menschen im Quartier positiv zu beeinflussen, die Menschen noch handlungsfähiger zu machen, diese zu einer Veränderung ihrer Lebenswelt und somit auch ihrer ökonomischen Lage zu ermutigen (vgl. Oelschlägel 2001, S. 653). Dieses Ziel wiederum ist auch auf den Ausbau „ethnischer Ökonomie" und eine Verbesserung der ökonomischen Situation der selbstständigen Unternehmer türkischer Herkunft zu übertragen. Die Flankierung der „ethnischen Ökonomie" durch die Handlungselemente der GWA können somit nicht nur dem einzelnen Individuum zugute kommen, sondern den sozialen Wandel eines ganzen Stadtteils einschließlich der dort lebenden Menschen mit Migrationshintergrund befördern.

Literatur

Abraham, M., 2006: Berufliche Selbstständigkeit. Die Folgen für Partnerschaft und Haushalt. Wiesbaden

Bögenhold, D., 1989: Die Berufspassage in das Unternehmertum. Theoretische und empirische Befunde zum sozialen Prozeß von Firmengründungen. In: Zeitschrift für Soziologie, Nr. 4, 18. Jahrgang. S. 263-281

Brüderl, J./Preisendörfer, P./Ziegler, R., 2007: Der Erfolg neugegründeter Betriebe. Eine empirische Studie zu den Chancen und Risiken von Unternehmensgründungen. Berlin

Coleman, J. S., 1991: Grundlagen der Sozialtheorie. Band 1: Handlungen und Handlungssysteme. München

Goldberg, A./Şen, F., 1993: Ein neuer Mittelstand? – Unternehmensgründungen von ehemaligen türkischen Arbeitnehmern in der Bundesrepublik Deutschland. In: Wirtschafts- und Sozialwissenschaftliches Institut des Deutschen Gewerkschaftsbundes [Hrsg.]: WSI Mitteilungen: Nr. 3, 46. Jahrgang, S. 163-173

Goldberg, A./Şen, F., 1999: Türkische Unternehmer in Deutschland. In: iza – Migration und Soziale Arbeit: Nr. 1, 11. Jahrgang, S. 29-37

Ibrahim, G./Galt V., 2002: Towards a Theoretical Synthesis of Ethnic Entrepreneurs. In: Global Business and Economics Review Anthology. Worcester. S. 220-227

Idik, E./Schnetger, M., 2004: Barrieren einer Migrantenökonomie und Bedingungen einer geeigneten Förderstruktur. In: Hanesch, W./Krüger-Conrad, K. [Hrsg.]: Lokale Beschäftigung und Ökonomie. Herausforderung für die „Soziale Stadt". Wiesbaden. S. 163-183

Leicht, R./Leiß, M./Philipp, R/Strohmeyer, R., 2001: Ausländische Selbstständige in Baden-Württemberg. In: Institut für Mittelstandsforschung [Hrsg.]: Veröffentlichungen des Instituts für Mittelstandsforschung, Nr.43. Mannheim

Oelschlägel, D., 2001: Gemeinwesenarbeit. In: Otto, H.-U./Thiersch, H. [Hrsg.]: Handbuch der Sozialarbeit/Sozialpädagogik. Neuwied. S. 1684-1692

Portes, A., 1995: Economic Sociology and the Sociology of Immigration. In: Portes, A. [Hrsg.]: The Economic Sociology of Immigration. Essays on Networks, Ethnicity, and Entrepreneurship. New York. S. 1-41

Pütz, R., 2004: Transkulturalität als Praxis. Unternehmer türkischer Herkunft in Berlin. Bielefeld

Pütz, R., 2005: Marginalisierte Unternehmer: Armut als Bestandteil der Migrantenökonomie. In: Migration und Soziale Arbeit: Nr. 3-4, 27. Jahrgang, S. 202-210

Raithelhuber, E., 2008: Von Akteuren und agency – eine sozialtheoretische Einordnung der structure/agency-Debatte. In: Homfeldt, H. G./Schröer, W./Schweppe, C. [Hrsg.]: Vom Adressaten zum Akteur. Soziale Arbeit und Agency. Opladen, Farmington Hills. S. 17-45

Rieple, B., 2000: Transstaatliche Wirtschaftsräume zwischen Deutschland und der Türkei. In: Faist, T. [Hrsg.]: Transstaatliche Räume. Politik, Wirtschaft und Kultur in und zwischen Deutschland und der Türkei. Bielefeld. S. 87-111

Sahle, R./Scurell, B., 2001: Einführung. In: Sahle, R./Scurell, B. [Hrsg.]: Lokale Ökonomie. Aufgaben und Chancen für die Soziale Arbeit. Freiburg im Breisgau. S. 7-12

Sanders, J. M./Nee, V., 1996: Immigrant Self-Employment: The Family as Social Capital and the Value of Human Capital. In: American Sociological Review: Nr. 61, 61. Jahrgang, S. 231-249

Schmidt, C., 1997: „Am Material": Auswertungstechniken für Leitfadeninterviews. In: Friebertshäuser, B./ Prengel, A. [Hrsg.]: Handbuch Qualitative Forschungsmethoden in der Erziehungswissenschaft. Weinheim, München. S. 544-568

Şen, F./Goldberg, A., 1994: Türken in Deutschland. Leben zwischen zwei Kulturen. München

Waldinger, R./Aldrich H./Ward, R. et al., 1990: Ethnic Entrepreneurs. Immigrant Business in Industrial Societies. Newbury Park, London, New Delhi

Witzel, A., 1985: Das problemzentrierte Interview. In: Jüttemann, G. [Hrsg.]: Qualitative Forschung in der Psychologie. Grundfragen, Verfahrensweisen, Anwendungsfelder. Weinheim, Basel. S. 227-255

Internetquellen

ATIAD/Zentrum für Türkeistudien (ZfT), 2009: Presseinformation vom 09.10.2009 – Der türkische Lebensmittelmarkt: Ein ökonomisches Bindeglied zwischen Deutschland und der Türkei. Düsseldorf/Essen
http://www.atiad.org/fileadmin/ISTEBILGI/Redaktion/pdf/Presseinformation_A TIAD-ZfT_20091009.pdf (08.09.2010)

Bundesregierung [Hrsg.], 2007a: 7. Bericht der Beauftragten der Bundesregierung für Migration, Flüchtlinge und Integration über die Lage der Ausländerinnen und Ausländer in Deutschland. Berlin. S. 88f.
http://www.bundesregierung.de/Content/DE/Publikation/IB/Anlagen/auslaenderb ericht-7,property=publicationFile.pdf (25.07.2010)

Bundesregierung [Hrsg.], 2007b: Der Nationale Integrationsplan. Neue Wege – Neue Chancen. Berlin.
http://www.bundesregierung.de/Content/DE/Publikation/IB/Anlagen/nationalerintegrationsplan,property=publicationFile.pdf (29.08.2010)

Floeting, H./Reimann, B./Schuleri-Hartje, U.-K., 2004: Ethnische Ökonomie: Integrationsfaktor und Integrationsmaßstab. Berlin
http://middleeastmessenger.christina-schlegl.de/wp-content/uploads/ethnischeokonomie.pdf (26.08.2010)

Institut der deutschen Wirtschaft Köln [Hrsg.], 2006: Arbeitslose Ausländer – Qualifikation fehlt. In: iwd. Nr. 14/2006, 2. Quartal. Köln
http://www.iwkoeln.de/Portals/0/PDF/iwd14_06.pdf (08.09.2010)

isoplan [Hrsg.], 2005: Flüchtlinge auf dem Arbeitsmarkt. In: aid – Integration in Deutschland Nr. 3/2005, 21. Jahrgang. Saarbrücken. S. 2
http://www.isoplan.de/aid/ (13.05.2008)

Leicht, R./Humpert, A./Leiß, M., 2005: Die Bedeutung der ethnischen Ökonomie in Deutschland. Push- und Pull-Faktoren für Unternehmensgründungen ausländischer und ausländischstämmiger Mitbürger. Studie im Auftrag des Bundesministeriums für Wirtschaft und Arbeit. Mannheim http://www.ifm.uni-mannheim.de/unter/fsb/pdf/Ethnische_Oekonomie_Kurzfassung.pdf (03.07.2010)

Leicht, R./Leiß, M./Hermes, K., 2006: Bedeutung der ausländischen Selbstständigen für den Arbeitsmarkt und den sektoralen Strukturwandel. Expertise für das Bundesamt für Migration und Flüchtlinge. Mannheim http://www.bamf.de/cln_180/nn_443728/SharedDocs/Anlagen/DE/Migration/Publikationen/Forschung/Expertisen/ifm-selbstaendige-migranten,templateId=raw,property=publicationFile.pdf/ifm-selbstaendige-migranten.pdf (03.09.2010)

Özcan V./Seifert, W., 2003: Die Arbeitsmarktintegration ausländischer Selbstständiger. In: Landesamt für Datenverarbeitung und Statistik Nordrhein-Westfalen [Hrsg.]: Statistische Analysen und Studien: veröffentlichte Ergebnisse, Band 8. S. 14-24
http://www.it.nrw.de/statistik/analysen/stat_studien/2003/band_08/oezcan_seifert_8_2003.pdf (26.08.2010)

Şen, F./Sauer, M., 2005: Türkische Unternehmer in Berlin. Struktur, Wirtschaftskraft, Problemlagen. Essen http://www.berlin.de/imperia/md/content/lb-integrationmigration/publikationen/beitraege/umfrage_tuerk_unternehmer_2005_bf.pdf?start&ts=1280757218&file=umfrage_tuerk_unternehmer_2005_bf.pdf (25.07.2010)

ANTJE ELß

Informations- und Kommunikationstechnologien (IKT) als „Entwicklungshelfer"? Soziale Entwicklung und agency in marginalisierten Ländern durch Mobiltelefon und Internet

Abstract

Wie können IKT zu nachhaltiger Entwicklung im Sinne von social development führen und somit Wege aus der Armut aufzeigen? Und welche Rolle kann dabei die transnationale Soziale Arbeit spielen? Die in diesem Beitrag dargestellten Projekte GRAMEENPHONE und BROSDI sind Beispiele für eine gelungene Verknüpfung von sozialer Entwicklung mit Informations- und Kommunikationstechnologien. Sie fördern mittels IKT das ökonomische, kulturelle und soziale Kapital der Menschen und stärken somit deren Handlungsfähigkeit (agency). Infolgedessen entsteht durch die Verzahnung von Individuum und Gemeinschaft ein Prozess des social development.

1. Erkenntnis- und Forschungsstand

Informations- und Kommunikationstechnologien (IKT), insbesondere der Computer und mit ihm die Vernetzung der Welt durch das Internet, haben sich in rasantem Tempo weiterentwickelt. Besonders die modernen Technologien wie Mobilfunk und Internet bieten mittlerweile vielfältige Verwendungsmöglichkeiten und „*verändern in zunehmendem Maße gesellschaftliche, politische und individuelle Prozesse, die wirtschaftlichen Grundlagen von Regionen und Staaten sowie die Transaktions- und Kommunikationsabläufe zwischen Individuum und Institution*" (HASELOFF 2007, S. 1). Allerdings sind der Zugang zu den Informations- und Kommunikationstechnologien und die Fähigkeiten, diese Technologien auch nutzen zu können, sehr ungleich verteilt – sowohl in regionaler wie auch in globaler Hinsicht. So haben längst nicht alle Menschen dieser Erde Zugang zu diesen Technologien und all den Möglichkeiten, die damit einhergehen.

IKT spielen eine zentrale Rolle in der heutigen (Wissens-) Gesellschaft, da „Wissen" und der „Zugang zu Wissen" entscheidende Voraussetzungen für den wirtschaftlichen und politischen Anschluss an die globale Gemeinschaft bilden. Durch die (neuen) Informations- und Kommunikationstechnologien und die damit einhergehenden Wissenszugängen haben sich durch die weltweit ungleiche Verteilung Wissensklüfte sowie ein digitaler Graben gebildet (vgl. WITTMAN 2006, S. 211). Dies ist keine neue Erkenntnis – und so sind die Informations- und Kommunikationstechnologien auch in die „*Millennium Development Goals (MDGs)*" integriert: „*In cooperation with the private sector, make available the benefits of new technologies — especially information and communications technologies*" (UNITED NATIONS 2008, o. S.). Doch die Umsetzung dieser Ziele verläuft noch recht müh-sam, wie auch zahlreiche Studien und Berichte deutlich machen (zum Beispiel DEM-

BOWSKI 2004, MANDLER 2008:A und B, ROGER/RAJESH 2006, FAIRLESS 2007, IDA 2008:B, sowie Studien der UNRISD und der DOT-Force - detaillierte und weiterführende Recherchen und Ausführungen sind nachlesbar bei ELß 2008). Hindernisse bei der Umsetzung entstehen etwa dadurch, dass einige Entscheidungsträger in den marginalisierten Ländern ebenso wie in der internationalen entwickelten Gemeinschaft skeptisch oder aber unwissend sind, was den Beitrag von IKT für die Entstehung von Entwicklung betrifft. Darum ist ein Austausch dringend notwendig, um die Erfahrungen von erfolgreichen Initiativen in bestimmten Ländern zu teilen und zu übernehmen.

Wichtig bei der Betrachtung der Informations- und Kommunikationstechnologien und ihren Auswirkungen auf Entwicklung sind jedoch nicht nur die Unterschiede bezüglich des Zugangs zu diesen und die Frage, wie dieser Zugang in marginalisierten Ländern verbessert werden kann. Bedeutend für eine nachhaltige Entwicklung ist vielmehr die Frage, welchen Nutzen arme Bevölkerungsschichten davon haben und wie sich mit Hilfe dieser Technologien eine nachhaltige, wirtschaftliche und soziale Entwicklung fördern lässt. Dieser Frage wird anhand einer Projekt- und Dokumentenanalyse nachgegangen, deren Ergebnisse in Zusammenhang mit Bourdieus Kapitalarten (kulturelles, soziales, ökonomisches Kapital) sowie mit social development und transnationaler Arbeit gesetzt werden. Ziel dieses Beitrages ist es, die Relevanz von Informations- und Kommunikationstechnologien für social development, agency und somit auch für die transnationale Soziale Arbeit (in den weiteren Ausführungen dieses Beitrages werden die Begriffe „Social Work" und „transnationale Soziale Arbeit" synonym verwendet) aufzuzeigen und in den aktuellen Erkenntnisstand einzubauen. In diesem Zusammenhang werden exemplarisch zwei Projekte dargestellt, die jene Technologien als Motor für nachhaltige Entwicklung in den Vordergrund ihrer Arbeit stellen.

2. Social development, agency und transnationale Soziale Arbeit

Eine auf social development beruhende soziale Unterstützung hat folgende Kriterien zu erfüllen: sie soll zum einen von den Fähigkeiten und Kenntnissen der Akteure vor Ort ausgehen und zum anderen durch diese an den lokalen Perspektiven und Vorstellungen von Welt ansetzen sowie diese mit einbinden. Dazu gehört auch der Rückbezug auf lokales Wissen und Ressourcen. Auf dieser Grundlage kann dann der Grundstein Sozialer Arbeit für die entsprechende soziale Entwicklung gelegt werden (vgl. HOMFELDT/ SCHRÖER/ SCHWEPPE 2006, S. 27ff.). Je seltener die Akteure die Chance bekommen, die eigenen Fähigkeiten und Ressourcen sich selbst und ihrem Umfeld unter Beweis zu stellen, desto weniger wird es ihnen gelingen, ihr Leben in eigener Verantwortung leben zu können. Macht- und Hilflosigkeit werden über die Zeit erlernt und internalisiert. Dadurch, dass sich die Betroffenen selbst mit den unwürdigen Gegebenheiten abfinden und entsprechende Normen und Verhaltensweisen entwickeln, verstärken und verfestigen sie ihre negative Situation. Dieser gesellschaftliche Effekt untergräbt ihre Würde weiter, verschärft ihre Chancenungleichheit und verstärkt ihren Mangel an Zugangmöglichkeiten zu materiellen Gütern und

Dienstleistungen (vgl. WELTENTWICKLUNGSBERICHT 2006, S. 58ff.). Konsequentermaßen folgt aus dem Erleben von Macht- und Hilflosigkeit der Verlust des positiven Selbstbildes und des Vertrauens in die eigenen Fähigkeiten und Ressourcen. *„Social development aber zielt ab auf die Förderung akteursspezifischer Fähigkeitenpotenziale und stellt somit eine handlungsorientierte Befähigungsstrategie dar, die gezielt in die Richtung **sozialer Unterstützung** [...], nicht aber **Hilfe** geht"* (HOMFELDT/ SCHNEIDER 2008, S. 187).

Grundvoraussetzung einer professionellen Haltung sollte demnach das Gewähren von Freiheit, vor allem von Wahl- und Handlungsfreiheit sein. Dazu gehört auch, den Akteuren Mitspracherecht und -möglichkeiten zu bieten, wenn es um die Wahl der geeigneten Intervention geht. So dürfen Initiativen und Projekte, die mittels IKT Entwicklung fördern wollen, den Menschen vor Ort nicht "übergestülpt" werden, sondern müssen von deren Lebensumständen und Ressourcen ausgehen. Soziale Beziehungen und soziale Strukturen spielen dabei eine wichtige Rolle und werden als Ressourcen und Handlungsoptionen der Akteure betrachtet. Soziale Unterstützung und der Aufbau sozialer Netzwerke sind auch bei den nachfolgenden Projekten von grundlegender Bedeutung und haben großen Einfluss auf die agency der einzelnen Akteure. Der Sozialen Arbeit fällt hierbei eine unterstützende Funktion zu: die Agents sollen bemächtigt werden, ihre eigenen Ressourcen zu mobilisieren, ihre Fähigkeiten auszubauen und zu fördern und somit ihre Lebenssituation durch eigene Lösungsansätze zu verändern. Ferner kann die Soziale Arbeit über die Aktivierung von Solidarität einen Beitrag zur Handlungsermächtigung benachteiligter Akteure leisten.

3. Informations- und Kommunikationstechnologien als Chance für so-cial development? Eine Analyse ausgewählter Projekte

„Ich gehöre nicht zu jenen Pessimisten, die davon ausgehen, daß die Technik die Kluft zwischen den Besitzenden und den Besitzlosen notwendigerweise vergrößert. Bei einem sinnvollen Einsatz kann die Technik vielmehr dazu beitragen, die strukturellen Schranken niederzureißen, die Kluft zu überbrücken, die kulturellen Unterschiede auszugleichen und den Armen zur Teilhabe am wirtschaftlichen Wohlstand zu verhelfen" (YUNUS 2006, S. 308).

Können Informations- und Kommunikationstechnologien das? Um dieser Frage nachzugehen, zielte die Analyse auf Projekte, welche eine nachhaltige wirtschaftliche und soziale Entwicklung in ärmeren, ländlichen Gebieten anstreben und dafür IKT einsetzen.

3.1 Die Projekte in der Analyse – GRAMEENPHONE und BROSDI

Das Interesse dieser Arbeit richtet sich auf Projekte, die auf der Mikroebene („locallevel") angesiedelt sind und aus „bottom-up"-Entwicklungen resultieren. Darunter fallen zum Teil auch (mittlerweile) größere, bekannte Projekte (wie GRAMEENPHONE), die zwar inzwischen mit internationalen Organisationen zusammenarbeiten, jedoch als kleine Projekte auf der Mikroebene angefangen haben. Zum anderen sind es auch Projekte, die sehr lokal verwurzelt und speziell sind, so dass sie außerhalb von Fachkreisen unbekannt sind und selbst innerhalb der Fachdiskussionen kaum auftauchen, wie das Projekt BROSDI, welches aufgrund seiner Mikroebenenorientierung das Interesse auf sich zieht.

3.2 Grameenphone

Im Jahr 1996 vergab die Regierung in Bangladesch drei Lizenzen für Mobilfunkbetreiber und teilte eine davon MUHAMMAD YUNUS und seinem Unternehmen GRAMEENBANK zu. Daraus erwuchs dann die GRAMEEN-Tochterfirma GRAMEENPHONE, die im März 1997 ihren Betrieb aufnahm. Gegründet wurden zwei voneinander unabhängige Unternehmen: GRAMEENPHONE, das gewinnorientiert aufgebaut ist, und GRAMEEN-TELECOM, ein gemeinnütziges Unternehmen (vgl. YUNUS 2006, S. 305ff.). Hinter dem Konzept steckt der norwegische Telekomkonzern „Telenor", dem mittlerweile 62% von GRAMEENPHONE gehören und der auf dem Markt im Schwellenland Bangladesch große Gewinne erzielt (vgl. LOUVEN 2007, S. 12f.). Heute stellt das Unternehmen den größten Anbieter für Mobilfunk in Bangladesch dar.

Die Vision von GRAMEENPHONE ist es, allen Menschen Zugang zu Informations- und Kommunikationstechnologien zu ermöglichen und ihnen über das Konzept des „Village Phone" sowie der „Village-Women" Chancen zu Eigenständigkeit und Überwindung der Armut bereit zu stellen. GRAMEENPHONE richtet sich an die gesamte Bevölkerung von Bangladesch – auch an die, die in ländlichen Gebieten leben. Das Unternehmen möchte erreichen, dass alle Menschen Zugang zu mobiler Kommunikation und Datenservice haben und sie für ihr Leben nutzen können.

Zum Konzept von GRAMEENPHONE gehören die so genannten „Village-Women". In Bangladesch gibt es mittlerweile ca. 280.000 Village-Women (Quelle: LOUVEN 2007, o. S.), die GRAMEENPHONE-Mobiltelefone an Dorfbewohner vermitteln und dafür Gebühren einnehmen. Sie arbeiten alleine und eigenständig, meist in einem kleinen Raum, der gleichzeitig als Wohn- und Schlafraum dient. Zum Aufbau ihres kleinen Unternehmens nehmen sie einen Kredit bei der GRAMEENBANK auf, um das Mobiltelefon, die dazugehörige SIM-Karte sowie die staatliche Gebühr für die Inbetriebnahme bezahlen zu können. Sie erhalten Großhandelsrabatt vom Mobilfunkkonzern und somit errechnet sich ihr Gewinn durch die Differenz zum regulären Minutenpreis, welchen sie den Dorfbewohnern für das Telefonieren berechnen. Somit bauen sie sich eine Existenz auf und können den Kredit zurückzahlen. Die GRAMEENBANK verteilt die Kleinkredite nur an Frauen, da sie der Überzeugung ist, dass Frauen sinnvoller und disziplinierter mit dem durch den Kredit erworbenen Geld umgehen, als dies die Männer tun würden.

In Bezug auf das kulturelle Kapital lässt sich anhand der Projektanalyse feststellen, dass IKT im Zusammenhang mit diesem Projekt Informationen, Wissen und Fähigkeiten vermitteln und somit kulturelles Kapital fördern bzw. entwickeln. Die

Frauen, die als Village-Women für GRAMEENPHONE arbeiten, brechen mit ihrer Arbeit viele Tabus und verändern die Kulturen und Traditionen ihres Dorfes. Es entsteht eine neue Kultur, in der auch Frauen Geld verdienen dürfen. Sie erwer-ben Fähigkeiten im Umgang mit Mobiltelefonen und werden wirtschaftlich tätig. Somit erweitern sie ihr kulturelles Kapital, das in der Gesellschaft anerkannt wird. Zugleich verändern sie den Wert des kulturellen Kapitals in der Gemeinschaft, da das Mobiltelefon in Bangladesch bisher als Statussymbol galt. Aufgrund des gerin-gen Einkommens wird in Bangladesch vorwiegend über Prepaid- und Telefonkarten telefoniert (vgl. YUNUS 2006, S. 305ff.). Wer also in einem Land wie Bangladesch mit Mobiltelefon und Internet umgehen kann, der verfügt dadurch auch über kulturelles Kapital. Denn nur wenige besitzen die Fähigkeiten und den Zugang. Somit profitieren diese Menschen vom Seltenheitswert. Dadurch können sie sich auch Vorteile in Gesellschaft und Wirtschaft verschaffen. GRAMEENPHONE sorgt dafür, dass das Mobiltelefon kein Luxus- oder Statussymbol bleibt, sondern auch den Armen zugänglich wird. Auch wenn GRAMEENPHONE es nicht so bezeichnet, so wird doch durch das Konzept der Village-Women die Umwandlung vom kulturellen Luxusgut zum allgemeinen kulturellen Kapital für die gesamte Bevölkerung angestrebt.

Auch das soziale Kapital der Village-Women wird durch ihre Tätigkeit gefördert. Die Frauen von GRAMEENPHONE verändern die soziale Struktur in der Gemeinde und die Rollenfestschreibungen. Ganz entscheidend ist auch, dass sie es durch den Aufbau ihres kleinen Unternehmens und den Verleih von Mobiltelefonen geschafft haben, das Ansehen von Frauen in ihrer Gesellschaft zu verbessern. Die Zugehörigkeit zu einer Gruppe ermöglicht überdies Solidarität und Anerkennung. Zudem hilft das Mobiltelefon sowohl den Anbietern wie den Nutzern, mit ihren Verwandten und Freunden in Verbindung zu treten, die weiter entfernt wohnen oder Beziehungen zu Handelspartnern aufzubauen. Durch das Mobiltelefon wird die Distanz überbrückt und Netzwerke können aufrechterhalten werden. Somit können die Menschen ihre sozialen Netzwerke pflegen, was wiederum ihr soziales Kapital erhöht, da dieses von der Ausweitung und Mobilisierung des sozialen Netzwerkes abhängt und dadurch bestimmt ist. Demnach stärkt der Kontakt zum sozialen Netzwerk eben jenes Netzwerk und sorgt dafür, dass es funktioniert. Das soziale Kapital kann auch als Ressource des Akteurs bzw. der Gruppe angesehen werden.

Im Hinblick auf das ökonomische Kapital ist abzulesen, dass GRAMEENPHONE ganz offensichtlich ökonomisches Kapital vermittelt, da die Village-Women ein Einkommen durch ihre Tätigkeit erzielen. Durch den Kredit bei der GRAMEEN-BANK ist eine Village-Woman in der Lage, ihr eigenes Unternehmen und somit eine Existenz aufzubauen. *„Auf diese Weise erhält sie durch die neue Informationstechnologie einen Arbeitsplatz"* (YUNUS 2006, S. 306). Die Village-Women machen einen Schritt heraus aus der Armut und verbessern ihre wirtschaftliche Situation.. Der ökonomische Ertrag zeigt sich jedoch nicht nur auf Seiten der Vermieterinnen von Telefonminuten, sondern auch auf Seiten der Nutzer dieses Dienstes: Landwirte können Marktpreise direkt bei den Märkten erfragen und Informationen über potentielle neue Kunden oder neue Märkte erhalten. Infolgedessen sparen sie sich die

Mittelsmänner, die sie früher dazu benötigten. Durch die Village-Women kön-nen sie sich dieser Technologie bedienen und müssen nur dann für die mobilen Dienste zahlen, wenn sie diese auch wirklich nutzen (vgl. SPIEGEL 2006, S. 138f.). Sie sparen durch die Mobiltelefone Zeit und Umwege und infolgedessen wiederum ökonomisches Kapital.

Aus der Idee von GRAMEENPHONE entsprangen noch weitere Ideen und Firmengründungen, die sich auf den Anschluss ländlicher Gebiete an das Internet spezialisieren, wie z.B. GRAMEEN-COMMUNICATIONS, das dazu dienen soll, allen Lehr- und Forschungsanstalten in Bangladesch Zugang zum Internet zu ermöglichen, denn selbst an Universitäten gab es zum Zeitpunkt der Gründung von GRAMEEN-COMMUNICATIONS kein bzw. kaum Internet (vgl. YUNUS 2006, S. 305ff.). Zu diesen neuen Diensten gehören mobile Internetcafés („Community Information Center"), die natürlich auch im Auftrag von GRAMEEN arbeiten (im Jahr 2007 betrieb GRAMEENPHONE nach Angaben LOUVENS bereits 500 solcher Cafés, vgl. LOUVEN 2007, S. 12f.). Das Konzept ist das gleiche wie bei den Village-Women, allerdings ist das Internet hier eher ein Nebengeschäft - den Hauptverdienst stellen immer noch Mobiltelefone und Telefonkarten dar.

GRAMEENPHONE engagiert sich auch in Infrastrukturprojekten und bietet sogar einen Bezahlservice für Stromrechnungen an. Ebenso hat GRAMEENPHONE die schlechte Gesundheitsversorgung als neues Betätigungsfeld erkannt und bietet einen 24-Stunden-Service, bei dem sich die Menschen Rat bei Ärzten einholen können. Die so genannte „*Health-Line*" bietet auch Rat bei Erster Hilfe und gibt Informationen über Medikamente und die nächstgelegene Arztpraxis. Was als kleines Projekt der GRAMEENBANK gestartet wurde, hat sich so zu einem großen und eigenständigen Unternehmen entwickelt. Das Unternehmen GRAMEEN gilt weltweit als sehr erfolgreich und dient sozusagen als Vorzeigeprojekt einer erfolgreichen NGO oder auch einer „grassroot"-Bewegung, die auf der Mikroebene ansetzt und direkt mit und für die marginalisierten Bevölkerungsgruppen arbeitet. Dies zeigt sich auch in zahlreichen Auszeichnungen und durch Projekte in aller Welt, die sich an GRAMEENPHONE orientieren.

3.3 *GRAMEENPHONE als Ansatz von social development?*

Das Geschäftsmodell fördert nicht nur den Aufbau wirtschaftlicher Existenzen bei Frauen in Bangladesch, sondern auch die Entwicklung des Landes (vgl. LOUVEN 2007, S. 12f.): um ein Mobiltelefon bedienen zu können, müssen die Dorfbewohner nicht einmal des Lesens und Schreibens mächtig sein. Auch ohne diese Fähigkeiten sind sie durch das Mobiltelefon dazu in der Lage, Informationen einzuholen (z.B. über Marktpreise), sich mit Freunden und Verwandten auszutauschen oder einfach Kontakt zu anderen Händlern herstellen. Ihre wirtschaftlichen Tätigkeiten werden damit ebenso gefördert wie ihre sozialen Netzwerke. Somit stellen die Informations- und Kommunikationstechnologien ganz neue Möglichkeiten für arme bzw. ganze Bevölkerungsschichten dar. Laut einer Untersuchung, auf die sich LOUVEN in ihrem Zeitungsartikel bezieht, steige das Bruttoinlandsprodukt um 0,6 Prozentpunkte in so genannten Entwicklungsländern, wenn die Verbreitung von Mobiltelefonen um 10 Prozentpunkte zunimmt (vgl. ebd., S. 12f.).

Für die meisten Menschen in Bangladesch ist das Mobiltelefon die einzige Möglichkeit, mit der Welt in Kontakt zu treten, da die ohnehin schon wenigen und schlecht ausgebauten Verkehrswege oftmals durch Monsunregen überflutet werden (vgl. ebd., S. 12f.). Einen der wenigen Telefonanschlüsse zu bekommen, dauert mitunter zehn Jahre. Mobilfunk ist schneller zu haben und deshalb ein Entwicklungsbeschleuniger.

Die persönliche Entwicklung wird durch GRAMEENPHONE auf zweierlei Weise gefördert: die Village-Women gründen kleine Agenturen, durch welche sie ihren Lebensunterhalt bestreiten und an der Wirtschaft teilhaben können. Die Frauen erhalten mehr Einfluss und Selbstsicherheit. Zudem wird durch die Gründung neuer Agenturen die gesamte wirtschaftliche Struktur der Gemeinde verändert und ausgebaut. Davon profitiert die gesamte Gemeinschaft, deren Entwicklung dadurch angekurbelt wird (vgl. Kulturelles Kapital). Zum Zweiten erfahren die Village-Women soziale Anerkennung. Zwar müssen sie dafür erst einige Tabus brechen und auch gegen bestehende Traditionen und Rollen (Mann als Erwerbstätiger - Frau im Haushalt) ankämpfen, aber durch GRAMEENPHONE wird folglich eine bisher eher marginalisierte Gruppe in der Gesellschaft gefördert und aufgewertet. Es hat also ein Wandel stattgefunden, der auf individueller Ebene beginnt und allmählich die gesamte Gesellschaft umfasst - dieser Wandel betrifft sowohl die wirtschaftliche als auch die soziale Entwicklung von Akteuren *und* der Gemeinschaft als Ganzes. Auch der Wirtschaftswissenschaftler AMARTYA SEN hat den Erfolg solcher Projekte bekräftigt: *„Die Teilnahme der Frauen am Wirtschaftsleben ist somit einerseits ein Gewinn an sich, da Frauen in familiären Entscheidungsprozessen weniger diskriminiert werden, und andererseits ein wirksamer Faktor für den sozialen Wandel im allgemeinen"* (SEN 2002, S. 244).

In abgelegenen und ärmeren Gebieten wie in Bangladesch erwartet kaum jemand moderne Telekommunikation - aber ist sie darum auch undenkbar und ohne Bedeutung für die Menschen? Das Projekt der Village-Women beweist das Gegenteil.

3.4 BROSDI

Ein ganz anderes Projekt ist das Projekt BROSDI. Die *„Busoga Rural Open Source & Development Initiative"* (BROSDI) ist eine Not-For-Profit-Initiative mit regionalen Wurzeln, die eng mit der Regierung und der Zivilgesellschaft zusammenarbeitet. Diese Initiative wurde im Jahr 2003 eingeführt als Ergebnis des ersten „South to South Exchange", der 2002 in Uganda stattfand. Ziel ist es, „[t]*o empower the civil society through knowledge sharing using ICT as a medium so that they can improve their livelihoods"*. BROSDI möchte gerade in den ländlichen Gebieten eine Kultur des Informationsaustauschs schaffen und dazu die Regierung, den Privatsektor sowie die Zivilgesellschaft in diesen Prozess mit einbeziehen. Erreicht werden soll dies durch den Gebrauch von Informations- und Kommunikationstechnologien und freien Medien, durch effektiven Wissensaustausch, Informationsmanagement und den Gebrauch von FOSS (*Free Open Source Software*) in ländlichen Gebieten. Das Bewusstsein der Bedeutung von Wissensaustausch für die ländliche Entwicklung soll bei allen Beteiligten gefördert werden. Dabei werden sowohl traditionelle wie auch moderne Informations- und Kommunikationstechnologien verwendet und als Mittel für offene Entwicklung angesehen - ebenso wie die Einsatzmöglichkeiten sozialer Vernetzung (vgl. BUSOGA RURAL OPEN SOURCE & DEVELOPMENT INITIATIVE 2008:b, o. S.). Herausragend ist dabei die Bestimmung eines Dorfrepräsentanten, der fortan zum so genannten „*Village Knowledge Broker*" wird und eine wichtige Vermittlerrolle einnimmt.

BROSDI ist in verschiedene Teilprojekte mit unterschiedlichen Schwerpunkten untergliedert:

Das Teilprojekt „***HCC-Programm***" *(Hope Childrens Club)* befasst sich mit dem Thema „Bildung" und soll Kinder (vor allem Waisen) in den ländlichen Gebieten bemächtigen, ihre Potentiale umzusetzen und zu mehr Selbstvertrauen bringen. Umgesetzt werden soll dies durch Herstellung von Bildungschancen, die Bereitstellung von Schulmaterialien, um mit städtischem Schulniveau mithalten zu können (darunter fallen auch IKT), die Aneignung einer Kultur des Wissensaustausches und des Informationsmanagements sowie das Angedeihenlassen von sozialen Fähigkeiten für die persönliche Entwicklung der Kinder. Für die Kinder und Jugendlichen gibt es einen eigenen Blog im Internet, den Childrensclub-Blog (http://childrensclub.wordpress.com/). Das HCC-Programm wurde entwickelt, um sich für das Recht auf Bildung gerade für Waisenkinder und Kinder von Prostituierten im ländlichen Raum einzusetzen. Informations- und Kommunikationstechnologien und -methoden werden dazu genutzt, den Graben zwischen Stadt und Land zu überwinden. Die IKT sind dabei das Hauptinstrument, um Informationen an alle Menschen zu verbreiten und sie daran teilhaben zu lassen. Laptops, Computer, Projektoren und Digitalkameras werden ebenso eingesetzt wie Musik, Tanz und Theater, um die Fähigkeiten der Schüler zu fördern, ihr Lernen selbst zu bestimmen.

Ganz anders aufgebaut ist das Teilprojekt „CELAC" (Collecting and Exchange of Agricultural Content), welches auf landwirtschaftliche Aspekte ausgerichtet ist und darauf hinwirkt, durch den Gebrauch von IKT die Armutsreduzierung weiter voran zu treiben und Lebensmittel zu sichern. CELAC operiert im gesamten ugandischen Raum. Ziel ist es, das in der Bevölkerung vorhandene landwirtschaftliche Wissen zu sammeln und zum Austausch bereit zu stellen. Auf diese Weise ist jedem Einzelnen Zugang zu diesem Wissen gewährt, welches somit entgegen dem allgemeinen Verständnis nicht nur den gebildeten und privilegierten Bevölkerungsschichten zur Verfügung steht. Informations- und Kommunikationstechnologien sollen diese Verbreitung des Wissens ermöglichen, denn: „Information is a vital tool in development" (Collecting and Exchange of Local Rural Content 2010, o. S.). So soll beispielsweise das Wissen der älteren Generationen an jüngere Farmer weitergegeben werden, damit diese Kenntnisse über traditionelle und natürliche Hilfsmittel gewinnen und beispielsweise weniger Chemikalien verwenden. Umgesetzt wird dies durch die CELAC-Website (auf der Informationen gesammelt werden), Newsletter (die auf Englisch und Luganda[5] verfasst sind), monatlichen interaktiven Radiosendungen, das Versenden von SMS (immer montags, an Farmer und andere interessierte Personen) ebenso wie der Einsatz von Musik, Tanz und Theater, um landwirtschaftliche Praktiken zu veranschaulichen (und auf DVD gebrannt, den lokalen Bauernverbänden und NGOs zur Verfügung zu stellen). Der Handel mit landwirtschaftlichen Waren im ländlichen Afrika ist traditionell sehr persönlich, aber auch begrenzt. Kleine Farmer kennen zwar ihre Kunden sehr gut, produzieren jedoch nur in begrenzter Anzahl und tun sich schwer darin, mehr Profit zu erlangen oder haben Probleme, der Fluktuation von Preisen stand zu halten. Der kürzlich erst begonnenen, aber weit fortgeschrittenen Verbreitung von Mobiltelefonen schreibt Mandler deshalb großes Potential zu, diesen Zustand zu ändern. „What we are already observing is that mobile phones, in combination with other ICT devices, are in a good position to change trading patterns at local agricultural commodity markets" (Mandler 2008:b., S. 30).

CELAC richtet sich hauptsächlich an Frauen, da in Uganda 72 % aller erwerbstätigen Frauen und 90 % aller Frauen in ländlichen Regionen (Männer nur zu 53 %) in der Landwirtschaft tätig sind (vgl. ebd., o. S.). Der Webblog zu CELAC (http://celac.wordpress.com/) gilt als sehr beliebt und vor allem der „Healthblog" wird von Schülern gern genutzt. Sie können hier gezielt Fragen stellen, die ihre Eltern oder Geschwister ihnen nicht beantworten können, zum Beispiel zum Thema sundheit. Hier steht BROSDI auch ein Arzt sowie medizinische und wissenschaftliche Fachkräfte zur Verfügung (vgl. KARAMAGI 2008, o. S.).

Das dritte Teilprojekt ist das „YoHAAP" (Youth and HIV/AIDS Awareness Project), das dazu dienen soll, in den länglichen Gebieten Ugandas ein Bewusstsein für Aids zu schaffen - der Fokus ist dabei auf die Jugend gerichtet. „To reduce the spread of HIV/AIDS among youth through Peer-to-Peer knowledge sharing and learning for personal development" (Busoga Rural Open Source & Development Initiative 2010:d, o. S.). Das Projekt arbeitet mit Gruppen zusammen, die sich aus Farmern, Schülern, Lehrern und Meinungsführern der Gemeinden zusammensetzen. YoHAAP bringt die Jugend auf dem Land in „Peer-Groups" zusammen, um einen positiven Wandel in der Gemeinschaft in Gang zu setzen. Auch hier gibt es einen eigenen Blog (http://yohaap.wordpress.com/).. In diesem Blog geben medizinische Fachkräfte der „London School of Hygiene and Tropical Medicine" Antworten auf die eingehenden Fragen und stellen weitere Informationen bereit. Im August 2010 wurden viele Fragen bzgl. der Ansteckungsmöglichkeiten bei HIV/Aids gestellt, z.B. ob das gemeinsame Nutzen von Geschirr gefährlich sei, ob Rauchen die HIV-Tests beeinflusse oder Fragen wie diese: „Is it true that HIV/AIDS patient tests negative when you take a coca-cola soda?"(Youth HIV/AIDS Awareness Pro-jekt (YoHAAP) 2010, o. S.).

---

[5] Luganda ist die Sprache der Baganda, einem Volk im Süden Ugandas und die Sprache, die in Uganda am meisten gesprochen wird (Anmerkung der Verfasserin).

Die Leistungen von BROSDI umfassen mobile Beratungsteams, Veranstaltungen, Radiosendungen und ein ausführliches Angebot im Internet (durch Foren, Wettervorhersagen, Archive, Blogs, Wikis, Podcasts und RSS Feeds). Mittlerweile findet sich das Projekt auch bei modernen Onlinediensten wie "Twitter" und "Facebook" wieder. Dabei sind sich die Organisatoren von BROSDI durchaus bewusst, dass die Internetdienste wohl vorläufig nur wenige der ländlichen Kunden nutzen können. *"Es lohnt sich aber, die gleichen Informationen über mehrere Kanäle zu verbreiten"* (MANDLER 2008: a, S. 74), denn es gibt auch auf dem Land wichtige landwirtschaftliche Akteure (Händler und Konsumenten), die über Zugang zum Internet verfügen und somit eine wichtige Zielgruppe für BROSDI darstellen. Da jedoch nur wenige der Menschen im ländlichen Raum Zugang zum Internet haben, konzentriert sich BROSDI auf das Versenden von Kurznachrichten auf Mobiltelefonen. Als Offline-Angebote bietet BROSDI Broschüren, Workshops („knowledge sharing forums"), Radioprogramme (World Space Radio), in welchen z.B. Informationen über Hühnerzucht in Liedform verbreitet werden, Musik, Tanz und Drama, „Knowledge Fair", sozusagen ein Markt oder Schauplatz, auf dem Kenntnisse präsentiert werden, SMS-Service und Telefonkonferenzen sowie ein „Notice Board" (eine Art Informationstafel) (vgl. ebd., o. S.).

Ebenso finden sich über die Website „Wordpress" so genannte „success stories", in denen die Menschen über ihre positiven Erfahrungen mit BROSDI berichten (vgl. BROSDI SUCCESS STORIES (BLOG) 2008:a, o. S.). Darin berichten zum Beispiel Bauern darüber, wie sie durch Computertraining dazu in die Lage versetzt wurden, selbständig nach Käufern für ihre Ware zu suchen, diese dann via Telefon kontaktierten und dadurch ihre Umsätze steigern konnten. Eine andere Farmerin lernte durch die Gemeinschaft von CELAC, wie sie ihr brachgelegenes Land wieder nutzbar machen konnte. Dadurch konnte sie höhere Erträge erzielen. Darüber hinaus lernte sie den Anbau eines Gemüsegartens, durch welchen sie ihre Familie ernähren kann, die Haltung von Hühnern sowie die Notwendigkeit von Sparen und Einkommensmanagement. Auch Hygiene besitzt bei ihr mittlerweile höchste Priorität. Die Ergebnisse dieses Lernprozesses waren sehr bedeutend für ihre Landwirtschaft, aber auch für die Versorgung und Ausbildung ihrer Kinder.

Ähnlich wie bei GRAMEENPHONE wird hier die Fähigkeit, das Mobiltelefon sowie das Internet zu nutzen zum kulturellen Kapital. Wissen ist kein Luxusgut mehr, sondern wird durch die Projekte von BROSDI zum gemeinsamen kulturellen Kapital einer (Dorf-)Gemeinschaft. BROSDI nimmt ferner durch das Projekt HCC gezielt das Thema „Bildung" in den Blick. Durch Bildung und die Entwicklung von persönlichen Fähigkeiten wird das kulturelle Kapital jedes einzelnen Akteurs gefördert und aufgebaut. Bildung ist die grundlegendste Form von inkorporiertem kulturellem Kapital, welches den Kindern und Jugendlichen im HCC-Programm vermittelt wird. Auch die Bauern und Frauen, die an den Workshops teilnehmen, erlangen kulturelles Kapital in Form von Wissensaustausch und dem Erlernen computerbezogener Fertigkeiten und Fähigkeiten. Durch die persönliche Aneignung und Verinnerlichung entsteht somit inkorporiertes kulturelles Kapital bei den Nutzern. Da eine ganze Generation ihr kulturelles Kapital erweitert und einbringt, stärkt sich auch das kulturelle Kapital der Gemeinschaft.

Aufgrund der starken Ortsgebundenheit als Landwirte und des hohen finanziellen und zeitlichen Aufwandes ist es vielen Menschen im ländlichen Uganda nicht möglich, Netzwerke aufzubauen oder zu erhalten. Ihr soziales Kapital ist daher auf nur wenige - oft familiäre - Mitglieder ihres Netzwerkes beschränkt. Wie auch bei GRAMEENPHONE stellt das Mobiltelefon ein Mittel dar, durch welches die Akteure auch über größere (sonst nicht überwindbare) Distanzen mit ihren Verwandten und Freunden in Verbindung bleiben und auf deren Unterstützung zurückgreifen können. Ebenso ist es den Landwirten möglich, sich in den Foren von BROSDI und CELAC zu registrieren und Teil eines weitreichenden Netzwerkes und Austauschprogrammes zu werden, in welchem sie Kontakt zu anderen Landwirten oder Händlern aufnehmen können. Dadurch erweitern sie ihr Netzwerk sowie ihr soziales Kapital, von dem sie zum Beispiel durch Wissens- und Erfahrungsaustausch profitieren und gegenseitige soziale Unterstützung erfahren. Profite aus der Zugehörigkeit zu einer Gruppe ermöglichen Solidarität – und umgekehrt (vgl. BOURDIEU 1973, S. 192). Und aus dieser Solidarität können die Landwirte profitieren, etwa indem sie sich gegenseitig bei Krankheit oder Ausfall helfen und am Markt eine einheitliche Gruppe zur Vertretung ihrer Interessen bilden. Somit kann das soziale Kapital dann auch in ökonomisches Kapital umgewandelt werden und gibt Sicherheit.

Das ökonomische Kapital zeigt sich bei den Projekten von BROSDI eher auf diesem indirekten Weg, da die Bauern durch die Informationen ebenfalls keine Mittelsmänner mehr brauchen und potentielle Kunden finden können. Ferner wurde aus den Beispielen deutlich, dass die Mitglieder des „knowledge sharing forum" durch den Wissensaustausch und neue landwirtschaftliche Methoden höhere Erträge aus ihrem Anbau bzw. der Tierhaltung erzielen und auch Wege des Managements und Geldsparens kennen lernen konnten. Demzufolge erhöht und stabilisiert sich ihr ökonomisches Kapital. Durch die Aneignung EDV-bezogener Fähigkeiten und die Übung im Umgang mit Computern (siehe kulturelles Kapital) können die Akteure ihren persönlichen Marktwert verbessern und in ökonomisches Kapital umwandeln.

3.5 BROSDI als Ansatz von social development?

Der Austausch von Wissen wird von BROSDI als grundlegender Faktor für persönliche Entwicklung angesehen, ebenso wie der Gebrauch von IKT als Motor für Entwicklung (vgl. THE COMMUNICATION INITIATIVE NETWORK 2008 b, o. S.). Indem gezielt gemeinsam mit den Akteuren ein „knowledge sharing forum" eingerichtet und das Wissen sowie die Weltsicht der Bauern als Grundlage genommen werden, lässt sich diese Initiative als local-level-Development bezeichnen. Dies zeigt sich besonders deutlich bei CELAC, aber auch in anderen Teilprojekten. Es werden nicht nur die Lebensumstände Einzelner verbessert, sondern auch die Gemeinschaft kann davon profitieren und eine wirtschaftliche Nachhaltigkeit und Armutsreduzierung durch „community development" könnte erreicht werden (vgl. BUSOGA RURAL OPEN SOURCE & DEVELOPMENT INITIATIVE 2010:c, o. S.). Auch hier werden Verbindungen zu social development deutlich und es zeigen sich Ansatzpunkte für eine Developmental Social Work (vgl. ebd., o. S.). Desgleichen lässt sich aus den Projektbeschreibungen herauslesen, dass BROSDI Solidarität aufbaut. Beispiel hier-für sind die „Peer-Groups", in denen YoHAAP die Jugend auf dem Land zusammenbringt, um einen positiven Wandel in der Gemeinschaft zu initiieren. In Form verschiedener Projekte richtet sich BROSDI an die gesamte ländliche Bevölkerung und stellt für jede Gruppe eigene Initiativen bereit, die sich ganz gezielt mit den spezifischen Problematiken befassen. Durch diesen Aufbau wird den Akteuren die Verantwortung für ihr Handeln selbst überlassen. Die Projekte stellen ihnen Mittel zur Lebensweisenverbesserung zur Verfügung und bauen entsprechende Strukturen und Netzwerke auf. Gerade bei BROSDI werden das Wissen und die Perspektiven der Akteure als Grundlage genommen. Dadurch kommt es dem agency-Ansatz und dessen „Person-in-Environment"- Perspektive recht nahe.

BROSDI selbst spricht von „Open Development", das die geschäftsführende EDNAH KARAMAGI folgendermaßen definiert: The *„ability of our target groups to understand a situation, make an analysis and practical decision on how to make advantage from the environment we live in"* (KARAMAGI 2008, o. S.).

4. Freiheit als Grundlage von Entwicklung (nach A. SEN) und IKT als Mittel zur Freiheit

"Wir leben in einer Welt, in der Mangel, Armut und Unterdrückung herrschen. Diese Probleme zu überwinden, gehört ganz wesentlich zu unseren Entwicklungsanstrengungen" (Sen 2002, S. 9). Zur Behebung dieser Mängel ist nach Ansicht AMARTYA SENS das individuelle Handeln von entscheidender Bedeutung. Allerdings ist die Handlungsfreiheit der Individuen nicht ganz frei von äußeren Zwängen. Sie ist bestimmt und begrenzt durch soziale, politische und wirtschaftliche Begebenheiten und Möglichkeiten, über welche die Menschen verfügen. *„Individuelles Handeln und soziale Einrichtungen sind zwei Seiten einer Medaille"* (SEN 2002, S. 9). SEN betrachtet die Erweiterung von Freiheit einerseits als Zweck an sich wie andererseits auch als „oberstes Mittel" für Entwicklung. *„Entwicklung besteht darin, die verschiedenen Arten von Unfreiheit aufzuheben, die den Menschen nur wenig Entscheidungsspielraum und wenig Gelegenheit lassen, wohldurchdachten Gründen gemäß zu handeln"* (ebd., S. 10). Daraus leitet Sen seine Grundthese ab, die besagt, dass *„die Beseitigung gewichtiger Unfreiheiten [...] eine grundlegende Voraussetzung für die Entwicklung"* (ebd., S. 10) ist. Denn Individuen sind keine passiven Empfänger (z.B. von Leistungen des Wohlfahrtsstaates), sondern Subjekte, die aktiv Veränderungen herbeirufen. Sie sind somit dazu in der Lage, mit angemessenen sozialen Möglichkeiten ihr eigenes Schicksal zu kreieren und sich gegenseitig zu helfen. *„Entwicklung läßt sich [...] als Prozeß der Erweiterung realer Freiheiten verstehen, die den Menschen zukommen"* (ebd., S. 13). Damit distanziert sich SEN von engeren Auffassungen von Entwicklung, die diese nur im Zusammenhang mit wirtschaftlichen Fortschritt oder dem Bruttosozialprodukt eines Landes betrachten.

In den vorgestellten Projekten GRAMEENPHONE und BROSDI spiegelt sich die Auffassung SENS wieder, da in diesen Projekten die Adressaten nicht als passive Empfänger von Dienstleistungen, sondern als aktive Subjekte angesehen werden. Die Village-Women erhalten durch GRAMEENPHONE die sozialen und finanziellen Möglichkeiten, durch welche sie sich selbst aus der Armut befreien und ihre Lebensumstände verbessern können. GRAMEENPHONE befreite die Frauen in Bangladesch von den traditionellen Beschränkungen und gab ihnen die Freiheit zurück, ihr Leben in Eigenständigkeit und Eigenverantwortung zu gestalten. Ein wichtiger und entscheidender Faktor war dabei der Zugang zu Informations- und Kommunikationstechnologien in Form des Mobiltelefons. Ebenso gab die BROSDI-Initiative den Menschen im ländlichen Uganda durch den Zugang zu IKT reale Freiheiten zurück: die Landwirte sind nicht mehr abhängig von Mittelsmännern und können selbstständig Marktpreise einholen oder ihre Handelskontakte ausbauen; durch den Wissensaustausch verändern sich nicht nur Anbaumethoden, sondern auch Lebensweisen und Eigenverantwortung der Menschen – sie haben mehr Entscheidungsspielraum. Ferner erhalten die Kinder und Jugendlichen durch Bildungsmöglichkeiten, gesundheitliche Aufklärung, Partizipation und Förderung ihrer agency die Freiheit, individuell zu handeln, ihr Leben in Eigenverantwortung zu gestalten und ihr Schicksal selbstbestimmt in die Hand zu nehmen. Aus diesen grundlegenden Freiheiten, die GRAMEENPHONE und BROSDI ihren Adressaten bieten, kann Entwicklung entstehen. Die Erfolge der Projekte sind ein Beweis dafür.

„Entwicklung fordert, die Hauptursachen von Unfreiheit zu beseitigen [...]. Obwohl der Überfluß insgesamt in nie gekannter Weise zunimmt, werden einer großen Anzahl - vielleicht sogar der Mehrheit in der heutigen Welt elementare Freiheiten vorenthalten" (ebd., S. 13f.). GRAMEENPHONE und BROSDI sind beispielhafte Projekte, die dieser Forderung gerecht werden. Mangel an Freiheit kann nach SEN entweder zusammenhängen mit wirtschaftlicher Armut, dem Fehlen öffentlicher Einrichtungen oder der Verweigerung politischer und bürgerlicher Rechte seitens autoritärer Regime sowie erzwungener Beraubung der Freiheit, am sozialen, politischen und wirtschaftlichen Leben des Gemeinwesens teilzunehmen (vgl. ebd., S. 14). Die vorgestellten Projekte zielen darauf, die wirtschaftliche Armut der Menschen zu beseitigen. Darüber hinaus treten sie dem Mangel an öffentlichen Einrichtungen entgegen – GRAMEENPHONE durch die Einrichtung einer „Healthline" sowie Investitionen in Infrastrukturprojekte und BROSDI durch umfangreiche Angebote und Dienstleistungen in den Bereichen „Gesundheit" und „Bildung". Den Frauen in Bangladesch ist es fernerhin durch ihr verbessertes Ansehen und die Aufwertung der Position von Frauen möglich, am sozialen und wirtschaftlichen Leben des Gemeinwesens teilzunehmen. Auch BROSDI stärkt die Adressaten, verleiht ihnen eine Stimme und stärkt ihre Position am Markt, in der Schule oder dem sozialen und wirtschaftlichen Leben allgemein. Der Zugang zum Markt kann ein bedeutender Faktor zur Entwicklung sein und wird durch die Projekte ermöglicht. *„Die Freiheit, Worte, Güter oder Geschenke auszutauschen, muß nicht durch ihre günstigen, aber entfernten Wirkungen gerechtfertigt werden; sie gehören zu den Lebens- und Umgangsformen in einer Gesellschaft - wenn sie reglementiert werden"* (ebd., S. 17).

Die Herausforderung für Entwicklungspolitik in marginalisierten Ländern liegt für SEN folglich darin, die Menschen aus den unmittelbaren oder mittelbaren Beschränkungen (z.b. entstanden durch alte Strukturen) zu befreien, die einen Zugang zum (Arbeits-)Markt verhindern (vgl. ebd., S. 18). BROSDI und GRAMEENPHONE kämpfen gegen die Strukturen und Hindernisse an, die vielen Kleinbauern und Produzenten den Zugang zum Markt versperren – sie durchbrechen sie, indem sie den Menschen Möglichkeiten der Kontaktaufnahme mit Händlern, des Austausches oder schlichtweg der Selbständigkeit mittels IKT geben. *„Die Freiheit, am wirtschaftlichen Austausch teilzunehmen, spielt im sozialen Leben eine fundamentale Rolle"* (S. 18), wie am Beispiel der Village-Women und ihrer sozialen Aufwertung durch wirtschaftliche Teilnahme dargestellt. Überdies haben soziale Werte noch eine weitere Funktion, denn gemeinsame Normen können soziale Verhaltensformen bestimmen: *„Die Verwirklichung von Freiheit wird durch Werte vermittelt, und diese sind ihrerseits Ausfluß öffentlicher Diskussionen und sozialer Interaktionen, welche wiederum durch die partizipatorische Freiheit beeinflußt sind"* (ebd., S. 20).

Ökonomische Unfreiheit zeigt sich in Form von extremer Armut und kann zur Verletzung anderer Freiheiten (wie etwa die soziale und politische) führen und die Menschen hilflos machen. Ebenso kann umgekehrt die Ermangelung politischer und sozialer Freiheiten zu wirtschaftlicher Unfreiheit führen (vgl. ebd., S. 19). Folglich formuliert SEN Entwicklung „[…] *als zusammenhängender Prozeß der Ausweitung substantieller, miteinander verknüpfter Freiheiten* […]" (ebd., S. 19). Im Gegensatz zu Ansätzen, die Entwicklung einzig mit dem Bruttosozialprodukt bzw. Wirtschaftlichem Erfolg in Verbindung setzen, entwickelt SEN in seinen Theorien eine umfassendere Perspektive.

5. IKT als „Entwicklungshelfer"

Die in dieser Arbeit untersuchten Projekte GRAMEENPHONE und BROSDI sind Beispiele für eine gelungene Verknüpfung von social development und Informations- und Kommunikationstechnologien. Sie fördern mittels IKT das ökonomische, kulturelle und soziale Kapital der Menschen und stärken somit deren Handlungsfähigkeit (agency). Soziale Beziehungen und soziale Strukturen spielen dabei eine wichtige Rolle und werden als Ressourcen und Handlungsoptionen der Akteure betrachtet. Durch die Verzahnung von Individuum und Gemeinschaft sowie die Förderung von wirtschaftlicher und sozialer Entwicklung auf beiden Seiten, entsteht ein Prozess des social development. *„Das Beispiel der Grameen Bank zeigt, daß durch entsprechendes Management von modernen Telekommunikationsdiensten weite Teile ärmerer Bevölkerungsschichten Zugang zu Information erhalten können. Dies trägt dazu bei, Ungleichheit zu reduzieren sowie die ländliche Entwicklung auf breiter Basis zu fördern"* (BAYES / VON BRAUN / AKHTER 1999, o. S.). Beide Projekte sind regional stark verwurzelt und setzen an der lokalen Ebene an (local-level-Orientierung). Dadurch können sie den Bedürfnissen und Lebensbedingungen ihrer Adressaten gemäß agieren und ihre Angebote darauf bezogen aufbauen. In den bisherigen Ausführungen ist deutlich geworden, dass GRAMMENPHONE und BROSDI nicht nur *für* ihre Adressaten arbeiten, sondern vor allem *mit* ihnen. Die Orientierung an der Lebenswelt und den Perspektiven der Menschen vor Ort macht den Erfolg dieser Projekte aus. Gerade bei BROSDI wird von dem Wissen und den Perspektiven der ländlichen Bevölkerung selbst ausgegangen (z.B. in den „knowledge sharing forums" von CELAC) und als Grundlage für weitere Initiativen genommen. Dadurch kommt es dem agency-Ansatz sehr nahe.

5.1 Soziale und ökonomische Entwicklung

Informations- und Kommunikationstechnologien können ökonomisches Wachs-tum beeinflussen und beschleunigen, wie auch die OECD in Studien belegt hat (vgl. RAVE / WETZER 2005, S. 18). Landwirte und Produzenten in ländlichen Gebieten erhalten Zugang zu Informationen über die aktuelle Marktsituation und können somit ihre Produktion an die Nachfrage anpassen. Information kann als wichtige Ressource und als Wettbewerbsfaktor angesehen werden. Die Teilhabe an politischen, wirtschaftlichen und kulturellen Prozessen wird durch Zugang zu und Nutzung von IKT erleichtert und in manchen Gesellschaften gerade erst ermöglicht. Somit wird der Zugang zu Wissen immer mehr auch zur Voraussetzung für Entwicklung und zwar nicht nur in lokaler und regionaler Hinsicht, sondern auch und gerade im nationalen, transnationalen und globalen Rahmen (vgl. WITTMAN 2006, S. 209).

Trotz ihrer Wirkungen auf ökonomisches Wachstum bestehen zugleich Zweifel, ob die IKT auch einen „pro-poor"-Einfluss, besonders im ländlichen Raum, haben können. Denn die vorhandene bzw. bereit gestellte Möglichkeit zur Nutzung von Mobiltelefonen und Internet, muss bei der ländlichen Bevölkerung nicht zwangsläufig auch zu höherer Produktivität führen. Der Zugang zu Land, Kapital und Arbeit ist immer noch von größerer Bedeutung für den Gewinn, den die Landwirte auf dem Markt erzielen können. „[...] *therefore, ICTs alone will not stop migration from rural to urban areas*" (RAVE / WETZER 2005, S. 19). Ebenso können kulturelle, soziale und sprachliche Aspekte dem Gebrauch von IKT im Wege stehen. Vor allem in Kulturen, die sich vorwiegend mündlich verständigen, kann das Internet eine persönliche Kommunikation nicht ersetzen.

Wie letztendlich sichtbar wird, hängt die nachhaltige wirtschaftliche und soziale Entwicklung ländlicher Gebiete nach wie vor vom Ausbau verschiedener Infrastrukturen (Straßenbau, Stromversorgung, Telefonnetze, etc.) und privaten In-vestoren ab und auch die politische Rahmung stellt einen entscheidenden Faktor dar. „*Aber es ist nicht länger so, dass der digitale Graben abgelegene Gemeinschaften grundsätzlich aus dem Netz ausgrenzt. Mittels einer Verbindung zum Internet machen Mobiltelefone vielfältige Informationen verfügbar und können somit zur Entwicklung der ländlichen Räume beitragen*" (MANDLER 2008:a, S. 75). Als grund-legend für ländliche Entwicklung erachten die Autoren SATTERTHWAITE / TACOLI zudem den Zusammenhang von urbanen und ländlichen Gebieten. Ländliche Ent-wicklung unterscheidet sich zwar von urbaner Entwicklung, ist aber nicht isoliert von dieser zu sehen.

5.2 Connectivity, Capacity Building und Content

Informations- und Kommunikationstechnologien können folglich einen Beitrag zu nachhaltiger wirtschaftlicher und sozialer Entwicklung leisten. Aber IKT allein können kein Ursprung von Entwicklung sein. Es müssen bestimmte Voraussetzungen gegeben sein, damit IKT als Element von Entwicklung fungieren können.

„Es ist international anerkannt, dass die wichtigsten Komponenten nachhaltiger Entwicklungsprojekte auf dem Feld der Informations- und Kommunikationstechnologien (IKT) die drei so genannten "Cs" sind:

- Connectivity, also die technische Anbindung

- Capacity Building, die Aus- und Fortbildung, und

- Content, die angemessenen Inhalte für die jeweilige Zielgruppe" (NIEMANN 2007, S. 428).

Für die **Connectivity** zuständig sind die Länder selbst. Sie sollen ihre Infrastruktur in Bezug auf IKT ausbauen und einen allgemeinen, aber erschwinglichen Zugang zu IKT für alle geographischen Bereiche ihres Landes bewirken. Denn öffentliche Zugänge bilden mitunter die effektivsten Strategien, um einem möglichst großen Anteil der Bevölkerung in armen Ländern Zugang zu IKT zuteil werden zu lassen (vgl. HASELOFF 2007, S. 2 bzw. S. 37 in dieser Arbeit). Die Regierungen müssen in Zusammenarbeit mit privaten Investoren für die technische Ausrüstung und die Errichtung sowie Erhaltung von Strom- und Verbindungsnetzen sorgen. Ausländische Investoren können ein wichtiger Partner sein (wie beispielsweise der Telekomkonzern *„Telenor"* bei GRAMEENPHONE), ebenso wie Geberländer. Aber eine funktionierende Infrastruktur allein ist noch nicht ausreichend. *„The linkage between people is the most important part of an ICT programme, not the technology. If you really want the information to reach villages, you have to have people who are capable of taking it there"* (ANBURAJ THIAGARAJANE zit. n. FAIRLESS 2007, o. S.).

Für den richtigen Umgang mit den neuen Technologien in marginalisierten Ländern, vor allem bezogen auf das Internet, ist **Capacity Buliding** von entschei-dender Bedeutung. Denn lediglich die Bereitstellung von Technologien führt nicht automatisch zu Entwicklung, wenn der Umgang damit nicht erlernt wird und Weiterbildungsmöglichkeiten bereitgestellt werden. *„Providing information in a targeted manner to large group of persons, leads to positive results. But at the same time it has become clear that such a task has not only to build on infrastructure and techniques, but capacities. Capacity is needed to handle ICTs as communication devices, and not just as top-down instruments"* (ebd., S. 31). Das Mobiltelefon bietet durch seine einfache Handhabung und der Eröffnung von Kommunikationsmöglichkeiten auch Menschen ohne Schulbildung Chancen zur Verbesserung ihrer Lebensumstände.

„In jedem Fall sollten Capacity-building-Programme in Sachen IKT auch mit dem dritten ‚C', dem ‚Content', verknüpft sein. Die Programme müssen von der Re-

alität im ländlichen Raum ausgehen und dürfen nicht als Fertigkonzept von der Hauptstadt aus übergestülpt werden" (NIEMANN 2007, S. 428). Um diesem **Content** gerecht zu werden, müssen Kenntnisse über die Lebensweisen und Weltdeutungen der Adressaten vorhanden sein. Lebensumstände, Traditionen und Kulturen können auch innerhalb eines Landes stark variieren. Darum muss für jede Region speziell ermessen werden, was in jener Region am besten wirkt und gebraucht wird bzw. Sinn ergibt. Manchmal ist es ein Brunnen, der ein Dorf verändert, manchmal ist es der Anschluss an die Welt durch das Bereitstellen von Mobiltelefonen. Meist sind es Kleinigkeiten, die den Unterschied machen. Ausgehend von den Gegebenheiten vor Ort kann dann ein adäquates Angebot entwickelt werden, das den „livelihoods" der Menschen entspricht. Oftmals haben die Adressaten in den ländlichen Gebieten recht grundlegende Anliegen, wie zum Beispiel das Kommunizieren mit Freunden und Verwandten oder das Abrufen der Wettervorhersage. Wie auch in den „success stories" der Nutzer von BROSDI deutlich wird, haben Landwirte häufig ganz einfache Fragen, wie etwa zur Pflege bestimmter Pflanzen oder Heilung von kranken Tieren (vgl. FAIRLESS 2007, o. S.). Diese lokal relevanten Inhalte gilt es herauszufinden und damit zu arbeiten.

Ebenso wichtig in Bezug auf diese wesentlichen Inhalte sind Traditionen und kulturelle Unterschiede bei den jeweiligen Zielgruppen, die in die Programme mit einbezogen werden sollten. Die Sprache stellt dabei einen entscheidenden Faktor dar. Das indische Projekt „*DealIndia*"[6] bietet zum Beispiel den Audiodienst „Kisan Blog" (vgl. DEALINDIA 2008:b, o. S.) an, in welchem per Sprachnachricht Fragen an Fachleute gerichtet werden können. Die Antworten werden dann als Audiodateien auf der Homepage von „*DealIndia*" online gestellt. Dieser Service wird auf Hindi angeboten und das ist ganz entscheidend, da dies die Sprache der Bauern ist. „*DealIndia*" arbeitet daran, diesen Service auch via Mobiltelefon bereit stellen zu können. „*Dabei ist die Verwendung örtlicher Sprachen essentiell, es ermöglicht Verstehen und Vertrauen*" (MANDLER 2008:a, S. 75). Reale Ansprechpartner sind dafür von immenser Bedeutung. Hier bieten sich viele Anknüpfungspunkte für eine local-level-orientierte transnationale Soziale Arbeit.

5.3 GRAMEENPHONE und BROSDI als „local level development"

Der Rückbezug auf die lokalen Lebenswirklichkeiten der Menschen in ländlichen Gebieten, wie er durch BROSDI aber auch durch GRAMEENPHONE umge-setzt wird, entspricht der Konzeption eines local-level-Developments, wie COX und PAWAR es entwickeln. Der von COX und PAWAR entfaltete Livelihood-Ansatz zeichnet sich eben durch situationsspezifische Interventionen aus, die so konzipiert sind, dass sie den individuellen Bedürfnissen der jeweiligen Zielgruppen entsprechen (vgl. ebd. S. 97ff.). Letztendlich stellen die einzelnen Akteure die wichtigste Ressource einer Gesellschaft dar. Und wie bei allen anderen Ressourcen auch, erfordert dies Entwicklung - eine Entwicklung, die auf der lokalen Ebene beginnt. Ein ent-

---

[6] Homepage: http://www.dealindia.org (letzter Abruf: 30.08.2010).

scheidendes Element davon ist „capacity building" bei Individuen, Familien und Gemeinschaften. Weiterhin führen COX und PAWAR an, dass die wichtigen gesellschaftlichen Eigenschaften und Qualitäten (wie beispielsweise soziales Kapital oder soziale Integration) auf Entwicklungen auf der lokalen Ebene angewiesen sind und nicht von oben herab aufgestülpt werden können. Politische Entwicklungsinterventionen („development policies") müssen sich dementsprechend auf die lokale Ebene beziehen und diese als Grundlage nehmen.

COX und PAWAR legen durch die Local-level- Orientierung das Augenmerk auf den Akteur und betonen die Anerkennung dieser Ebene. Die marginalisierten Länder und Regionen könnten von diesen Möglichkeiten profitieren, beispielsweise indem sie IKT in Verbindung mit ihren traditionellen Wirtschaftsformen bringen (vgl. DOT-FORCE 2001, o. S.). Diesbezüglich haben *„Projekte wie BROSDI oder Deal-India [...] vorbildliche lokale Angebote geschaffen [...]"* (MANDLER 2008:a, S. 75). Das gleiche gilt auch für GRAMEENPHONE. Somit können die in dieser Arbeit anaysierten Projekte als erfolgreiche Umsetzung eines Local-Level-Developments bezeichnet werden.

In Rückbezug auf die Theorien des social development lässt sich noch Folgendes bemerken: HALL und MIDGLEY beziehen sich in ihren Ausführungen zu den „livelihood" auf Kapitalarten, auch wenn nicht direkt auf die von BOURDIEU. Die „livelihood" setzt sich ihrer Auffassung nach aus den Fähigkeiten der Menschen, ihren materiellen und sozialen Ressourcen (auch Anlagen genannt) sowie den Aktivitäten, die sie als Erwerbsquelle benötigen, zusammen. Sie beziehen sich auf die Kapitalanlagen der Menschen - finanzielles, menschliches, physisches, natürliches, soziales und politisches Kapital. Eben jene Kapitalanlagen sind Ressourcen, welche die Lebensweisenverbesserung in sehr direkter, materieller Art und Weise unterstützen. Allerdings haben sie auch noch eine viel grundlegendere Bedeutung und weitreichendere Wirkungen: *„Social, human, natural and other capitals provide a source of meaning and power that may be mobilized to challenge the status quo and the rules which govern distribution of and control over these resources"* (HALL / MIDGLEY 2004, S. 99).

Dementsprechend sind diese Kapitalanlagen bzw. ökonomischen, kulturellen und sozialen Ressourcen von grundlegender Bedeutung für das Entstehen von sozialer Entwicklung im Sinne eines nachhaltigen social development.

6. IKT als Instrument für Empowerment und Freiheit

Ein weiterer wichtiger Aspekt in Bezug auf Informations- und Kommunikationstechnologien in ländlichen Regionen von so genannten Entwicklungsländern ist der Zugang zu Informationen über das politische Geschehen und öffentliche Diskussionen, den sie bieten können. *„Telekommunikation ist ein Empowerment-Instrument zweiter Ordnung: wer lesen und schreiben kann und durch politische Rechte staatsbürgerlich ermächtigt ist, wird seine Interessen mittels Anschluss, Modem und Rechner zielstrebiger verfolgen*[...]." (DEMBOWSKI 2004, S. 9). Durch die via Mobiltelefon und Internet versendeten Informationen und die Austauschprozesse erhalten die Menschen die Chance, sonst nicht verfügbare Informationen über die politische Situation und Vorkommnisse in ihrem Land zu erhalten, auszutauschen und sich darüber hinaus sogar an der politischen Meinungsbildung zu beteiligen. Dies ist gerade in den Ländern bedeutsam, in welchen die Regierung die Medien kontrolliert und vorgibt, was geschrieben oder gesendet werden darf. IKT können in diesen Ländern sogar ein Mittel zum sozialen und politischen Wandel sein. Denn Informationen über Regierungen, Oppositionen und politische Aktionen im eigenen Land verändern das Leben der Menschen und durch IKT sind diese Informationen auch im ländlichen Raum verfügbar.

Einen Beitrag zur Entwicklung ländlicher Gebiete leisten IKT auch dadurch, dass sie Unfreiheiten beseitigen, z.B. indem sie Menschen Kommunikationsfreiheit bieten und ihnen die Freiheit zurück geben, ihr Leben in Eigenbestimmtheit zu leben. Demzufolge, dass IKT Freiheiten für ärmere Bevölkerungsgruppen bringen, schaffen sie Voraussetzungen für Entwicklung und sind ein wichtiges Instrument für eben jene Entwicklung. IKT eröffnen den Akteuren neue Handlungsspielräume und Freiheiten. Dadurch bilden sie einen Baustein für (neue) Verwirklichungschancen armer Bevölkerungsschichten. Unter den beschriebenen Voraussetzungen und dem Aspekt der Freiheit als Grundlage für Entwicklung, können die Informations- und Kommunikationstechnologien folglich als Entwicklungshelfer angesehen werden.

7. Perspektiven & Annäherungspunkte für die transnationale Soziale Arbeit

Welche Rolle kann transnationale Soziale Arbeit in der Verknüpfung von IKT und social development spielen? *„Sozialer Arbeit käme in diesem gesamtgesellschaftlichen Handlungsrahmen eine Bearbeitungsfacette zu – nämlich die Bereitstellung angemessener und akteurszentrierter Handlungsoptionen"* (HOMFELDT/ SCHNEIDER, 2008, S. 184). Neben der Bearbeitung der Gobal-Lokal-Dialektik, kann die transnationale Soziale Arbeit auch praktisch ansetzen. Konkret formuliert kann die Soziale Arbeit die Menschen in ärmeren, ländlichen Regionen darin unterstützen, Lösungsansätze für ihre Problemlagen zu entwickeln und nach Auswegen zu suchen. Einer dieser Wege kann die Gründung eines eigenen *„Village Phone"*- Büros sein oder aber die Kontaktaufnahme mit anderen Landwirten durch die BROSDI-Initiative. Darüber hinaus kann sie die Menschen an die sinnvolle Nutzung von Wissensaustausch heranführen und den kritischen Umgang mit Informationen und IKT fördern. *„Finally, civic intervention is obviously rather meaningless if people are inadequately informed.* " (HAMELINK 1999, S. 26).

Gerade bei dem Projekt BROSDI ließen sich einige Anknüpfungspunkte für die Soziale Arbeit finden, so z.B. im YoHAAP-Projekt, wenn es um gesundheitliche Aufklärung geht oder aber bei der Organisation und Durchführung der „*knowledge sharing forums*", dem HCC-Programm und vielem mehr. Durch die Verbindung von social development mit einer agency-orientierten Sicht- und Arbeitsweise kann die

Soziale Arbeit neue Handlungsweisen entwickeln, die die Akteure in diesen Projekten darin unterstützt, ihre individuellen Fähigkeiten und Ressourcen zu aktivieren.

8. Resümee

Festzuhalten bleibt: Digitale Chancen sind eine Schlüsselkomponente für die Herausforderungen des 21. Jahrhunderts und können nicht erst nach den anderen wichtigen Entwicklungsschritten angegangen werden. Die Projekte GRAMEENPHONE und BROSDI spiegeln diese Denkweise wider. Sie machen deutlich, dass Informations- und Kommunikationstechnologien einen Beitrag zu Entwicklung und zur Lebensweisenverbesserung beitragen können - auch ohne dass andere Entwicklungsschritte vorangegangen sein müssen. Diese Technologien können auch von armen und marginalisierten Bevölkerungsteilen genutzt werden, die durch ihre Kreativität und ihre Fähigkeiten dazu in die Lage versetzt werden können, ihr Leben zu verändern und darüber hinaus noch eine Entwicklung der gesamten Gemeinschaft fördern können.

Es muss ein Umdenken erfolgen: Entwicklung geschieht nicht durch einen zuvor festgelegten Ablauf bestimmter Entwicklungsschritte, sondern kann auch durch die gleichzeitige Förderung mehrerer Entwicklungsschritte und -bereiche entstehen und durch innovative Ansätze gefördert werden. Aber das geschieht nicht von allein, sondern braucht sinnvolle, durchdachte und an die jeweilige Region angepasste Strategien, welche durch eine agency-orientierte Soziale Arbeit entwickelt werden könnten. Die Partizipation lokaler Gemeinschaften ist dabei grundlegend und unumgänglich. Social development in Verbindung mit Informations- und Kommunikationstechnologien könnte eine dieser Strategien sein und IKT zu Entwicklungshelfern machen. Dazu kann die transnationale Soziale Arbeit durch Empowerment und agency-orientierte Arbeitsweisen beitragen und diese Verbindung unterstützen und realisieren.

Der Forschungsstand zu den positiven wie auch negativen Auswirkungen von IKT auf Entwicklungsprozesse marginalisierter Bevölkerungsgruppen ist noch nicht umfassend und sollte dringend weiter ausgebaut werden. Nur durch Anwendungen in der Praxis und die Zusammenarbeit mit den Menschen in ärmeren, ländlichen Gebieten selbst können adäquate Lösungen entwickelt, Innovationen angepasst und sinnvolle Entwicklungsansätze gefunden werden. Hier kann transnationale Soziale Arbeit ansetzen und agency-orientiert arbeiten.

„Es bringt wenig, über Dinge nur theoretisch zu diskutieren, man muss sie ausprobieren und konkrete Erfahrungen sammeln, damit wirklich etwas hän-genbleibt. Alle großen Veränderungen fangen klein an. Um an die wirklichen Zu-kunftsimpulse einer Gemeinschaft oder eines Individuums heranzukommen, muss ich die Intelligenz der Hände und des Herzens erschließen – die des Kopfes reicht nicht aus" (SCHARMER 2008, S. 256f.).

Literatur

Bourdieu, Pierre (1973): Ökonomisches Kapital, kulturelles Kapital, soziales Kapital. In: Kreckel, Reinhard (Hrsg.): Soziale Ungleichheiten. Soziale Welt. Sonderband 2. Göttingen. S. 183-198

Cox, David / Pawar, Manohar (2006): International Social Work. Issues, Strategies and Programs. London, New Delhi

Dembowski, Hans (2004): Ohne Bildung keine Wissensgesellschaft. in: E + Z Entwicklung und Zusammenarbeit - Ausgabe Jg.45.2004:1. Bonn: InWent, S. 9

Fairless, Daemon (2007): From wheat to web: Children of the revolution. Nature News. Published online 22.Oktober 2007. (PDF)

Hall, Anthony / Midgley, James (2004): Social Policy For Development. Berkeley

Hamelink, Cees (1999): ICTs and Social development: The Global Policy Context. UNRISD Discussion Paper No. 116, October 1999. (PDF)

Haseloff, Anikar (2007): Public Network Access Points und der Digital Divide – Eine empirische Untersuchung der Bedeutung von öffentlichen Internetzugängen für Entwicklungsländer am Fallbeispiel Indien. Universität Augsburg – Fachbereich Kommunikationswissenschaften

Homfeldt, Hans Günther / Schröer, Wolfgang / Schweppe, Cornelia (2006): Transnationalität, soziale Unterstützung, agency - Interkulturelle Bibliothek. Nordhausen. Bd. 28

Homfeldt, Hans Günther / Schneider, Marie (2008): Social Work, Social development und Community Economic Development - Perspektiven für die Soziale Arbeit? in: Homfeldt, Hans Günther / Schröer, Wolfgang / Schweppe, Cornelia (2008): Vom Adressaten zum Akteur. Soziale Arbeit und Agency. Op-laden und Farmington Hills. S. 183-209

Louven, Sandra: Das Ohr zur Welt. Das Handelsblatt. Ausgabe NR. 205, 25.Oktober 2007, S. 12

Mandler, Andreas (2008:a): Ohne Computer und Festnetz. in: E + Z Entwicklung und Zusammenarbeit - Ausgabe Jg.49.2008:2. Bonn: InWent. S. 74-75

Mandler, Andreas (2008: b): Communication technologies support trade in Africa. In: Leisa Magazine 24.1, March 2008. S. 30-31. (PDF)

Narayan, Deepa / Patel, Raj / Schafft, Kai / Rademacher, Anne / Koch-Schulte, Sarah (2000): Voices Of The Poor. Can Anyone Hear Us? Oxford

Rave, Peter / Wetzer, Andrea (2005): ICTs - enabler for rural development? In: entwicklung & ländlicher raum 5/2005. S. 18-19. (PDF)

Roger, Harris / Rajesh, Rajora (2006): Empowering the Poor. Information and Communications Technology for Governance and Poverty Reduction. A Study of Rural Development Projects in India. UNDP-APDIP ICT4D Series

Satterthwaite, David / Tacoli, Cecilia (2005): Cities benefit from a prosperous agriculture. In: entwicklung & ländlicher raum 5/2005. S. 7-9. (PDF)

Scharmer, Otto C. (2008): „Kleine Anfänge". In: : E + Z Entwicklung und Zusammenarbeit – 2008/06, Tribüne. Bonn: InWent. S. 256-258

Sen, Amartya (2002): Ökonomie für den Menschen. Wege zu Gerechtigkeit und Solidarität in der Marktwirtschaft. München

Spiegel, Peter (2006): Muhammad Yunus – Banker der der Armen. Freiburg im Breisgau

Weltentwicklungsbericht 2006: Chancengleichheit und Entwicklung. Bonn. S. 58-66

Wittman, Veronika (2006): Digital Divide – auf dem Weg zu einer Informationsgesellschaft? In: Globale Trends 2007. Bundeszentrale für politische Bildung. Frankfurt am Main

Yunus, Muhammad (2006): Für eine Welt ohne Armut. Bergisch Gladbach

Internetquellen

Busoga Rural Open Source & Development Initiative (BROSDI) (2008:b): About us.
http://brosdi.or.ug/index.php?option=com_content&task=view&id=5&Itemid=6 (letzter Abruf: 15.10.2008)

BUSOGA RURAL OPEN SOURCE & DEVELOPMENT INITIATIVE (BROSDI) (2010:c):Hope Childrens Club.
http://brosdi.or.ug/index.php?option=com_content&task=view&id=14&Itemid=30 (letzter Abruf: 30.08.2010)

"BUSOGA RURAL OPEN SOURCE & DEVELOPMENT INITIATIVE" (BROSDI) (2010:d):Health programme.
http://brosdi.or.ug/index.php?option=com_content&task=view&id=15&Itemid=31 (letzter Abruf: 30.08.2010)

Bayes, A. / von Braun, J. / Akhter, R. (1999): Village Pay Phones and Poverty Reduction: Insights from a Grameen Bank Initiative in Bangladesh. Zentrum für Entwicklungsforschung der Universität Bonn – Discussion papers on Development Policy. Bonn, June 1999.
(http://www.telecommons.com/villagephone/Bayes99.pdf, o. S. , letzter Abruf: 10.10.2008)

BROSDI Success Stories (Blog) (2008:b): Knowledge as a vital vehicle to development. http://successstories.wordpress.com/page/7/ (letzter Abruf: 25.10.2008)

Collecting and Exchange of Local Rural Content (Celac) (2010)
http://celac.or.ug/index.php?option=com_content&task=view&id=5&Itemid=6
(letzter Abruf: 30.08.2010)

DealIndia (2008:b): Kisan Blog. http://opaals.iitk.ac.in:9000/kisanblog/index.php
(letzter Abruf: 30.10.2008)

Karamagi, Ednah (2008): Improving Rural Livelihoods using Knowledge Sharin.
http://www.authorstream.com/Presentation/cta.ppt-62485-Improving-Rural-
Livelihoods-using-Knowledge-Sharin-uganda-NGO-brosdi-presentation-to-
Education-ppt-powerpoint/ (letzter Abruf: 27.10.2008). (Powerpoint)

The Communication Initiative Network (2008): Busoga Rural Open Source and
Development Initiative (BROSDI). http://www.comminit.com/en/node/133185,
(letzter Abruf: 21.10.2008)

United Nations (UN) (2008): Millennium Goals
http://www.un.org/millenniumgoals/index.html (letzter Abruf: 01.09.2008)

Youth HIV/AIDS Awareness Projekt (YoHAAP) (2010): Home.
http://yohaap.wordpress.com/ (letzter Abruf: 03.09.2010)

4.
Eine Perspektive für Soziale Arbeit in Deutschland?

CHRISTIANE BÄHR

Katastrophen-Management – eine Perspektive für die Soziale Arbeit in Deutschland?

Abstract

Katastrophen-Management und die Katastrophenhilfe im Allgemeinen sind ein bisher kaum erforschtes Handlungsfeld der Sozialen Arbeit. Besonders in Deutschland gibt es weder auf der disziplinären noch auf der professionellen Ebene fundierte Ansätze, die sich mit diesem Thema umfassend auseinandersetzen.
Dieser Beitrag stellt auf Grundlage einer qualitativ-empirischen Untersuchung in den USA dar, in welchem Rahmen und mit welchen Möglichkeiten die Soziale Arbeit in ein Katastrophen-Management verankert werden kann und welche Perspektiven sich hieraus für die Soziale Arbeit in Deutschland entwickeln können.
Abgeschlossen wird der Beitrag durch einen Ausblick und offene Forschungsfragen in Bezug auf ein mögliches transnationales Katastrophen-Management bzw. eine transnationale Katastrophenhilfe der Sozialen Arbeit.

1. Zum Forschungsstand

Dem Thema „Katastrophen-Management und Soziale Arbeit" wird in Deutschland noch wenig Aufmerksamkeit geschenkt.

Da eine Katastrophe mit ihren oft schwerwiegenden Folgen jedoch jede Community und jeden Menschen treffen kann, ist es wichtig, dass eine Auseinandersetzung mit diesem Thema stattfindet, um so angemessen und zeitnah auf eine Katastrophe reagieren zu können. Besonders die Soziale Arbeit muss anfangen, sich in diesem Handlungsfeld zu positionieren, um auf gleicher Kompetenzebene mit anderen Professionen und Katastrophenhelfern (z.B. Notfallseelsorgern, Psychologen, Ärzten) in ein Katastrophen-Management einbezogen zu werden. In Deutschland hat sich die Soziale Arbeit in der Katastrophenhilfe kaum etabliert. Auf der professionellen Ebene wird es aber in Deutschland, aufgrund der Tatsache, dass es auch hierzulande immer wieder Katastrophen geben wird, immer wichtiger, ein Katastrophen-Management zu entwickeln, in welchem die Soziale Arbeit fest verankert ist. Die steigende Relevanz eines Katastrophen-Managements steht immer noch in einem seltsamen Kontrast zu ihrem Schattendasein in der Sozialwissenschaft, besonders in Bezug auf die Soziale Arbeit. Die Begriffe „Katastrophenhilfe" und „Katastrophen-Management" tauchen in keinem der einschlägigen Handbücher der Sozialen Arbeit auf (vgl. Treptow 2007, S. 20). Die Soziale Arbeit bietet jedoch viele spezielle Ressourcen und Handlungsmethoden, die auch gerade im Katastrophenfall sinnvoll eingesetzt werden können. Aus diesem Grund sollte sich die Soziale Arbeit in Deutschland auf professioneller Ebene darum bemühen, dieses neue Handlungsfeld für sich zu erschließen, um so auf eine mögliche Katastrophe unverzögert und organisiert reagieren zu können und sich nicht hinter anderen Professionen verstecken zu müssen. Auch auf der disziplinären Ebene muss die Soziale Arbeit in Deutschland ihren

Blick international öffnen, denn auch hier besteht, im Gegensatz zu anderen Ländern, wie z.B. den USA, Israel und Großbritannien, eine Forschungslücke, die gefüllt werden muss.

Da in Deutschland ein klares Defizit im Bereich des Katastrophen-Managements zu verzeichnen ist, soll auf der Grundlage einer qualitativ-empirischen Untersuchung aus den USA gezeigt werden, wie die Soziale Arbeit in ein Katastrophen-Management integriert werden kann. Um die Aufgaben und Positionen von Sozialarbeitern im Bereich des Katastrophen-Managements in den USA darzustellen, sollen sie am Beispiel des Terroranschlages auf das World Trade Center am 11. September 2001 verdeutlicht werden. Dieses schreckliche Ereignis gab der Sozialen Arbeit in den USA seinen großen Aufschwung, sich mit diesem Handlungsfeld auseinanderzusetzen und die Soziale Arbeit, neben den anderen Mental Health Professionen (hierzu zählen in den USA u.a. Psychiatrie, Psychologie), als gleichwertiges und handlungsstarkes Mitglied in ein Katastrophen-Management zu integrieren.

Terroranschläge wie der am 11. September 2001 auf das World Trade Center in New York City, Flugzeugabstürze und –entführungen, Amokläufe, Raubüberfälle, Gewaltakte, Überschwemmungen, Verkehrsunfälle und Zugunglücke gehören weltweit zu den Faktoren, die dazu beigetragen haben, dass sich ein wachsendes Interesse am Aufbau von psychosozialen Initiativen entwickelt hat. So wurde in den letzten Jahren in Deutschland besonders der Krisenintervention, der Notfallseelsorge, der Notfallnachsorge und der Notfallpsychologie besondere Aufmerksamkeit geschenkt (vgl. Mitchell/Everly 2005). Wissenschaft, Forschung und akademische Lehre in Deutschland haben, so scheint es zumindest auf den ersten Blick, Katastrophen und Sicherheit sowie alles damit Zusammenhängende als neues herausragendes Thema entdeckt. Im disziplinären Raum werden seit einigen Jahren neue Bachelor- und Masterstudiengänge zum Katastrophen-Management angeboten (vgl. Geier 2007, S. 4). So gibt es Studiengänge mit einer feuerwehrtechnischen, einer rettungsdienstlichen, einer sozialpsychologischen und ingenieurwissenschaftlichen Ausrichtung (vgl. Dombrowsky 2007, S. 9). Jedoch gibt es in Deutschland keinen Studiengang mit einer sozialarbeiterischen/sozialpädagogischen Ausrichtung im Bereich des Katastrophen-Managements.

Es stellt sich an dieser Stelle die Frage, warum die Forschung im Bereich der Katastrophenhilfe und der Ausbau eines Katastrophen-Managements allgemein und in Bezug auf die Soziale Arbeit noch in den Anfängen steckt und ihr noch keine große Anerkennung in Deutschland geschenkt wurde. Im Jahre 2007 äußerte der Katastrophenforscher Dombrowsky, dass die Antwort wohl in der Tatsache begründet liegt, dass Deutschland im Vergleich zu anderen Weltregionen noch als katastrophenfern angesehen wird. Seiner Meinung nach erzeugen deshalb derart selten eintretende und dann relativ glimpflich abgehende Ereignisse heutzutage noch keinen gesellschaftlichen Problemdruck, auf den hin massiv gehandelt werden müsste (vgl. Dombrowsky 2007, S. 8). Aber wie sieht es im Jahr 2011 aus? Ist die Anzahl der Katastrophen in Deutschland nicht auch angestiegen? Und gibt es nicht auch immer größere Auswirkungen und Folgeschäden?

2. Ergebnisse meiner qualitativ-empirischen Untersuchung in den USA mit Fokus auf dem Terroranschlag am 11. September 2001 auf das World Trade Center in New York City

"The September 11th terrorist attack on the World Trade Center in New York is what's called in psychology a "marker" event. Like a wedding, birth of child, or death of a loved one, a marker event is a significant experience that has a major impact on a person's life as well as potentially on history. Often a turning point, the event becomes a date against which people remember other events; for example, saying, "Before 9/11, we..." or "After 9/11, I no longer..." (Kuriansky 2003, S. 37).

2.1 Empirische Vorgehensweise

Bei den im Folgenden vorgestellten Ergebnissen handelt es sich um eine Auswertung einer qualitativ-empirischen Untersuchung in New York City/USA im Jahr 2008. Der Fokus dieser Untersuchung lag auf den Ereignissen in Verbindung mit dem Terroranschlag am 11. September 2001 in New York City. Zur Datenerhebung wurde die qualitative Befragung in Form von Experteninterviews verwendet, um Ansichten, Einstellungen, Erfahrungen und Meinungen der befragten Experten individuell zu erfassen. Es ging hier explizit darum, ein spezielles „Insiderwissen" (Meuser/Nagel 1994) eines Bereiches zu erschließen, der von der Sozialen Arbeit in Deutschland noch nicht erschlossen wurde, nämlich die Positionierung der Sozialen Arbeit im Bereich eines Katastrophen-Managements.

Zur Auswertung der geführten Experteninterviews wurde die Methode der strukturierenden qualitativen Inhaltsanalyse von Mayring (2007) gewählt. Eine ausgewählte Anzahl an möglichen Interviewpartnern wurde bereits aus Deutschland kontaktiert. Hierbei handelte es sich um Sozialarbeiter, die im Bereich des Katastrophen-Managements in den USA, insbesondere in New York City, tätig waren. Während des Forschungsaufenthaltes in New York City wurde dann durch das Schneeballprinzip (vgl. Flick 2007) die Stichprobe auf 10 Interviewpartner aufgestockt. Da die Sozialarbeiter zu ihren verschiedensten Aufgaben, Rollen und Funktionen im Katastrophen-Management befragt werden sollten, wurde bei der Stichprobe darauf geachtet, dass die ausgewählten Sozialarbeiter in unterschiedlichen Bereichen, Organisationen, Arbeitsfeldern und Positionen sowie auf verschiedenen Handlungsebenen (z.B. auf lokaler, staatlicher oder nationaler Ebene sowie auf disziplinärer oder professioneller Ebene) tätig waren.

2.2 Erinnerungen an die Terroranschläge am 11. September 2001

Wohl kaum eine andere Katastrophe der letzten Jahre hat die Menschen auf der ganzen Welt in einem ähnlichen Ausmaß getroffen, verunsichert und beschäftigt, wie die Terroranschläge auf das World Trade Center in New York City am 11. September 2001. Die Erschütterung sowohl über das Leid der Opfer in den Gebäuden als auch in den Flugzeugen führte die Menschen in einer tiefen Weise zusammen und löste eine länderübergreifende Solidarität und Hilfsbereitschaft aus. Die Ereignisse dieses Tages werden wegen ihrer weitreichenden Folgen weltweit als historische Zäsur betrachtet, die das begonnene 21.Jahrhundert stark prägen (vgl. Janus 2003).

2.3 Der 11. September 2001 als traumatisches Erlebnis

Der Terroranschlag vom 11. September 2001 war für viele Menschen auf der ganzen Welt ein traumatisches Erlebnis, welches das Lebensgefühl vieler Menschen in Frage stellte und ihr Denken und Fühlen veränderte. Als traumatisches Ereignis gilt die Konfrontation mit lebensbedrohenden Verletzungen und Gefahren für sich selbst oder andere Personen, auf die mit intensiver Furcht, Hilflosigkeit und Entsetzen reagiert wird. Auch das Mitanschauen-Müssen des schrecklichen und grotesken Todes von Mitmenschen während eines katastrophalen Ereignisses hat eine traumatische Qualität, stellt eine Erfahrung existenzieller Bedrohung dar, die die eigenen Verarbeitungsmöglichkeiten überfordert und das Vertrauen in die eigene Fähigkeit zur Gestaltung des Lebens und in die Sicherheit, Verlässlichkeit und Gerechtigkeit der Welt erschüttert und den Menschen, auch noch nach dem Ereignis, mit intensiven Gefühlen überschwemmt (vgl. Flatten et al. 2004). Wenn dieses gleichzeitig einer großen Gruppe von Menschen widerfährt, wird von einem kollektiven Trauma gesprochen (vgl. Wirth 2003). Ohne Zweifel stellt die Zerstörung des World Trade Centers in New York City eine kollektive Traumatisierung der amerikanischen Nation dar. Das kollektive Identitätsgefühl der Amerikaner wurde zutiefst erschüttert. Dies betrifft nicht nur die Menschen, die Angehörige, Freunde und Bekannte verloren haben, sondern auch das Kollektive in seiner Gesamtheit (vgl. Twemlow/Sacco 2002). „Am 11. September wurden wir alle über die Präsenz und Penetranz der Medien zu Beobachtern und Teilnehmern des Geschehens. Wir sahen hundertfach die Bilder der zusammenbrechenden Türme, der sich in den Tod stürzenden Menschen, der herumirrenden Desorientierten, hörten die überschnappenden Stimmen der in Panik Fliehenden, die verzweifelte Ungläubigkeit der New Yorker Bürger" (Brockhaus 2003, S. 258). Durch diese Überflutung mit dem existenziellen Entsetzen der Opfer wurden die Menschen weltweit in das Geschehen hineingezogen und zu einem Teil dieses Geschehens. Die normalen Bewältigungsmechanismen von Angst mittels Verdrängung und Verleugnung funktionierten angesichts der Präsenz und Massivität der Ereignisse nicht mehr. Aus diesen Gründen kam den Terroranschlägen eine traumatische Wirkung nicht nur für die direkt betroffenen Menschen sondern auch für die Menschen weltweit zu (vgl. Mirabito/Rosenthal 2002, S. 6). Diese Katastrophe löste weltweit eine Welle der Hilfsbereitschaft, der Trauer und der Anteilnahme aus.

2.4 Auswirkungen, Reaktionen und Folgen nach dem Terroranschlag am 11. September 2001

Seit den Anschlägen auf das World Trade Center wurden zahlreiche Studien an verschiedenen Personengruppen durchgeführt, um die Auswirkungen und Reaktionen zu erforschen. Galea et al. (2002) machten darauf aufmerksam, dass alle Bewohner New Yorks dem Trauma ausgesetzt waren und somit alle potentiell auch psychologische Symptome entwickeln konnten. Vielen Studien war auch gemeinsam, dass sie eine verstärkte Konzentrierung von Posttraumatischen Belastungsstörungen und Depressionen festgestellt haben. In der Studie von Galea et al. (2002), bei der 1008 Telefoninterviews mit Bewohnern Manhattans geführt wurden, wurde herausgefunden, dass die Rate der Posttraumatischen Belastungsstörungen bei den Menschen, die in der Nähe des World Trade Centers wohnten, bei 20% lag. In dieser Studie wurde jedoch nur das Auftreten von einer Posttraumatischen Belastungsstörung erforscht. Aspekte, wie Ängste und Depressionen, die auch in Verbindung mit einem Trauma erlebt werden können, wurden nicht beachtet. Jedoch wurde durch andere Studien belegt, dass Millionen von Menschen, die das Ereignis in den Medien verfolgt hatten, ebenso emotional sehr aufgewühlt waren und Anzeichen von Ängsten und Verzweiflungen zeigten. Des Weiteren fanden Soliman und Rogge (2002) heraus, dass die Auswirkungen des Terroranschlages bei den Menschen tiefgreifender waren, die schon vor diesem Ereignis mit psychischen Beschwerden zu kämpfen hatten. Dieses wurde auch durch einen Interviewpartner bestätigt. Der Experte berichtete, dass die Arbeit mit traumatisierten Menschen, die bereits vor dem 11. September 2001 ein Trauma erlebt hatten, nach den Terroranschlägen noch intensiver wurde, denn zu dem bereits bestehenden Trauma kam jetzt noch ein weiteres Trauma hinzu. Dieses neue Trauma, welches durch die Terroranschläge ausgelöst wurde, wurde aber von den Betroffenen nicht immer als negativ eingestuft. Jetzt gab es nämlich ein kollektives Trauma, dass viele Menschen teilten. Die bereits vorher traumatisierten Menschen fühlten sich nicht mehr isoliert und alleingelassen, sondern sie sahen sich dem Kollektiv angehörig.

"My clinical work as a social worker from before 9/11 was of course effected by 9/11, because I already worked with trauma survivors and this became another level of trauma in all their lives. What is very interesting to mention is that most of my clients are adults who have early traumas in their lives and the distinction was made between the secret, private experience and the confusion of having a trauma, and the contrast now to the public collective community shared experience of a mass disaster like 9/11 and how its just shared."

Auch wurden in Manhattan Studien mit Menschen mit niedrigem sozialökonomischem Status durchgeführt. Neria et al. (2006) fanden heraus, dass bei dieser Population das Auftreten von psychischen Reaktionen, insbesondere Posttraumatischen Belastungsstörungen, Depressionen und Angststörungen, höher lag als bei den restlichen Bewohnern Manhattans.

Neria et al. (2004) verdeutlichten, dass der Bedarf an Unterstützung und Behandlung durch Mental Health Professionen in den Tagen nach den Terroranschlägen erheblich anstieg. Für diese Angebote der Mental Health Professionen wurden $28 Millionen aus staatlichen Finanzmitteln zur Verfügung gestellt (vgl. Blair 2001). Auch stieg in den Tagen nach den Terroranschlägen die ärztliche Verschreibung von Medikamenten gegen Angstzustände und Depressionen dramatisch (vgl. Blair 2001). Bei Kindern und Jugendlichen war hingegen deutlich erkennbar, dass sie informelle Hilfe, besonders durch Lehrer, mehr in Anspruch nahmen, als formelle Hilfen (z.B. extra eingerichtete Hotlines von Organisationen wie dem American Red Cross). Dieses Resultat bestärkte die Forscher nochmals darin, die Schule als eines der besten Settings anzuerkennen, um Kinder und Jugendliche nach einer Katastrophe zu erreichen und hier passende Angebote für diese Altersgruppe anzubieten.

Neben Posttraumatischen Belastungsstörungen gab es auch noch weitere Reaktionen bzw. Komorbiditäten der Posttraumatischen Belastungsstörung auf die Terroranschläge. Der Terrorangriff brachte demzufolge nicht nur das Erleben von Angst, Ohnmacht, Entsetzen, Schrecken, Hilflosigkeit sowie den Verlust von Kohärenz, Sicherheit, Perspektive, Sinn und Kontrolle mit sich. Er vermittelte den Menschen auch eine Erfahrung von Unwert, Entehrung, Beschämung und extremster Demütigung. „Dass das eigene Leben den Tätern nichts galt, dass die eigenen Symbole der Macht in sich zusammensanken, löste Gefühle von Beschämung aus" (Brockhaus 2003, S. 372). Mit dem Terroranschlag auf das World Trade Center gelang es, diese Gefühle von Demütigung, Entehrung und Schändung bei vielen Menschen zu erzeugen. „Wie tief die Verletzung ging, zeigen die Wogen von Wut und Rachewünschen, denen man sich ungebremst überließ. So schien auch nach dem 11. September die Wiederherstellung von Stolz und Ehre nur durch einen auf physische Vernichtung des dehumanisierten Gegners abzielenden Vergeltungsschlag möglich. Experten meinten, der Krieg gegen Afghanistan mache militärisch oder politisch vielleicht wenig, psychologisch jedoch sehr viel Sinn" (Brockhaus 2003, S. 373).

Wie dargestellt, gibt es zahlreiche Studien zu den psychischen Reaktionen und Folgen nach den Terroranschlägen am 11. September 2001, die direkt nach dieser kollektiven Traumatisierung durchgeführt und ausgewertet wurden. Aber erst seit 2005 werden in den USA vermehrt Diskussionen über die physischen Spätfolgen bei Rettungskräften und Überlebenden der Anschläge, insbesondere in New York City, geführt. Bis Mai 2002 waren insgesamt etwa 40.000 Personen an den Rettungs- und Aufräumarbeiten beteiligt. Diese Helfer und die Menschen, die in dieser Zeit in der Nachbarschaft gearbeitet und/oder gewohnt haben, waren in unterschiedlich hohem Ausmaß einer Atemluft ausgesetzt, die deutlich mit Schadstoffen belastet war. Die Abschätzung der Anzahl des möglicherweise und des tatsächlich geschädigten Personenkreises, auch besonders der Anwohnerschaft, bis hin zu frühzeitigen Todesfällen durch z.B. Lungenkrebs, hat erst begonnen (vgl. Aust/Schnibben 2002). Diese physischen Beeinträchtigungen korrelierten häufig stark mit psychischen Reaktionen und Störungen.

Neben den genannten psychischen und physischen Auswirkungen ergaben sich auch ökonomische Konsequenzen auf allen Ebenen. Das New York City Comptroller's Office hat kurze Zeit nach dem Ereignis einen Bericht herausgebracht, in dem geschildert wurde, dass sich die lokalen ökonomischen Kosten des Anschlages auf $90 bis $105 Milliarden beliefen. Die Kosten für die Rettungsarbeiten und für den Wiederaufbauprozess waren enorm und lagen ungefähr bei $35 Milliarden (vgl. Blair 2001). Viele Menschen haben durch die Anschläge auch ihren Arbeitsplatz verloren, so dass die Arbeitslosenrate seit dem 11. September 2001 erheblich gestiegen ist (vgl. Mirabito/Rosenthal 2002).

Allgemein wurde in Katastrophenfällen häufig sichtbar, dass neben den unmittelbaren Katastrophenfolgen auch gesamtgesellschaftliche und sozial-strukturelle Probleme (z.B. Arbeitslosigkeit, Abwanderung, individuelle, lokale und regionale Dispa-ritäten und Konkurrenzen) deutlicher hervorgetreten sind (vgl. Zychlinski 2009).

2.5 Berufliche Auswirkungen

Für einige interviewte Sozialarbeiter ergaben sich auch berufliche Veränderungen bzw. sie mussten neue Methoden und Herangehensweisen finden, um auf dieses kollektive Trauma reagieren und ihren Klienten helfen zu können.

Ein Experte schilderte von einer neuen beruflichen Erfahrung, dass er nämlich nun auch selber von diesem kollektiven Trauma betroffen war und somit das schreckliche und traumatische Erlebnis mit seinen Patienten teilte. Hieraus ergab sich die Schwierigkeit für den Experten, die Grenze zwischen Privatperson, die auch wie seine Patienten von dem Trauma betroffen war, und des professionellen Helfers zu wahren. Das Trauma wurde zwar mit den Patienten geteilt, aber trotzdem durfte die professionelle Rolle nicht aufgegeben werden, es musste immer noch ein professionelles Verhältnis aufrechterhalten werden. Auch war der Experte sowohl primären als auch sekundären traumatischen Stressoren ausgesetzt. Den primären Stressoren, weil er das Trauma selber miterlebt hatte und den sekundären Stressoren, weil er durch die Arbeit mit den Patienten auch immer wieder mit dem schrecklichen Ereignis konfrontiert wurde.

"We really had to think about how to bring it up in a validating way and also to have boundaries around the experience and to stay in our professional role but also let our clients know we are in this together. It was a very additional dimension of shared trauma, it wasn't just the direct trauma but I listened to my clients and doing my work directly with survivors of this disaster, it was also a shared trauma. But I am going through the experience that I shared with my clients but I am not a peer of my client I am still the professional. I had to maintain my boundaries and also allow myself to share the experience and it is a very importantly complex situation."

Auch kam es nach der Katastrophe des 11. September 2001 in machen Organisationen zu Umstrukturierungen und es wurden neue Aufgabenfelder entwickelt. Es wurde erkannt, dass den Hilfen und Angeboten des Mental Health Bereichs neben den materiellen, finanziellen und den häufig im Vordergrund stehenden medizinischen Hilfen, eine große Bedeutung im Katastrophenfall zuschrieben sind.

"It changed the way that we do disaster mental health now. Nobody ever dreamt that we will have a catastrophe this size in New York City, we thought maybe a hurricane, we had some naivety in terms of something this large. Our response overall I think was very good but we did learn some lessons pertaining to disaster mental health from that."

Aufgrund dieser neuen und wichtigen Erkenntnis, die aus dieser Katastrophe gezogen wurden, wird sichtbar, dass aus schrecklichen Ereignissen auch Lerneffekte gezogen werden können. Bereits 1979 zog der Club of Rome aus unterschiedlichen katastrophalen Ereignissen der Menschheitsgeschichte eine pädagogische Konsequenz, nämlich dass die Menschheit sich ein Lernziel zu setzen hat: „aus Katastrophen zu lernen und sie zu antizipieren" (vgl. Club of Rome 1979, zitiert nach Treptow 2007, S. 9).

Aus der Katastrophe ergaben sich laut Aussage mehrerer Experten zusätzliche Erkenntnisse und Verbesserungsmöglichkeiten für eine zukünftige Katastrophe. Es wurde erkannt, dass auch die vielen freiwilligen Helfer im Vorfeld besser ausgebildet und auf einen Katastrophenfall vorbereitet werden müssten, um so für die Betroffenen adäquate Hilfe leisten zu können und sich auch selber schützen zu können. Des Weiteren dürfen nicht alle Katastrophenhelfer zum Katastrophenort ausgesandt werden, um dort den Opfern zu helfen, denn auch Mitarbeiter in der eigenen Organisation brauchen eventuelle Unterstützung und Hilfe. Auch müssen einige Katastrophenhelfer in einem Katastrophenfall direkt in ihrer Institution bleiben und dort für die Menschen, die dort selbstständig Hilfe aufsuchen und nicht darauf warten, bis ein Helfer zu ihnen kommt, zur Verfügung stehen. Ein letzter Punkt, aber einer der wichtigsten Punkte ist, dass für die Einsatzkräfte vor Ort eine bessere Unterstützung und Hilfeleistung angeboten werden muss, zum Beispiel durch Debriefing-Maßnahmen (Einsatznachbesprechungen und Reflexion) und Supervision, denn sie werden oft auf schrecklichste Weise mit den Auswirkungen einer Katastrophe konfrontiert.

2.6 Soziale Arbeit als Mental Health Profession in den USA

Größtenteils existiert weltweit ein einheitliches Verständnis über die Prinzipien, Handlungsfelder und Perspektiven der Sozialen Arbeit. Im Jahr 2000 legte die International Federation of Social Workers folgende Definition der Sozialen Arbeit fest: "The social work profession promotes social changes, problem solving in human relationships and the empowerment and liberation of people to enhance wellbeing. Utilising theories of human behavior and social systems, social work intervenes at the point where people interact with their environments. Principles of human rights and social justice are fundamental to social work." Die Soziale Arbeit in ihren verschiedensten Formen richtet sich weltweit somit an die vielfältigen und komplexen Beziehungen zwischen Menschen und ihrer Umwelt. Sie arbeitet schwerpunktmäßig auf eine Problemlösung und Veränderung hin. Ein sehr wichtiger Aspekt der Sozialen Arbeit ist, die Ressourcen der Individuen, Gruppen und Gesellschaften in den Hilfeprozess einzubeziehen, das heißt, Stärken und positive Kräftefelder der Betroffenen aufzuspüren und zu stärken. Gerade in komplexen und mehrfach belasteten Situationen, wie es bei einer Katastrophe der Fall ist, wird eine Antriebskraft benötigt, die Bewegung in Systeme und ihre Umwelt bringt. Dieses Konzept wird als Empowerment bezeichnet. Empowerment befähigt Menschen, Komplikationen, Belastungen, Unüberschaubarkeiten sowie Probleme aus eigener Kraft zu bewältigen, eine eigenbestimmte Lebensregie zu führen und ein nach eigenen Maßstäben gelingendes Lebensmanagement zu realisieren. Mit den Elementen des Empowerments soll erreicht werden, dass Klienten der Sozialen Arbeit ihre vorhandenen aber meist verschütteten Stärken entdecken und kräftigen. Diese Stärken und Ressourcen in einen Hilfeprozess einzubinden, wird vor allem mit dem Ziel verfolgt, Klienten so schnell wie möglich (wieder) zu befähigen, ihr Leben, auch nach dem Erleben einer Katastrophe, selber zu gestalten (vgl. Neuffer 2007, S. 22).

Besonders aufgefallen war jedoch während der qualitativ-empirischen Untersuchung und der Literaturrecherche, dass in den USA ein starker Fokus darauf gelegt wird, dass die Soziale Arbeit als gleichwertig anerkannte Profession und Disziplin neben der Psychologie und Psychiatrie zu den Mental Health Professionen gezählt wird.

"Social workers are very much considered to be mental health professions in this country."

Der Begriff Mental Health Professionen bezeichnet die auf dem Gebiet psychischer Krankheiten beruflich Tätigen. Die Wissenschaften, die sich vordergründig in Deutschland mit Erkrankungen bzw. Störungen der Psyche beschäftigen, sind die Klinische Psychologie und die Psychiatrie (vgl. Reinecker 2003). Die Soziale Arbeit wird in diesem Zusammenhang nicht erwähnt und auch nicht in der deutschen wissenschaftlichen Literatur als Mental Health Profession thematisiert. In den USA ist die Soziale Arbeit fest im Bereich der Mental Health Professionen verankert und es findet sich eine breite wissenschaftliche Literaturauswahl zu diesem Thema, insbesondere auch im Bereich der Katastrophenhilfe und des Katastrophen-Managements.

Nach einer Definition des U.S Department of Labor (2004) wird folgendes unter einem Mental Health Social Worker verstanden: „Mental health social workers assess and treat individuals with mental illness problems. Such services include individual and group therapy, outreach, crisis intervention, social rehabilitation, and teaching skills needed for everyday living. They also may help plan for supportive services to ease clients' return to the community. Mental health social workers are likely to work in hospitals, substance abuse treatment centers, individual and family services agencies, or local governments. These social workers may be known as clinical or mental health social workers."

Die Soziale Arbeit zählt somit in den USA gleichwertig, neben den Professionen wie Psychologie und Psychiatrie, zu den Mental Health Professionen und wird hier aufgrund ihrer einzigartigen Perspektive, nämlich, dass sie eine Person nicht isoliert, sondern in seinem lebensweltlichen Kontext sieht, besonders geschätzt (vgl. Bentley 2002, S. 260).

Die Aufgaben der Mental Health Professionen in Katastrophen haben eine große Spannbreite, größtenteils handelt es sich um die Behandlung von emotionalem Stress und psychischen Reaktionen, um so chronischen psychischen Störungen präventiv vorzubeugen, aber es ergeben sich auch Aufgaben, in denen es um die allgemeinen alltäglichen Bedürfnisse der betroffenen Menschen geht, hierzu gehören unter anderem der Bedarf einer Unterkunft, wenn das eigene Zuhause zerstört wurde, die finanzielle Versorgung, die medizinische Versorgung, die Suche nach vermissten Angehörigen oder auch die Weitervermittlung an andere Hilfsangebote und Professionen. Besonders wichtig ist auch, dass die Riskio- und Schutzfaktoren einer

Person beachtet werden und dass die individuellen Bewältigungsstrategien gefördert werden, um z.b. einer Posttraumatischen Belastungsstörung vorzubeugen. Um diese Aufgaben erfüllen zu können, müssen folgende Fähigkeiten vorhanden sein: „Skills in crisis counseling and group treatment are required, as well as skills in outreach work, interagency referrals, community organization, and public education" (Cohen/Ahearn 1980, S. 2).

In einer Katastrophensituation werden vier Anforderungen an die Mental Health Professionen laut, um systematisch und geplant nach einer Katastrophe Hilfe und Beistand leisten zu können: Erstens muss ein gefestigtes Wissen über Katastrophen im Allgemeinen, über Verhalten in Katastrophen und über Interventionsmöglichkeiten vorhanden sein. Eine weitere Anforderung ist, dass Mental Health Arbeiter in der Lage sein müssen, sich in einem Katastrophenfall schnell einen Überblick über die Gesamtsituation zu verschaffen: Was ist genau passiert und wer ist betroffen? Die dritte Anforderung, die an die Mental Health Professionen in einem Katastrophenfall gestellt wird, ist eine schnelle Einschätzung der Gruppen, die den meisten Verlust (sowohl der materielle Verlust als auch der Verlust von nahestehenden Personen) erlitten haben und die Bewertung der daraus resultierenden psychischen Probleme. Die letzte Anforderung, die erfüllt werden muss, ist, dass zeitnah zur Katastrophe ein Plan erstellt werden muss, in dem die Ziele, Strategien, die zeitliche Dauer und die Reichweite der Projekte und Hilfeleistungen im Mental Health Bereich detailliert festgeschrieben werden (vgl. Cohen/Ahearn 1980).

Des Weiteren gibt es drei professionelle Hauptkompetenzen, über die besonders Sozialarbeiter im Disaster Mental Health Bereich verfügen sollten: „Sie benötigen ein praktisches kriseninterventionsbezogenes Methodeninstrumentarium des Monitorings und Assessments, welches zunächst Stressfaktoren bei den Opfern zu reduzieren versucht. Im nächsten Schritt sollen die Opfer in die Lage versetzt werden, wieder die Kontrolle über sich zu gewinnen und selbstständige Entscheidungen treffen zu können. Deshalb ist unter Umständen die Entscheidung zu treffen, wohin sich die Person in den nächsten Stunden und Tagen wenden kann und ob sie wieder in der Lage sein wird, den Alltag zu bewältigen. Danach müssen die Fachkräfte herausfinden, ob die Betroffenen das Geschehen realisieren und sich mit dem Erlebten konfrontieren können. Denn psychologisch muss ein Ereignis, das unvorhergesehen die bisherige Funktionalität der eigenen Integrität außer Kraft setzt, trotz seiner Sinnlosigkeit in die innere Struktur des Selbst „eingebaut", also auch ein Stück „angenommen" werden. Und dies sollte bewältigt werden, möglichst ohne, dass es zu dauerhaften dysfunktionalen, posttraumatischen Störungsbildern kommt" (Zeller 2006, S. 451).

Damit Sozialarbeiter diese Kompetenzen erfüllen können, sind ein Grundwissen aus der Traumatologie und ein praktisches Können im Bereich der Krisenintervention notwendige Voraussetzung. Sozialarbeiter verfügen noch vor den Traumaexperten, Psychologen und Psychotherapeuten, an die eventuell später überwiesen werden muss, über Beobachtungsparameter in Stresssituationen. Sie müssen durch exakte Beobachtung (Monitoring) einschätzen und unterscheiden können (Assessment), ob die sich manifestierenden Reaktionsmuster die unmittelbaren Folgen des Ereignisses sind oder auch andere Ursachen haben können. Die Fachkräfte lernen das spezielle praxismethodische Instrumentarium natürlich vor allem durch praktische Erfahrungen bei Einsätzen. Zusätzlich ist ein Bestandteil ihrer Ausbildung, sich das theoretische Wissen aus der Traumaforschung mit Kenntnissen über spezifische Prozesse unmittelbar nach belastenden Ereignissen aus den wissenschaftlichen Bezugsdisziplinen Psychologie, Psychopathologie, Sozialpsychologie, Psychiatrie und Medizin, anzueignen (vgl. Zeller 2006).

2.7 Katastrophen-Management und Soziale Arbeit in den USA

Die Katastrophenhilfe und das Katastrophen-Management werden in den USA als ein Handlungsfeld der Sozialen Arbeit angesehen. Auch ist der Forschungsstand zu diesem Handlungsfeld in den USA am weitesten fortgeschritten. Die anfänglichen Forschungsansätze beschäftigten sich hauptsächlich mit der Hilfe und dem Management während Naturkatastrophen. Erst durch die weltweit bekannten Katastrophen, wie die Terroranschläge auf das World Trade Center und Hurrikan Katrina, erfuhren das Thema und das Handlungsfeld „Katastrophen-Management und Soziale Arbeit" sowohl in der Praxis als auch in der Forschung einen großen Aufschwung. Bei den Terroranschlägen auf das World Trade Center waren 50% der Helfer Sozialarbeiter. Bei der Hurrikan- Katrina- Katastrophe in New Orleans machte die Gruppe der Sozialarbeiter sogar 75% aller Helfer aus (vgl. Naturale 2007). Sozialarbeiter stellen in den USA die Berufsgruppe dar, die am häufigsten und in den verschiedensten Feldern der Katastrophenarbeit vertreten ist.

"(...) that social workers are the majority in disaster work. Social workers provide about 50% of the work done in disasters in the US in the past ten years at least."

Aber auch die Soziale Arbeit in den USA muss sich ständig behaupten und positionieren, nicht wie in Deutschland gegenüber den Nachbarprofessionen, wie der Psychologie und Notfallseelsorge, sondern gegenüber den staatlichen Instanzen wie der Polizei und der Feuerwehr. Viele Menschen sind der Meinung, dass die Polizei und die Feuerwehr die wichtigsten Hilfeinstanzen im Katastrophenfall sind. Die Soziale Arbeit und die anderen Mental Health Professionen müssen sich immer wieder aufs Neue behaupten und ihre vielfältigen Einsatzmöglichkeiten im Katastrophenfall herausstellen. Neben der Behandlung von physischen Beschwerden, ist es wichtig, dass auch auf psychische Reaktionen und Auswirkungen rechtzeitig reagiert wird, um so späteren chronischen Beschwerden oder sogar psychischen Störungen vorzubeugen.

"We still have to fight because most people think the most important people in a disaster are the police and the fire department. Mental health is not so important. So we always have to fight and tell people how important it is and we try to tell them how important it is to deal with mental issues right away because if you wait longer it will cost a lot of money because people are going to stop going to work and they have mental health problems. So we convince the people to accept the mental health workers too."

Sozialarbeiter zeichnen sich besonders für die Arbeit im Katastrophenfall aus, da sie aufgrund ihrer professionellen Kenntnisse, Fähigkeiten und Qualifikationen in der Einzelfallhilfe, Gruppenarbeit und Gemeinwesenarbeit und durch die Arbeit in multidisziplinären Teams prädestiniert sind, Menschen unterschiedlichen Alters sowie unterschiedlicher sozialer und kultureller Herkunft in komplexen Lebenssituationen zu betreuen. Ein weiteres Merkmal der Sozialen Arbeit ist vor allem auch, dass sie sich für die Klienten zuständig fühlen, die von anderen helfenden Berufsgruppen meist (noch) nicht oder nicht mehr erreicht werden. Diese Klienten befinden sich in der Regel in Stresssituationen und Multiproblemlagen, was sich auch besonders in Katastrophensituationen zeigt. Die Soziale Arbeit behält hier auch besonders schutzbedürftige und vulnerable Gruppen (z.B. ältere Menschen, psychisch Kranke, Kinder, Migranten) im Blick. Häufig sind diese Menschen von einer Katastrophe nochmals besonders stark betroffen, da sie oft nicht oder nicht mehr über geeignete Bewältigungsstrategien und Schutzfaktoren verfügen, um ein traumatisches Erlebnis eigenständig zu bewältigen.

"And we work especially with the people who have a low socioeconomic status and we are looking for clients with special needs. We are especially looking for them and have awareness that they need special assistance or some type of particular assistance that we need to facilitate for them And I think that makes social workers so special because they see the different groups and see who needs some kind of special extra help, who else is working with single mothers, with the homeless or the mentally ill people other then social workers? Who is more sensitive to their needs, it is the social worker. So social workers focus on these people, who can't help themselves, who don't have the money and who don't have a job and all the other people who are vulnerable and can't help themselves"

Professionelle Sozialarbeiter sind über kommunale Dienstleistungs- und Hilfestrukturen informiert. Sie haben gelernt, mit Betroffenen schnell, unbürokratisch und niederschwellig zu kommunizieren. Daher verfügen sie zumeist besser als andere Berufsgruppen über die Fähigkeit, unmittelbar zu reagieren. In Krisen können sie beurteilen, ob und wann an Fachkollegen der Nachbardisziplinen wie Psychologie, Psychotherapie oder Medizin delegiert werden muss. Ihre Stärke ist demnach auch das Knüpfen formeller und informeller Netzwerke. Aber Sozialarbeiter stellen auch selber Dienste im Katastrophenfall zur Verfügung, leiten an andere Dienste weiter, planen und überprüfen eingeleitete Interventionen (vgl. Zeller 2006, S. 453).

2.8 *Aufgaben, Rollen und Handlungsmethoden der Sozialen Arbeit im Katastrophen-Management*

Wenn in Deutschland die Soziale Arbeit zu Katastrophenfällen hinzugezogen wird, was jedoch heutzutage noch sehr selten bis gar nicht passiert, dann werden die Sozialarbeiter allenfalls in ihrer professionellen Leistung nachgefragt, nämlich dann, wenn sie in der Nachsorge bei der Bewältigung von Traumata oder bei der Wiedereingliederung in den Alltag behilflich sein sollen (vgl. Treptow 2007, S. 23). Sozialarbeiter werden in Deutschland, wenn überhaupt, nur im Bereich der Nachsorge eingesetzt, ihr Einsatzbereich liegt nicht in leitenden Positionen, das heißt, dass sie keinen Einfluss auf strategischer und konzeptioneller Ebene haben (vgl. Zychlinski 2009, S. 228).

Die Aufgabenbereiche der Sozialen Arbeit im Katastrophenfall in den USA erstrecken sich jedoch über alle Bereiche des Katastrophen-Managements, von der Vorsorge bis hin zur Nachsorge, von direkt intervenierenden Aufgaben am Ort der Katastrophe bis hin zu planerischen, koordinierenden, organisatorischen Aufgaben sowie Führungs- und Leitungsaufgaben. Es werden somit Interventionen sowohl auf der Mikro-, Meso- und Makroebene durchgeführt und Sozialarbeiter nehmen auf diesen Ebenen vielfältige und unterschiedliche Rollen ein (z.B. Case Manager, Anbieter von direkten Hilfsangeboten wie Beratung und Krisenintervention, interdisziplinärer Vermittler, Programmentwickler, Planer, Manager, Advokat, Mediator, Forscher).

Im Mittelpunkt steht jedoch häufig die sofortige Krisenintervention. Die Krisenintervention ist eine rasch einsetzende emotionale „Erste Hilfe", um den psychischen Zustand des von einem Trauma Betroffenen zu stabilisieren und die Symptome von akuten Belastungsreaktionen zu reduzieren. Der Betroffene wird hier unterstützt, um zu einem Zustand angemessener Situationsanpassung zurückzukehren. Kriseninterventionen zielen auf Stabilisierung und Verringerung der akuten Belastungssymptome, Wiederherstellung eines stabilen Zustandes der psychischen Funktionen und Reduktion des Schweregrades der manifesten funktionellen Beeinträchtigung ab (vgl. Mitchell/Everly 2005).

"but the primary job was crisis counseling, so the people got trained and worked in a community and they had to provide educational groups about the common responses to disaster and they had to know where to refer people to, so there was a lot of group counseling and educational groups with all different kinds of people but then also one to one counseling. So we basically provided crisis counseling and that's where a lot of social workers were working. And a lot of social workers were mental health workers who offered general psychotherapy."

Sozialarbeiter können im Katastrophenfall die notwendigen krisenunterstützenden Aufgaben übernehmen, die noch vor einer möglichen psychologischen oder traumatologischen Betreuung durchgeführt werden. Während sich nämlich die Aufgabenfelder von Psychologen und Therapeuten vor allem durch Diagnostik und einen langfristigen therapeutischen Beziehungsaufbau auszeichnen, kann sich die Soziale Arbeit durch eine präventive Funktion angesichts drohender Folgekrisen und psychischer Reaktion über ein personenbezogenes, unmittelbar unterstützendes und ergänzendes psychosoziales Methodeninstrumentarium profilieren (vgl. Zeller 2006). Aber auch noch lange nach einer Katastrophe sind Sozialarbeiter Ansprechpartner für die Opfer und ihre Angehörigen. So erzählten mehrere Interviewpartner, dass sie auch bei Beerdigungen oder Jahrestagen der Terroranschläge anwesend waren, um Beistand zu leisten.

"We were all set up at memorials and we still do the anniversary, the mental health team supporting those who come to the annual anniversary".

Heutzutage ist in den USA die Soziale Arbeit ein fester Bestandteil der Kriseninterventionsteams, die ihre Hilfe nach einer Katastrophe anbieten.

Auch das Case Management, welches schon lange Zeit zu einer weitverbreiteten Handlungsmethode der Sozialen Arbeit gehört, wurde als sehr bedeutsam für die Katastrophenarbeit herausgestellt. Case Management gewährleistet durch eine durchgängige fallverantwortliche Beziehungs- und Koordinierungsarbeit Klärungshilfe, Beratung, Zugang zu notwendigen Dienstleistungen und eine überwachte, qualifizierte Durchführung der Hilfen (vgl. Neuffer 2007, S. 19). Case Management ist „ein Konzept zur Unterstützung von Einzelnen, Familien und Kleingruppen" (Neuffer 2007, S. 19).

"Our case workers, we have two types of case workers that are social workers here, one is for domestic in the city and then we have case workers that that work on tracing. We really have social workers in both of these composites. But the social workers that we have are what we call case workers, so they would take a family that's been cut up in a tragedy and they help them to get services, if they lost a loved one they help to get the funeral services organized, they help to replace their clothing, they find them a place to live, they will do all this kind of connections on the basics of life that people need. And they will do referrals to other agencies."

Zudem wurde die Wichtigkeit der Methode der „Outreach Strategies", also der aufsuchenden Hilfe, mehrfach betont. Das Konzept der aufsuchenden Hilfeagebote hat seine Wurzeln in der frühen Sozialen Arbeit um 1889 herum und wurde von Jane Addams in Chicago, USA, hervorgebracht. Ab den 1930er Jahren lag der Fokus des Konzeptes der aufsuchenden Hilfe dann besonders auf der Arbeit mit vulnerablen Gruppen, wie z.B. arme, behinderte und alte Menschen, so dass diese Menschen auch die Angebote der sozialen Dienste in Anspruch nehmen konnten (vgl. Naturale 2007).

Erfahrungen im Umgang mit Katastrophenopfern zeigen auch heute noch, dass es wichtig ist, auf die Betroffenen zuzugehen und nicht darauf zu warten, dass sie aus eigenem Antrieb Mental Health Professionelle aufsuchen. Hier gibt es verschiedene Vorgehensweisen, die auch nach den Terroranschlägen auf das World Trade Center angewandt wurden: Zum einen gehören Sozialarbeiter in den USA immer zu einer der Berufsgruppen, die als erstes am Katastrophenort vorzufinden sind. Hier können sie sofort nach einer Katastrophe mit den Opfern in Kontakt treten und ihre Hilfe- und Unterstützungsleistungen anbieten. Oft werden auch direkt am Katastrophenort Zelte aufgebaut, die als Anlaufstelle für die Opfer dienen und in denen Sozialarbeiter sofortige Kriseninterventionen anbieten. Auch suchen die Sozialarbeiter nach einer Katastrophe die umliegenden Krankenhäuser auf, um sich dort nach den Opfern zu erkundigen, mit ihnen in Kontakt zu treten und sie über weitere Unterstützungsmaßnahmen nach dem Krankenhausaufenthalt zu informieren. Des Weiteren versuchen sie direkt oder telefonisch mit Opfern, die nach einer Katastrophe in Notunterkünften untergebracht wurden, in Kontakt zu treten. Zudem werden Telefon-Hotlines zeitnah eingerichtet, die von Sozialarbeitern rund um die Uhr besetzt sind.

Aus verschiedenen Gründen sind die meisten von einer Katastrophe betroffenen Menschen nicht in der Lage, psychosoziale Hilfe selbstständig in Anspruch zu nehmen. Sie sind in den ersten Wochen psychisch im Schock erstarrt und daher kaum zu planerischem Handeln fähig. Durch die Symptome der posttraumatischen Belastungen oder akuter Belastungsreaktionen fühlen sie sich verunsichert. Sie neh-men im Allgemeinen nur ärztliche Hilfe in Anspruch, die sich meist auf die medi-kamentöse Behandlung der körperlichen Symptome konzentriert. Oft besteht eine Hemmschwelle, Kontakt zu Mitarbeitern des Mental Health Bereiches, die psycho-soziale Hilfsangebote anbieten, aufzunehmen (z.B. durch das Vorurteil: „Ich bin doch nicht verrückt!") (vgl. Pieper 2003, S. 210). Häufig spielt auch der kulturelle Hintergrund eine große Rolle dabei, ob Menschen professionelle Hilfsangebote auf-suchen oder nicht. Viele Menschen sind in ihrem Kulturkreis mit der Vorstellung aufgewachsen, dass nur psychisch schwache und vulnerable Menschen unter einem traumatischen Ereignis leiden und zusammenbrechen. Außerdem sehen sie Hilfsbe-dürftigkeit oft als persönliches Versagen an. Aus diesem Grund müssen die Mental Health Professionen aktiv die Opfer aufsuchen, was häufig bedeutet, dass die Mitar-beiter von Haustür zu Haustür in den betroffenen Regionen gehen oder die Men-schen in den Notunterkünften aufsuchen, und sie über Hilfsangebote aufklären, so-wie sie davon zu überzeugen, dass es kein Versagen ist, wenn nach einem sehr trau-matischem Ereignis professionelle Hilfe gebraucht wird (vgl. Hodgkinson/Stewart 1991).

"I think in every way they really tried to actively outreach, to be available to people where ever they were. In every case it was really going out to them where ever they were. So there really was a lot of active outreach which I think is one the really important principles of crisis intervention that you sort of go out immediately to where people are. I mean there was also the case where people came to agencies but there was a real effort to go out to people."

Die Methode des Outreach wird auch dann zum wichtigen Aspekt, wenn es darum geht, illegale Migranten (z.B. arbeiten viele illegale Migranten in der Gegend des World Trade Centers in Restaurants oder Souvenirläden) zu erreichen. Aus Angst, dass ihr illegaler Status in den USA entdeckt wurde, suchten sie keine Beratung oder andere Hilfsangebote nach den Terroranschlägen auf.

Als eine besonders neue Methode der Outreach Strategies, die während des 11. Septembers 2001 angewendet wurde, beschreibt Naturale (2007) das „Marketing", um die Bevölkerung auf Angebote und Dienste der Sozialen Arbeit aufmerksam zu machen. Die besten Instrumente der Outreach Methode sind demnach das Fernsehen, das Radio und die Printmedien, da hierdurch eine große Menge von Menschen erreicht werden können. „In the World Trade Center attacks in New York, a 30-second television commercial was developed within weeks of the disaster that identified the mental health response program. Within 2 months of the event a telephone survey reported that 25% of New Yorkers knew of the disaster mental health response program, and of those 25%, 70% knew of the program through the television commercial" (Galea et al. 2002, S. 985). Die Ziele von Outreach Methoden sind folglich, dass so viele Menschen wie möglich erreicht werden sollen, um sie über

Reaktionen und Folgen nach Katastrophen aufzuklären sowie sie auf passende Hilfsangebote aufmerksam zu machen.

Zu den Outreach Strategies gehört auch die Aufgabe, dass ganz gezielt bestimmte (Berufs-)Gruppen oder Organisationen aufgesucht werden, bei denen davon auszugehen ist, dass sie in einer Katastrophensituation Unterstützung und Hilfe bedürfen, diese aber nicht selbstständig einfordern (z.B. aus zeitlichen Gründen). Im Fall der Terroranschläge am 11. September 2001 waren dies zum Beispiel die New Yorker Feuerwehr und die New Yorker Polizei. Die Feuerwehrleute und Polizisten waren am 11. September 2001 und auch noch Wochen danach durchgehend im Einsatz und fanden deswegen keine Zeit oder auch nicht die notwendige Ruhe, für sich selber Hilfe und Beratung zu suchen. Dieser Missstand wurde von den Sozialarbeitern erkannt und es wurden Sozialarbeiter direkt in die Polizeistationen und Feuerwehrhäuser geschickt, so dass die Feuerwehrleute und Polizisten hier ohne großen Auwand und Zeitverlust Hilfe in Anspruch nehmen konnten. Diese Hilfe ist von großer Wichtigkeit, da professionelle Helfer, wie die Einsatzkräfte der Feuerwehr, des Rettungsdienstes und der Polizei, durch das hautnahe Erleben von zum Teil lebensgefährlichen Situationen regelmäßig selber mit sowohl primärem als auch sekundärem traumatischem Stress konfrontiert werden, was in eine Posttraumatische Belastungsstörung übergehen kann. Die primäre Posttraumatische Belastungsstörung ist dadurch gekennzeichnet, dass sie durch die direkte Konfrontation mit dem traumatischen Stress hervorgerufen wird. Dahingegen entsteht die sekundäre Posttraumatische Belastungsstörung durch das Wissen, über ein traumatisches Ereignis, das einer anderen Person widerfährt oder bereits widerfahren ist bzw. durch die Belastung, die durch das Helfen oder den Versuch, einer traumatisierten oder leidenden Person zu helfen, auftritt (vgl. Figley 1995). Auch Helfer, die eine psychosoziale Betreuung von Überlebenden, Hinterbliebenen und Einsatzkräften während und nach einer Katastrophe übernehmen, so wie es die Mental Health Professionen in den USA machen, sind gefährdet, Belastungsstörungen auszubilden, selbst wenn sie dem Katastrophensetting nicht direkt ausgesetzt sind (vgl. Teegen 2003). Da auch Sozialarbeiter unweigerlich mit traumatisierten Menschen arbeiten, versuchte Bride (2007), an dieser Berufsgruppe die Prävalenz einer sekundären Posttraumatischen Belastungsstörung darzustellen. Bride führte hierfür im Jahr 2007 eine quantitative Fragebogenstudie an 282 Sozialarbeitern in den USA durch. Das Ergebnis seiner Studie war, dass Sozialarbeiter, die mit traumatisierten Menschen arbeiten, mit großer Wahrscheinlichkeit auch immer indirekt dem traumatischen Ereignis ausgesetzt sind und somit Symptome einer Posttraumatischen Belastungsstörung entwickeln können (vgl. Bride 2007, S. 68). Die Lebenszeitprävalenz für eine Posttraumatische Belastungsstörung liegt in der Allgemeinbevölkerung zwischen 2% und 7% (vgl. Flatten et al. 2004). Im Gegensatz dazu war die Prävalenzrate der untersuchten Sozialarbeiter doppelt so hoch (vgl. Bride 2007, S. 68). Das Auftreten einer sekundären Posttraumatischen Belastungsstörung ist ein Hauptgrund, dieses Arbeitsfeld frühzeitig zu verlassen und aus dem Beruf auszusteigen. Aus diesem Grund ist es wichtig, dass viel Wert auf eine Vorbereitung von Katastrophenhelfern auf ein traumatisches Ereignis sowie auf eine adäquate Nachsorge der Einsatzkräfte gelegt wird. Dieses kann durch Trainings, Supervision und der Self-Care Methode geschehen.

2.9 Hilfe für die Helfer

"People came and having seen or heard overwhelming destinies over the week's time, dealt with tremendous grief from their clients, had many more hours of work and many more numbers of clients than usual. It was a very important time for people to have a feeling of specialized support."

Training

In den Interviews wurde immer wieder herausgestellt, wie wichtig Trainings, vor, während und nach einer Katastrophe sind, um gezielt auf den Katastropheneinsatz vorbereitet zu werden, die richtigen und angebrachten Hilfeleistungen für die Opfer bereitzustellen und sich selber, also sein eigenes Wohlbefinden und seine eigene Gesundheit, neben dieser schwierigen und aufreibenden Katastrophenarbeit, nicht zu vernachlässigen.

Allgemein hat sich schon oft bewahrheitet, dass Personen, die richtig eingewiesen und trainiert wurden und zudem noch ein ausreichendes Vorwissen darüber haben, was in einer Katastrophensituation zu erwarten ist, dass diese Perso-nen ein höheres Maß an effektiver Arbeit in einer auftretenden Katastrophe leisten können, als die Personen, die sich keinem Training unterzogen haben (vgl. Leach 1994). Aus diesem Grund wird die Forderung immer lauter, dass sowohl die Social Work Schools (also die Hochschulen mit dem Fachbereich Soziale Arbeit), als auch Organisationen und soziale Einrichtungen in den USA, regelmäßige Trainings durchführen und diese für die Studenten bzw. Mitarbeiter verpflichtend sind. Neben Kenntnissen über die verschiedenen Reaktionen nach einem traumatischen Ereignis ist es aber auch wichtig, dass den Studenten und Mitarbeitern auch die verschiedenartigsten Assessment- und Interventionstechniken vermittelt werden.

In der heutigen multikulturellen Gesellschaft, besonders auch in den USA, wo so viele verschiedene Kulturen aufeinander prallen, ist es zudem besonders wichtig, dass diese ethische und kulturelle Vielfalt auch in den Trainings als besonderer Aspekt berücksichtigt wird und darauf gezielt eingegangen wird, so dass die Angebote der Mental Health Professionen sich auch den verschiedensten Kulturen anpassen und somit von den Menschen akzeptiert werden und wirksam sind (vgl. Young et al. 2006).

"You have too many people from different cultures and with different languages so we need to train our volunteers so we can offer culturally appropriate and respectful services."

Aber nicht nur verschiedene Kulturen müssen berücksichtigt werden, sondern es muss in den Trainings auch vermittelt werden, wie auf verschiedene Individuen und Gruppen und deren bestehenden Systeme, Vergangenheiten, Ressourcen eingegangen werden muss und welche individuellen und gesellschaftlichen Auswirkungen eine Katastrophe hervorgerufen hat.

In den USA werden eine ganze Reihe von Trainings angeboten, die sich an Menschen richten, die aufgrund ihres Berufes oder auf freiwilliger bzw. ehrenamtlicher

Basis in Kontakt treten mit Opfern von Katastrophen oder mit Helfern, die in verschiedensten Positionen im Katastrophenfall arbeiten. Die Trainees, das sind die Personen, die ein Training im Bereich der Katastrophenarbeit absolvieren, kommen meist aus ganz verschiedenen Berufsfeldern, hauptsächlich jedoch aus dem Mental Health Bereich. Trainings können zu zwei verschiedenen Zeitpunkten stattfinden: bevor sich eine Katastrophe überhaupt ankündigt als Präventionsmaßnahme, so dass im Ernstfall sofort eingegriffen werden kann, oder es findet ein Training noch während oder direkt nach einer Katastrophe statt. Wenn Katastrophenhelfer schon vor einer Katastrophe ein Training besucht haben, ist dieses optimal, da so während und nach einer Katastrophe sofort intervenierend eingegriffen werden kann, ohne Zeit für ein Training zu verschwenden. Der Vorteil eines Trainings direkt, während oder nach einer Katastrophe ist, dass sich das Training speziell auf den gerade geschehenden Katastrophenfall ausrichten kann. Die meisten Trainings sowie Forschungen in diesem Zusammenhang legen ihren Fokus aber immer noch zu stark auf die Aufklärung über Auswirkungen einer Katastrophe und nicht auf die notwendigen Interventionen. Die Komplexität der Fähigkeiten, welche bei den Angeboten der Mental Health Professionen in Katastrophen gefordert wird, verdeutlicht, dass ein gutes Training nicht nur aus einer simplen Beschreibung von Reaktionen auf Katastrophen, Bewältigungsverhalten und einigen Interventionsmethoden bestehen kann, das Training muss tiefer gehen. Studien haben herausgefunden, dass es wichtig ist und von Trainees als sinnvoll angesehen wird, wenn eine Demonstration von Hilfeinterventionen vorgeführt wird und die Trainees Interventionsstrategien an Simulationen selber testen können (vgl. Young et al. 2006, S. 57).

Die meisten Personen bzw. Fachleute, die diese Trainings durchführen, kommen beruflich aus dem Mental Health Bereich (z.B. Psychologen, Psychiater, Sozialarbeiter) und haben schon persönliche Erfahrungen in der Katastrophenarbeit gesammelt.

Allgemein kann immer wieder betont werden, wie wichtig ein gezieltes Training zur erfolgreichen Bewältigung einer Katastrophe ist und dass eine oft schon unüberschaubare Katastrophensituation nicht noch durch nichtausgebildete Einsatzkräfte negativ verstärkt werden soll.

Supervision und Self-Care

Die Arbeit mit Menschen, die ein traumatisches Ereignis durchlebt haben, ist auch für die Mitarbeiter in Beratungszentren, an Hotlines oder allgemein für die Arbeiter im Mental Health Bereich nicht immer leicht und kann auch bei den Professionellen psychische Reaktionen auslösen, die sich bis hin zur sekundären Posttraumatischen Belastungsstörung entwickeln können. Die professionellen Helfer aus dem Mental Health Bereich werden deswegen auch häufig als die „hidden victims" (Figley 1995, S. 76) bezeichnet. Aufgrund dieser emotionalen Belastung am Arbeitsplatz muss immer die Möglichkeit einer Supervision oder der Beistand von Kollegen oder anderen Professionen geboten sein. Wenn es in einer Organisation jedoch keine Person gibt, die eine professionelle Supervision mit den Mitarbeitern durchführen kann, muss eine Person von außen beauftragt werden, um dieses Angebot zu leiten.

Supervision allgemein ist die Bearbeitung von Schwierigkeiten und Problemen, die sich aus der beruflichen Interaktion ergeben, verbunden mit dem Ziel, eine Verbesserung der beruflichen Fähigkeiten und Fertigkeiten im jeweiligen Tätigkeitsfeld des Supervisanden, aber auch seiner persönlichen Ressourcen, herbeizuführen. Gerade Gruppensupervisionen werden im Bereich der Katastrophenarbeit als sehr sinnvoll und hilfreich angesehen, denn es werden hier häufig zusätzliche Trainings und die Möglichkeit über eigene Erfahrungen und über Themen wie sekundäre Posttraumatische Belastungsstörung und Self-Care zu sprechen, angeboten (vgl. Greene 2006, S. 94).

"In every training we offer, we talk about self care and how important it is to limit yourself to the numbers of hours that you work, don't over do it, take breaks and so on. And after everything we do and plan we always have a meeting and we debrief, but without someone from outside coming in, and we talk."

Auch ist es wichtig, dass die Mental Health Professionen über ihre Arbeit hinaus nicht ihr eigenes Wohlergehen und ihre eigene Gesundheit vernachlässigen und sich nur auf die Opfer und deren Probleme und Beeinträchtigungen konzentrieren. In Katastrophensituationen arbeiten viele Einsatzkräfte rund um die Uhr und ziehen häufig keine Grenze mehr zwischen der Arbeit und dem Privatleben, dieses kann oft zum Burn-Out oder einer sekundären Posttraumatischen Belastungsstörung führen. Aus diesem Grund ist es wichtig, dass sich die Mitarbeiter eine regelmäßige Pause nehmen und auf sich selber achten und sich auch Zeit für sich nehmen. Nach Greene et al. (2006) gibt es 5 Komponenten des Self-Care-Systems. Hierzu gehören Training und Ausbildung, Supervision, soziale Kontakte, die Möglichkeit zur individuellen Beratung und Unterstützung sowie Wellness-Angebote. Dieses Self-Care-System von Greene et al. (2006) ist aus der Arbeit mit Feuerwehrleuten (Fire Department New York), die am 11. September 2001 bei den Rettungsarbeiten am World Trade Center beteiligt waren, entstanden. Hinzu kommt aber noch, dass den helfenden Berufsgruppen oft ganz alltägliche Dinge wieder vor Augen geführt werden müssen, die sie brauchen, um gesund zu bleiben und um sich wohlzufühlen. Häufig sind es gerade diese alltäglichen lebenswichtigen Sachen, wie z.B. regelmäßig essen, trinken und schlafen, die in einer so außergewöhnlichen und belastenden Katastrophensituation vergessen werden. Ohne diese ausgearbeiteten und durchgeführten Self-Care-Systeme wären die New Yorker Feuerwehrleute und Polizisten nicht in der Lage gewesen, die Erfahrungen und Erlebnisse vom 11. Septem-ber 2001 durchzustehen und hinterher zu verarbeiten.

Unterstützung durch einen Berufsverband und Komitees

In den USA stellt die National Association of Social Workers (NASW) den Berufsverband für Sozialarbeiter mit der größten Mitgliederzahl von mehr als 150.000 Mitgliedern dar Sozialarbeiter erfahren durch die NASW eine große Unterstützungsleistung. Für den Bereich der Katastrophenarbeit wurde sogar innerhalb dieses Berufsverbandes in New York City ein spezielles Komitee, das „Disaster Trauma Committee", eingerichtet, welches sich einmal monatlich trifft, um sich über Themen in Bezug auf die Arbeit von Sozialarbeitern in Katastrophen auszutauschen.

"(...)by 1997 the committee actually began and the committee was open to any social worker who was interested in coming as well as social work students who heard in social work schools about the committee and had a particular interest both in the learning and support components of disaster work."

Der Fokus dieses Komitees liegt auf einem kontinuierlichen Austausch und Lernprozess sowie auf der Kontaktaufnahme zu anderen Sozialarbeitern, die in New York im Katastrophen-Management tätig sind. Hier findet eine intensive Vernetzung unter den Katastrophenhelfer statt und es kommt häufig zu einer Planung und Organisation für eine optimale Zusammenarbeit im Katastrophenfall.

Vorbereitung und Schulung auf disziplinärer Ebene

Sozialarbeiter, die im Bereich der Katastrophenarbeit tätig sind, werden nicht nur durch Trainings auf solche Einsätze vorbereitet, sondern auch schon im Studium an einer Hochschule werden sie auf theoretischer Basis mit diesem Thema konfrontiert. Die Auseinadersetzung mit dem Handlungsfeld Katastrophenarbeit und Katastrophen-Management ist an vielen Hochschulen mittlerweile fest im Lehrplan verankert. Jedoch stimmen viele Experten überein, dass nur allein das Studium nicht auf diese Arbeit vorbereiten kann, es bedarf auch immer zusätzlicher intensiver praxisnaher Trainings.

Kooperation und Vernetzung

Wie bereits angedeutet, findet unter den Sozialarbeitern in New York City eine intensive Kooperation und Vernetzung statt, welche auch besonders durch die National Association of Social Workers gefördert wird.

Bereits vor, während und nach einer Katastrophe ist es laut der Experten wichtig, dass eine enge Kooperation und direkte Zusammenarbeit zwischen den verschiedenen Organisationen und Einsatzkräften, die im Katastrophen-Management tätig sind, stattfindet. Auch kontinuierliche Zusammenkünfte aller beteiligten Organisationen und Einsatzkräfte werden von den Experten als positiv eingeschätzt. Die Organisationen und Helfer lernen sich untereinander besser kennen und erlangen somit einen Einblick und Überblick in die Arbeitsbereiche und Methoden des jeweils anderen.

Dieses ist für eine gute Zusammenarbeit im Katastrophenfall essentiell und erleichtert die gezielte Vermittlung von Katastrophenopfern an andere Organisationen.

"This regular meeting was very important because trust build up among the agencies, these are agencies that have never had a regular collaboration with the other agencies. They kind of knew each other but to actually operate something together didn't happen before. But now they became comfortable with each other and trust each other if they send a client to another agency. There are now a lot of working relationships with many other agencies in the city that respond to disasters. They all work together in partnership to take care of people's needs."

Neben der Vernetzung der Hilfsorganisationen und Einsatzkräfte untereinander, wird auch die enge Kooperation und Vernetzung mit den Gemeinden und Städten hervorgehoben.

"And we work closed together with the community, because you can not run a proper program without working with the people from within the affected community. It is best if you have relationships before a disaster occurs, but in no way can you run a program without working closely with the local community. "

Diese Kooperation mit den einzelnen Gemeinden oder Städten ist besonders wichtig, da dies einerseits die Orte sind, an denen die Opfer ihren Lebensmittelpunkt haben. Durch diese Kooperation können die Opfer direkt an Hilfsorganisationen bzw. Hilfsangebote in ihrem Lebensumfeld weitergeleitet werden. Andererseits ist diese Kooperation besonders dann auch bedeutungsvoll, wenn eine Gemeinde oder Stadt von einer Katastrophe betroffen ist und diese nicht alleine bewältigen kann. Durch die Kooperation mit Organisationen außerhalb der Gemeinde oder der Stadt können dann Hilfsangebote von Außen herangetragen werden.

3. Ausblick und offene Forschungsfragen

Durch diesen Beitrag soll der internationale Blick geöffnet werden, um das Katastrophen-Management und die Katastrophenhilfe im Allgemeinen als wichtiges und innovatives Handlungsfeld der Sozialen Arbeit darzustellen. Sowohl aus der Erhebung des Forschungstandes aus der Literatur als auch durch die qualitativ-empirische Untersuchung in Form von Experteninterviews wurde deutlich, dass die Soziale Arbeit besonders in den USA, mittlerweile gibt es aber auch erste Ansätze in Israel, Großbritannien, Kanada und Australien, einen festen Platz neben anderen Katastrophenhelfern eingenommen hat und sich hier besonders durch ihre spezielle Sichtweisen und Handlungsmethoden von anderen Professionen absetzt.

Weltweit steigt das Auftreten von Katastrophen jeglicher Art. Auch Deutschland kann sich vor dieser Tatsache nicht verstecken und kann schon lange nicht mehr als katastrophenfern bezeichnet werden. Katastrophen können zwar nicht verhindert werden, aber ihre Folgen und Auswirkungen könnten durch ein gut ausgearbeitetes Katastrophen-Management verringert und schneller bewältigt werden. Aus diesem Grund muss sich die Forschung in Deutschland verstärkt mit diesem Thema auseinandersetzen. Die Soziale Arbeit muss sich von vorneherein positionieren, für sich dieses neue Handlungsfeld erschließen und sich hier als fester Bestandteil etablieren. Aufgrund ihres breiten Handlungsrepertoires, ihrer besonderen Sichtweise auf Menschen in ihren lebensweltlichen Kontexten und dem Fokus auf die soziale Unterstützung, ist die Soziale Arbeit die Profession, die auch in Deutschland besonders für die Partizipation an einem umfassenden Katastrophen-Management geeignet ist.

Wichtig wäre in diesem Zusammenhang für Deutschland noch, dass sich die Professionen, die an einem Katastrophen-Management beteiligt sind, auf einer Kompetenzebene ansiedeln, so wie es in den USA durch den Zusammenschluss der Mental Health Professionen geschehen ist, so dass es im Feld der Katastrophenarbeit nicht zu einem „professional war" kommt.

Abschließend sollen nun noch einige offene Punkte und Fragen beleuchtet werden, die einer weiteren Forschung bedürfen. In einer größer angelegten internationalen Studie müsste weiter untersucht werden, ob aus den Erkenntnissen von Ländervergleichen ein allgemeingültiger Ansatz oder ein allgemeingültiges Konzept eines Katastrophen-Managements erkennbar ist, welches sich direkt auf andere Länder übertragen ließe. Oder können aus den bereits bestehenden Ansätzen jeweils nur einzelne Aspekte für unterschiedliche Länder herausgefiltert werden, da es aufgrund von gesellschaftlichen, kulturellen, ökonomischen und politischen Lagen nicht möglich ist, eine passgenaue Übertragung vorzunehmen? Um diesen offenen Punkt beantworten zu können, ist es vorerst wichtig zu schauen, ob es unterschiedliche Ansätze eines Katastrophen-Managements und einer Katastrophenhilfe für unterschiedliche Typen von Katastrophen gibt. Diese offenen Fragestellungen siedeln sich in der international vergleichenden Sozialen Arbeit an.

In der aktuellen Diskussion um die Soziale Arbeit wird jedoch auch immer deutlicher, dass auch zunehmend transnationale Entwicklungen an Bedeutung und Nutzen für die Soziale Arbeit gewinnen. So prägen transnationale Netzwerke und Organisationen die disziplinäre und professionelle Diskussion der Sozialen Arbeit immer mehr mit (vgl. Schröer/Schweppe 2007, S. 157). Im Bereich der Katastro-phenhilfe und des Katastrophen-Managements gibt es noch keine Forschungsansätze in Bezug auf die Soziale Arbeit, die sich explizit mit transnationalen Prozessen in diesem Handlungsfeld beschäftigen. Treptow (2007) spricht jedoch davon, dass die weltweit kommunizierten Katastrophen nicht nur globale solidarische Öffentlichkei-ten aktivieren, sondern sie lassen auch ein System der transnationalen Katastrophen-hilfen entstehen. Hier stellt sich jedoch dann die Frage, wie sieht dieses System aus und welche transnationalen Netzwerke und Prozesse gibt es bereits?

Da Katastrophen häufig nicht nur eine Nation oder einen Gesellschaftskreis betreffen, sondern oft globale Auswirkungen haben, muss sich auch ein Katastro-phen-Management für transnationale Verflechtungen öffnen. Ein Katastrophen-Management muss grenzüberschreitend entfaltet und aufrechterhalten werden.

Eine wichtige Fragestellung, die sich somit hieraus entwickelt, ist: Wo hört ein internationaler Vergleich und Austausch auf und wo haben sich vielleicht schon transnationale Prozesse im Bereich des Katastrophen-Managements in Gang gesetzt? Hier muss die transnationale Soziale Arbeit als Forschungskonzept noch ihren angemessenen Gegenstand finden, sei es zum Beispiel in der Untersuchung von transnational agierenden Hilfsorganisationen, transnationalen Netzwerken oder nichtorganisierten transnational ablaufenden Prozesse im Katastrophen-Management und in der Katastrophenhilfe.

Literatur

Aust, S./Schnibben, C., 2002: 11. September 2001. Geschichte eines Terrorangriffs. Stuttgart

Bentley, K.J., 2002: Social Work Practice in Mental Health. Comtemporary Roles, Tasks, and Techniques. Pacific Grove, CA

Blair, J. 2001: In the aftermath of terror, grab a calculator and tally forth. In: The New York Times, 11.11.2001, S. 7

Bride, B.E., 2007: Prevalence of Secondary Traumatic Stress among Social Workers. In: Social Work: A Journal of the National Association of Social Workers, Vol. 52 Nr. 1, S. 63 – 70

Brockhaus, G., 2003: Die Reparatur der Ohnmacht – zur politischen Psychologie des 11. September. In: Auchter, T./Büttner, C./Schulz-Venrath, U./Wirth, H.-J. (Hrsg.): Der 11. September. Psychoanalytische, psychosoziale und psychohistorische Analysen von Terror und Trauma. Gießen, S. 357 – 379

Cohen, R.E./Ahearn, F.L. 1980: Handbook of Mental Health Care of disaster victims. London: John Hopkins University Press

Dombrowsky, W.R., 2007: Defizite und Stärken der Katastrophenforschung in Deutschland. Beiträge der Soziologie zum Erkenntnisgewinn und zur Problemlösung. In: Notfallvorsorge. Die Zeitschrift für Bevölkerungsschutz und Katastrophenhilfe, 1/2007, S. 6 – 9

Figley, C.R., 1995: Compassion Fatigue. Coping with secondary traumatic stress disorder in those who treat the traumatized. New York

Flatten, G./Hofmann, U./Liebermann, P./Reddemann, L./Siol, T./Wöller, W/Petzold, E.R., 2004: Posttraumatische Belastungsstörung. Leitlinie und Quellentest. Stuttgart

Flick, U., 2007: Qualitative Sozialforschung. Eine Einführung. Reinbeck

Galea, S./Resnick, H./Kilpatrick, D./Mucuvalas, M./Gold, J., 2002: Psychological sequelae of the September 11 terrorist attack in New York City. In: New England Journal of medicine, 346 (13), S. 982 – 987

Greene, P./Kane, D./Christ, G./Lynch, S./Corrigan, M., 2006: FDNY Crisis Counseling. Innovative Response to 9/11 Firefighters, Families, and Communi-ties. Hboken, NJ

Hodgkinson, P.E./Steward, M., 1998: Coping with catastrophe. A handbook of psychological aftercare. London

Janus, L., 2003: Psychohistorische Überlegungen zum 11. September in New York. In: Auchter, T./Büttner, C./Schultz-Venrath, U./Wirth, A.-J. (Hrsg.): Der 11. September. Psychoanalytische, psychosoziale und psychohistorische Analysen von Terror und Trauma. Gießen, S. 18 – 39

Kuriansky, J., 2003: The 9/11 Terrorist Attack on the World Trade Center. A New York Psychologist's Personal Experience and Professional Perspective. In: Psychotherapie Forum, 11/2003, S. 37 – 47

Leach, J., 1994: Survival Psychology. Basingstoke

Mayring, P., 2007: Qualitative Inhaltsanalyse. Weinheim

Meuser, S./ Nagel, U., 1994: Expertenwissen und Experteninterviews. In: Hitzler, R. (Hrsg.): Expertenwissen. Die institutionalisierte Kompetenz zur Konstruktion von Wirklichkeit. Opladen, S. 180 – 192

Mirabito, D./Rosenthal, C., 2002: Generalist Social Work Practice in the Wake of Disasters. September 11 and Beyond. [unveröffentlichte Ausgabe]

Mitchell, J.T./Everly, G.S., 2005: Critical Incident Stress Management. Handbuch Einsatznachsorge. Psychosoziale Unterstützung nach der Mitchell-Methode. Wien

Naturale, A., 2007: Secondary traumatic stress in social workers responding to disasters. Reports from the field. In: Clinical Social Work Journal, 35, S. 173 – 181

Neria, Y./Jung Suh, E./Marshall, R.D., 2004: The professional response to the aftermath of Septmber 11, 2001, in New York City. In: Litz, B.T. (Hrsg.): Early intervention for trauma and traumatic loss. New York, S. 201 – 215

Neria, Y./Gross, R./Marshall, R., 2006: 9/11. Mental health in the wake of terrorist attacks. Cambridge, UK

Neuffer, M., 2007: Case Management. Soziale Arbeit mit Einzelnen und Familien. Weinheim

Pieper, G., 2003: Betreuung von Katastrophenopfern am Beispiel der Explosionskatastrophe im Braunkohlebergwerk Borken. In: Maercker, A. (Hrsg.): Therapie der Posttraumatischen Belastungsstörung. Berlin, S. 205 - 219

Reinecker, H., 2003: Lehrbuch der Klinischen Psychologie und Psychotherapie. Modelle psychischer Störungen. Göttingen

Schröer, W./Schweppe, C., 2007: Transnationalisierung Sozialer Arbeit. Migrationsforschung und Internationalität von neuen Herausforderungen. In: Homfeldt, H.G. (Hrsg.): Soziale Arbeit im Aufschwung zu neuen Möglichkeiten oder Rückkehr zu alten Aufgaben. Baltmannsweiler, S. 156 – 164

Soliman, H./Rogge, M.E., 2002: Ethical considerations in disaster services. A social work perspective. In: Electronic Journal of Social Work, 1 (1), S. 1 – 21

Teegen, F., 2003: Posttraumatische Belastungsstörungen bei gefährdeten Berufsgruppen. Prävalenz – Prävention – Behandlung. Bern

Treptow, R., 2007: Katastrophenhilfe und Humanitäre Hilfe. München

Twemlow, S.W./Sacco, F.C., 2002: Reflection on the making of a terrorist. In: Covngton, C./Williams, P./Arundale, J./Knox, J. (Hrsg.): Terrorism and War. London, S. 97 – 123

Wirth, H.-J., 2003: Macht, Narzissmus, Destruktivität. Individuelle und kollektive Aspekte in der Politik. In: Auchter, T./Büttner, C./Schultz-Venrath, U./Wirth, H.-J. (Hrsg.): Der 11. September. Psychoanalytische, psychosoziale und psychohistorische Analysen von Terror und Trauma. Gießen, S. 64 – 87

Young, B.H./Ruzek, J.I./Wong, M./Salzer, M.S./Naturale, A.J., 2006: Disaster Mental Health Training. Guidelines, Considerations, and Recommendations. In: Ritchie, E.C./Watson, P.J./Friedman, M.J. (Hrsg.): Interventions following mass violence and disasters. Strategies for mental health practice. New York, S. 54 – 79

Zeller, S., 2006: Sozialarbeit bei Katastropheneinsätzen. Krisenmanagement in Israel. In: Soziale Arbeit, 55, S. 449 – 454

Zychlinski, J., 2009: Sri Lanka nach dem Tsunami. Sozialraumorientierte Projektarbeit als Beitrag zu einem entwicklungsorientierten Verständnis Sozialer Arbeit. In: Homfeldt, H.G./Reutlinger, C. (Hrsg.): Soziale Arbeit und soziale Entwicklung. Baltmannsweiler, S. 222 – 236

Internetquellen

International Federation of Social Workers: Definition of Social Work

http://www.ifsw.org/en/p38000208.html [Stand: 01.07.10]

US Department of Labor: Bureau of Labor Statistics of Social Worker (2004)

http://www.bls.gov/oco/ocos060.htm [Stand: 04.07.08]

Autoren und Autorinnen

Autoren/ Autorinnen

Bähr, Christiane, Diplom-Pädagogin, Studium an der Universität Trier von 2003 bis 2008, Zusatzzertifikat Deutsch als Fremdsprache, studienbegleitende Fremdsprachenausbildung in Englisch.

Gruppenleitung einer Mädchenwohngruppe eines heilpädagogischen Heims der Landeshauptstadt München, ab Oktober 2010 Stipendiatin im Promotionsstudiengang „Soziale Dienste im Wandel" am Institut für Sozial- und Organisationspädagogik der Universität Hildesheim.

Kontakt: chr.baehr@gmx.de

Elß, Antje, Diplom-Pädagogin, Studium an der Universität Trier von 2002 bis 2009, verschiedene Zusatzzertifikate.

Seit 2005 ehrenamtliche Mitarbeit bei Amnesty International., tätig als Schulsozialarbeiterin in der Stadt Konz.

Kontakt: antjeelss@web.de

Homfeldt, Hans Günther, Dr. phil., Prof. em. für Sozialpädagogik/ Sozialarbeit an der Universität Trier.

Mitglied in der Steuerungsgruppe zum 13. Kinder- und Jugendbericht (2009), Mitarbeit im Graduiertenkolleg „Transnationale soziale Unterstützung" (Universität Hildesheim und Universität Mainz).

Arbeitsschwerpunkte: Soziale Arbeit und Gesundheit; Internationale und transnationale Soziale Arbeit; Soziale Arbeit und Lebensalter; Jugendhilfe und Schule.

Kontakt: homfeldt@uni-trier.de

Meyer, Michael, Diplom-Pädagoge, Studium an der Universität Trier von 2001 bis 2008.

Tätig an der Schnittstelle zwischen Schule und Beruf als Berufseinstiegsbegleiter.

Kontakt: meyer7909@yahoo.de

Olivier, Claudia, Diplom-Pädagogin, Studium an der Universität Trier von 2002 bis 2008, studienbegleitende Fremdsprachenausbildung in Französisch

Seit August 2008 Doktorandin im Graduiertenkolleg „Transnationale soziale Unterstützung" (Universität Mainz/ Universität Hildesheim).

Dissertation im Themenfeld „(Re-)Migration, soziale Netzwerke, Transnationalität".

Kontakt: olivier@uni-mainz.de

Schmitt, Caroline, Diplom-Pädagogin, Studium an der Universität Trier von 2003 bis 2009, Zusatzzertifikat Europäische Studien, Studienbegleitende Fremdsprachenausbildung in Englisch.

Seit August 2010 Doktorandin am Forschungszentrum Social and Cultural Studies (SOCUM) der Johannes Gutenberg Universität Mainz.

Kontakt: schmica@uni-mainz.de

Schröder, Christian, Diplom-Pädagoge, Studium an der Universität Trier von 2004 bis 2010, Zusatzzertifikat Deutsch als Fremdsprache, studienbegleitende Fremdsprachenausbildung in Englisch und Spanisch.

Honorarkraft im Quartiermanagement Trier-West des Bundesprogrammes Soziale Stadt.

Kontakt: chr_schroeder@arcor.de

Steines, Lia, Diplom-Pädagogin, Studium an der Universität Trier von 2002 bis 2010, Zusatzzertifikat Deutsch als Fremdsprache, studienbegleitende Fremdsprachenausbildung in Englisch, seit 2007 ehrenamtliche Mitarbei bei Experiment e. V., Bonn, von 2006- 2009, ehrenamtliche Mitarbeit in der ökumenischen Beratungsstelle für Flüchtlinge in Trier.

Tätig als pädagogische Angestellte in Gerolstein.

Kontakt: liasteines@gmx.de